戴逸文集

书评书序

中国人民大学出版社
·北京·

目　录

摛藻堂《钦定四库全书荟要》影印序*

清乾隆三十七年（1772），乾隆皇帝下诏开设四库全书馆，委派纪昀等著名学者160余人，开始编纂《四库全书》。从乾隆三十七年开馆征书，至乾隆四十三年，历时7年，共征集图书12 237种；然后由四库馆臣对内府藏书以及从各地征集的图书进行校订，提出应抄、应刻、应存的具体意见。其中，应抄、应刻之书被认为是合格的著作，被收入《四库全书》，而应存之书则不能收入《四库全书》，仅仅是在《四库全书总目》中存目。《四库全书》分为经、史、子、集四部，收入图书3 457种，凡79 070卷，装订成36 000余册，6 752函，成为中国历史上卷帙最多的一部丛书。《四库全书》的编纂抄写历时十余年，共抄出7部，全书底本藏于翰林院，第一部抄本藏于文渊阁，其他六部分别藏于沈阳文溯阁、圆明园文源阁、热河文津阁，是为北四阁；镇江金山文宗阁、扬州大观堂文汇阁、杭州西湖文澜阁，是为南三阁。

当乾隆帝下诏开馆征书时，他已是63岁高龄的老皇帝了，这项浩大的工程能否在他有生之年完成，他自己也没有把握。用他的话说："朕临御已三十余年，亦望七之岁矣，斯事体大物博，时略嫌迟"，于是乾隆帝便有了依照全书体例，另编一套卷帙较少的丛书的想法。同年五月初一日，乾隆帝颁下谕旨，以全书卷帙浩如烟海，不易检索为由，命在《四库全书》中"撷其菁华，缮为《荟要》，其篇式一如《全书》之例"。随后，便另外设立了《钦定四库全书荟要》修书处。至乾隆四十三年，《钦定四库全书荟要》第一部缮写完毕，保存在坤宁宫后御花园内的摛藻堂。两年以后又缮出第二部，

---

* 原载《光明日报》，2005年7月25日。

存于长春园味腴书屋。

咸丰十年（1860），英法联军攻陷北京，焚圆明园，味腴书屋所藏《钦定四库全书荟要》被焚毁。藏于摛藻堂的《钦定四库全书荟要》则成为世间孤本。庚子事变，八国联军进北京，京城再遭劫掠，《钦定四库全书荟要》或存或亡竟至毫无消息。

1924年，北洋政府组织清室善后委员会，负责接收清点清廷文物图书，清点过程中，在故宫内发现了与其他字画杂物放置在一起的《钦定四库全书荟要》，所幸该书不仅完整无缺，而且触手如新。在战乱频仍的年代，这部世间孤本竟得以保存下来，可谓中国文化史上的一大幸事。抗日战争爆发以后，国民党政府把《钦定四库全书荟要》连同故宫文物运至西南，全国解放前夕，又把《钦定四库全书荟要》运到台湾。1985年，台湾世界书局将此书影印出版，精装16开本，共500册。由于《钦定四库全书荟要》的编纂宗旨不似《四库全书》那样面向民间，而仅供皇帝御览，所以该书有着《四库全书》无法与之相匹的特点。

如前所述，《钦定四库全书荟要》几经战火，已经是天壤间硕果仅存的珍品。由于清廷十分重视这部丛书，修书务求精美而不计资费。据目睹此书的台湾学者说，《钦定四库全书荟要》“字体端严劲挺，纸白墨润，装潢考究”，这一点完全可以从世界书局的影印本中得到证实。

清代编纂《四库全书》的主要目的，在于搜集逸书，其结果必然是卷帙浩繁，“检玩为难”，而《钦定四库全书荟要》的编纂却是为了供皇帝一人御览，故其旨在于精而不在于多。所选图书均为先秦至清代久享盛名的图书精品，其思想学术、义理辞章俱属上乘。可以说，中国传统思想文化的精华尽备于斯。

自康熙时兴起的文字狱，到乾隆时期达到了无以复加的地步。乾隆帝在诏令修《四库全书》的时候，也同时敕令对图书的内容严加审查。在这一意义上，清修《四库全书》，虽对保留、整理中国传统文化有所贡献，但与此同时，《四库全书》中也有相当一些图书文献失去了它的本来面目。由于《钦定四库全书荟要》仅供皇帝御览，因此，其所收图书在内容上也就务求完整，没有大量删改的必要。由于这一原因，《钦定四库全书荟要》收入图书种类虽然仅仅是《四库全书》的七分之一，而册数却近乎《四库全书》的三分之一，在原本保存、内容真实方面，《钦定四库全书荟要》胜于《四库全书》。

在《钦定四库全书荟要》编纂过程中，据以缮写的底本主要有以下几种：一是内府刊刻本，这些刻本主要来自清内府图书刊刻机构武英殿；二是内府所藏历代善本和抄本；三是乾隆三十八年（1773）以后在民间征求到的书籍。在内府藏本和民间奉献的遗书中自然不乏宋元时期的旧本。再由于修书馆臣和誊录、校对的人员都具有相当的学识，他们缮写精细，校勘、核对精审，从而使得《钦定四库全书荟要》较少有错谬之处。时至今日，《钦定四库全书荟要》据为底本的许多宋元刻本已经不复存在，这就更突显了《钦定四库全书荟要》版本的珍贵。

国家清史编纂委员会
“文献丛刊”“档案丛刊”总序*

2002年8月，国家批准建议纂修清史之报告，11月成立由14部委组成之领导小组，12月12日成立清史编纂委员会，清史编纂工程于焉肇始。

清史之编纂酝酿已久，清亡以后，北洋政府曾聘专家编写《清史稿》，历时14年成书。识者议其评判不公，记载多误，难成信史，久欲重撰新史，以世事多乱不果。中华人民共和国成立后，中央领导亦多次推动修清史之事，皆因故中辍。新世纪之始，国家安定，经济发展，建设成绩辉煌，而清史研究亦有重大进步，学界又倡修史之议，国家采纳众见，决定启动此新世纪标志性文化工程。

清代为我国最后之封建王朝，统治中国268年之久，距今未远。清代众多之历史和社会问题与今日息息相关。欲知今日中国国情，必当追溯清代之历史，故而编纂一部详细、可信、公允之清代历史实属切要之举。

编史要务，首在采集史料，广搜确证，以为依据。必借此史料，乃能窥见历史陈迹。故史料为历史研究之基础，研究者必须积累大量史料，勤于梳理，善于分析，去粗取精，去伪存真，由此及彼，由表及里，进行从科学之抽象，上升为理性之认识，才能洞察过去，认识历史规律。史料之于历史研究，犹如水之于鱼，空气之于鸟，水涸则鱼逝，气盈则鸟飞。历史科学之辉煌殿堂必须岿然耸立于丰富、确凿、可靠之史料基础之上，不能构建于虚无缥缈之中。吾侪于编史之始，即整理、出版“文献丛刊”“档案丛刊”，二者广收各种史料，均为清史编纂工程之重要组成部分。一以供修撰清史之用，

---

* 原载《戴逸自选集》，北京，中国人民大学出版社，2007。末署2004年。

提高著作质量；二为抢救、保护、开发清代之文化资源，继承和弘扬历史文化遗产。

清代之史料，具有自身之特点，可以概括为多、乱、散、新四字。

一曰多。我国素称诗书礼义之邦，存世典籍汗牛充栋，尤以清代为盛。盖清代统治较久，文化发达，学士才人，比肩相望，传世之经籍史乘、诸子百家、文字声韵、目录金石、书画艺术、诗文小说，远逸前朝，积贮文献之多，如恒河沙数，不可胜计。昔梁元帝聚书 14 万卷于江陵，西魏军攻掠，悉燔于火，人谓丧失天下典籍之半数，是 5 世纪时中国书籍总数尚不甚多。宋代印刷术推广，载籍日众，至清代而浩如烟海，难窥其涯涘矣。《清史稿·艺文志》著录清代书籍 9 633 种，人议其疏漏太多。武作成作《清史稿艺文志补编》，增补书 10 438 种，超过原志著录之数。彭国栋亦有《重修清史艺文志》，著录书 18 059 种。近年王绍曾更求详备，致力 10 余年，遍览群籍，手抄目验，成《清史稿艺文志拾遗》，增补书至 54 880 种，增加书目超过原志 4 倍半，此尚非清代存留书之全豹。王绍曾先生言：“余等未见书目尚多，即已见之目，因工作粗疏，未尽钩稽而失之眉睫者，所在多有。”清代书籍总数若干，至今尚未能确知。

清代不仅书籍浩繁，尚有大量政府档案留存于世。中国历朝历代档案已丧失殆尽（除近代考古发掘所得甲骨、简牍外），而清朝中枢机关（内阁、军机处）档案，秘藏内廷，尚称完整。加上地方存留之档案，多达 2 000 万件。档案为历史事件发生过程中形成之文件，出之于当事人亲身经历和直接记录，具有较高之真实性、可靠性。大量档案之留存极大地改善了研究条件，俾历史学家得以运用第一手资料追踪往事，了解历史真相。

二曰乱。清代以前之典籍，经历代学者整理、研究，对其数量、类别、版本、流传、收藏、真伪及价值已有大致了解。清代编纂《四库全书》，大规模清理、甄别存世之古籍。因政治原因，查禁、篡改、销毁所谓“悖逆”“违碍”书籍，造成文化之浩劫。但此时经师大儒，联袂入馆，勤力校理，尽瘁编务。政府亦投入巨资以修明文治，故所获成果甚丰。对收录之 3 000 多种书籍和未收之 6 000 多存目书撰写详明精切之提要，撮其内容要旨，述其体例篇章，论其学术是非，叙其版本源流，编成 200 卷《四库全书总目》，洵为读书之典要、后学之津梁。乾隆以后，至于清末，文字之狱渐戢，印刷之术益精，故而人竞著述，家娴诗文，各握灵蛇之珠，众怀昆冈之璧，千舸齐发，万木争荣，学风大盛，典籍之积累远迈从前。唯晚清以来，外强侵凌，干戈四起，国家多难，人民离散，未能投入力量对大量新出之典籍再做整理，而政府档案，深藏中秘，更无由一见。故不仅不知存世清代文献档案之总数，即书籍分类如何变通、版本庋藏应否标明，加以部居舛误，界划难清，亥豕鲁鱼，订正未遑。大量稿本、抄本、孤本、珍本，土埋尘封，行将澌灭。殿刻本、局刊本、精校本与坊间劣本混淆杂陈。我国自有典籍以来，其繁杂混乱未有甚于清代典籍者矣！

三曰散。清代文献档案，非常分散，分别庋藏于中央与地方各个图书馆、档案馆、博物馆、教学研究机构与私人手中。即以清代中央一级之档案言，除北京中国第一历史档案馆所藏 1 000 万件以外，尚有一大部分档案在战争时期流离播迁，现存于台北“故宫博物院”。此外，尚有藏于沈阳辽宁省档案馆之圣训、玉牒、满文老档、黑图档等，藏于大连市档案馆之内务府档案，藏于江苏泰州市博物馆之题本、奏折、录副奏折。至于清代各地方政府之档案文书，损毁极大，但尚有劫后残余，璞玉浑金，含章蕴秀，数量颇丰，价值亦高。如河北获鹿县档案、吉林省边务档案、黑龙江将军衙门档案、河南巡抚藩司衙门档案、湖南安化县永历帝与吴三桂档案、四川巴县与南部县档案，浙江、安徽、江西等省之鱼鳞册，徽州契约文书，内蒙古各盟旗蒙文档案，广东粤海关档案，云南省彝文傣文档案，西藏噶厦政府藏文档案等，分别藏于全国各省市自治区，甚至清代两广总督衙门档案（亦称《叶名琛档案》），被英法联军抢掠西运，今藏于英国伦敦。

清代流传下之稿本、抄本，数量丰富，因其从未刻印，弥足珍贵，如曾国藩、李鸿章、翁同龢、盛宣怀、张謇、赵凤昌之家藏资料。至于清代之诗文集、尺牍、家谱、日记、笔记、方志、碑刻等，品类繁多，数量浩瀚，北京、上海、南京、广州、天津、武汉及各大学图书馆中，均有不少贮存。丰城之剑气腾霄，合浦之珠光射日，寻访必有所获。最近，余有江南之行，在苏州、常熟两地图书馆及博物馆中，得见所存稿本、抄本之目录，即有数百种之多。

某些书籍，在中国内地已甚稀少，在海外反能见到，如太平天国之文书。当年在太平军区域内，为通行之书籍，太平天国失败后，悉遭清政府查禁焚毁，现在中国，已难见到，而在海外，由于各国外交官、传教士、商人竞相搜求，携赴海外，故今日在外国图书馆中保存之太平天国文书较多。20世纪内，向达、萧一山、王重民、王庆成诸先生曾在世界各地寻觅太平天国文献，收获甚丰。

四曰新。清代为传统社会向近代社会之过渡阶段，处于中西文化冲突与交融之中，产生一大批内容新颖、形式多样的文化典籍。清朝初年，西方耶稣会传教士来华，携来自然科学、艺术和西方宗教知识。乾隆时编《四库全书》，曾收录欧几里得《几何原本》，利玛窦《乾坤体仪》，熊三拔《泰西水法》《简平仪说》等书。迄至晚清，中国力图自强，学习西方，翻译各类西方著作，如上海墨海书馆、江南制造局译书馆所译声光化电之书，后严复所译《天演论》《原富》《法意》等名著，林纾所译《茶花女遗事》《黑奴吁天录》等文艺小说。中学西学，摩荡激励，旧学新学，斗妍争胜，知识剧增，推陈出新，晚清典籍多别开生面、石破天惊之论，数千年来所未见，饱学宿儒所不知。突破中国传统之知识框架，书籍之内容、形式，超经史子集之范围，越子曰诗云之牢笼，发生前所未有之革命性变化，出现众多新类目、新体例、新内容。

清朝实现国家之大统一，组成中国之多民族大家庭，出现以满文、蒙古文、藏文、维吾尔文、傣文、彝文书写之文书，构成为清代文献之组成部分，使得清代文献、档案更加丰富，更加充实，更加绚丽多彩。

清代之文献、档案为我国珍贵之历史文化遗产，其数量之庞大、品类之多样、涵盖之宽广、内容之丰富在全世界的文献档案宝库中实属罕见。正因其具有多、乱、散、新之特点，故必须投入巨大之人力、财力进行搜集、整理、出版。吾侪因编纂《清史》之需，贾其余力，整理出版其中一小部分；且欲安装网络，设数据库，运用现代科技手段，进行贮存、检索，以利研究工作。唯清代典籍浩瀚，吾侪汲深绠短，蚊衔蚊负，力薄难任，望洋兴叹，未能做更大规模之工作。观历代文献档案，频遭浩劫，水火兵虫，纷至沓来，古代典籍，百不存五，可为浩叹。切望后来之政府学人重视保护文献档案之工程，投入力量，持续努力，再接再厉，使卷帙长存，瑰宝永驻，中华民族数千年之文献档案得以流传永远，沾溉将来，是所愿也。

《清代人物传稿》序言*

历史是人类自觉活动的产物。一切经济的、政治的、军事的、文化的活动，都是人所策划、人所参与、人所进行的。离开了人，就无所谓历史。马克思和恩格斯在《神圣家族》一书中写道："'历史'并不是把人当做达到**自己**目的的工具来利用的某种特殊的人格。历史**不过是**追求着自己目的的人的活动而已。"（《马克思恩格斯全集》，中文1版，第2卷，118～119页，北京，人民出版社，1957）历史上的任何辉煌业绩都是由人类完成和创造的。每个个人都参加了各种各样的社会活动，因而必定会在历史上留下痕迹，对历史产生或大或小的影响。当然，就单个个人而言，在多数场合下影响总是很微小的，几乎可以忽略不计，而且个人的力量和作用常常会相互抵消，被淹没在波涛汹涌的历史的汪洋大海之中。只有集中和代表着许多个人的意志和行动，亦即阶级的、集团的意志和行动才是强有力的，才能够在历史的戏盘中显示出分量。

历史唯物主义从来认为：人民群众是历史的创造者，要着重研究各个阶级、各个集团的利益、性格、意向、行为以及它们之间的矛盾斗争，这是推动历史前进的伟大动力。但我们一点也不抹杀个人在历史上的作用，因为杰出的个人正是群众利益的代表者，群众意志的体现者，群众行动的组织者。杰出的历史人物最善于体察历史发展的规律和群众的意愿，最能够反映本阶级的利益，把社会发展已经成熟了的任务提到日程上来，并且能够动员和组织群众，为实现某个历史目标而努力奋斗。个人的行动可以在历史上发生巨大的作用，加速或延缓社会的发展。他的意志、才能、性格、作风、

---

* 原载《清代人物传稿》（上编·第1卷），北京，中华书局，1984。

爱好都会影响具体事件的发生、发展，使得历史的进程打上个人品质的印记，而具有特殊的外貌。历史发展有其客观必然性，但这种必然性离不开个人因素的偶然性，必然性要通过偶然性表现出来。如果不是许多具有自由意志的个人的活动，历史本身将不复存在，也就没有历史的必然性。马克思说："如果'偶然性'不起任何作用的话，那末世界历史就会带有非常神秘的性质。这些偶然性本身自然纳入总的发展过程中，并且为其他偶然性所补偿。但是，发展的加速和延缓在很大程度上是取决于这些'偶然性'的，其中也包括一开始就站在运动最前面的那些人物的性格这样一种'偶然情况'。"（《马克思恩格斯选集》，1版，第4卷，393页，北京，人民出版社，1972）因此，历史研究离不开对一个个人物进行具体的研究。过去的历史书籍详细地记载了许多人物的思想和行动，以此作为主要内容。例如著名的历史学家司马迁所开创的"纪传体"史书就是这样。一部二十四史，绝大部分是人物的传记，其中保留有各个时期、各种人物的大量生动丰富的记录，这是我们宝贵的历史遗产。应该说，研究历史人物个人的生活经历、言论行事和品格特征是历史学家的职责。

正是因为这样，我们编写了这部《清代人物传稿》，希望通过对形形色色的人物的剖析，更深入地理解清代的历史。清代离现在的时间很近，和现实息息相关。有清一代三百年的历史是一个天翻地覆、动荡剧烈，发生了重大转折的时期。曾经创造了古代灿烂文明的封建的中国，越来越落后于西欧国家，终于逐步沦为半殖民地半封建社会，中国人民遭受帝国主义的侵略和封建主义的压迫，灾难深重，与之进行了激烈的反抗。中国在充满着矛盾和斗争的暴风雨中摸索前进。当然，清代的三百年，也有它的成就和业绩，经济上繁荣兴盛，达到了封建经济的高峰；政治上进一步巩固和发展了多民族国家的统一；思想文化上成果累累，创造辉煌。众多的人物活跃在清代历史的舞台上，演出了威武雄壮的历史活剧。这些人物，有的叱咤风云，顺应历史的潮流，不愧是站在时代前头的英雄；有的杀身成仁，为国家和民族的生存而英勇献身；有的矢志革新，以国家的富强和民族的复兴为己任；有的以创造性的科学技术成果和思想文艺作品造福人民，嘉惠后世。但也有的干了卑鄙龌龊的勾当，留下不光彩的名声，成为历史的小丑和民族的罪人。不了解一个时代众多形形色色人物的活动，也就不会了解这个时代。记述和研究清代人物的经历、行事、思想、贡献以及他们的品德、才能、作风、爱好等，将给人以有益的启发和借鉴，将是从一个非常重要的方面去透视有清一代的历史。

已有的清人传记很多，可谓汗牛充栋，但今天仍有根据新观点、新体例重新进行编写的必要。现存的清人传记汇编，如《清史稿》，《清史列传》，《国朝耆献类征》，《碑传集》正、续、补编，《八旗通志》，《清儒学案》，《满汉名臣传》，等等，都卷帙繁富。另外，文集、地方志、野史、笔记、家谱中还有很多传记、行状、逸事、墓志铭、神道碑等等。我们根据 71 种清人传记汇编做了粗略的计算，有传记可寻的清代人物有四万多人，这还是很不完全的统计，地方志和文集中的很多传记尚未全部包括在内，实际数目还要大大超过。这样丰富浩瀚的清人传记资料是我们在工作时必须认真采择、精心吸取的，不充分利用这一巨大的宝藏，就不可能写成高质量的《清代人物传稿》。但是，已有的传记存在着不少缺点，不能适应今天的需要。我们要写的人物传，不是旧传记的选录、拼凑或简单改写，两者在指导思想、体例风格、评价标准、写作目的方面是完全不同的。对于过去的传记，我们应吸收其民主性的精华，而剔除其封建性的糟粕，批判地继承、利用。

已有的清人传记有如下一些重大的缺陷。第一，传记选录和评价人物的标准是按照封建统治阶级的需要拟定的，所以达官贵人、忠臣孝子、贞女节妇充斥于旧史传中，并被大加颂扬，其中很多并不是重要人物。第二，散见于文集、家谱中的大量传记，很多是“谀墓”之作，为了夸耀父祖或朋友的功德，竞立佳传，隐恶扬善，颂词盈篇，沽名钓誉，其真实性是可疑的。第三，许多传记形成刻板的写作公式，枯燥地记录传主的仕途经历、官职升转，千篇一律，千人一面，缺乏特色，较少对本人的事业、言行做生动、具体的记述，更少对人物的精神面貌、内心世界进行深入的探索。第四，清人的传记虽很多，有一人而数传、十数传的，但很多却是辗转相袭，大同小异，改头换面即成新传，内容重复，文字雷同。第五，真正在历史上起作用的许多重要人物，旧的史传中却记载很少，语焉不详。如农民起义的领袖，有代表性的少数民族人物，才能卓越的妇女，有贡献的科学家、技术家、发明家，以及华侨、实业家、工匠、民间艺人、医生、拳师、僧道喇嘛、宗教人士等等。今天，要为这些人编撰传记，深感资料缺少。

正因为已有的清人传记有上述缺陷，我们才组织了《清代人物传稿》的编写。所收人物的时间，起于努尔哈赤在东北兴起，迄于辛亥革命、清朝覆亡。将网罗和记述这三百多年间比较重要的各方面人物，估计有 2 000 人，篇幅暂定 20 卷，全书分为上、下两编，齐头并进，分别出版。

马克思列宁主义是我们的指导思想。只有遵循这一科学的思想，历史才能够成为真正的科学，我们才能够透过纷纭复杂的现象去认识历史的本质，才能够正确地记述和评价各种历史人物。我们将坚持历史唯物主义，坚持从实际出发，详细地占有材料，经过认真的研究，力求真实地、公正地反映历史人物，做到“求实”和“存真”。真实性是任何历史著作的灵魂，我们应该秉笔直书，言必有据，还历史人物以本来的面貌，不能虚构夸大，随意剪裁取舍，或者用现代人的模型去想象、改铸、评价古人。这部传记以记事为主，寓论于史，少发议论，实事求是地评价人物，不苛求，不溢美，不隐恶。历史人物都是环境的产物，要如实地反映他在特定历史条件下的思想、行动、性格，使人理解为什么恰恰在这一时代，恰恰在某个特定阶级、阶层之中，出现了这样一些历史人物。

作为历史传记，在尊重真实的前提下，还要求记述生动，文辞优美。我国许多优秀的历史传记，本身又是文学作品，写得文采风流，人物形象鲜明，栩栩如生。达到这样的水平当然是很不容易的，但无论如何，科学内容和优美形式的结合应是我们努力的方向。

我们的水平有限，人力不足，缺乏经验，编写这样一部大型的人物传记必定会碰到很多困难。我们将全力以赴，团结一致，谨慎从事，有计划、有步骤地分工协作。我们将邀请众多各方面的专家一起来参加编写，只有依靠集体的力量和智慧，才能够构筑、绘制这一漫长、丰富而绚丽多彩的清代历史人物的画廊。目前，这一工作正在进行，《清代人物传稿》的上编和下编各写成了第一卷，分别由中华书局和辽宁人民出版社出版。“千里之行，始于足下”。我们期待专家和读者对本书进行批评、帮助，以利于我们总结经验，发扬成绩，纠正错误，继续前进，努力去完成今后更繁重的编写任务。

《清通鉴》序言*

历史是已经消逝了的人物、事件、典章制度的汇集。各个阶级、各个群体、各个人物在历史舞台上进行活动，扮演种种不同的角色，或则伟大，或则渺小，或则光彩，或则丑陋，给后世的人们造成继续生存和发展的新环境。由此世代延续，流淌而成漫长、曲折的历史长河。人们总是要回顾这条长河的源头，现实包孕在过去之中，是从过去发展而来，要正确地认识现实，必须追溯源头，了解过去。我们的祖先是怎样在漫长的岁月中披荆斩棘，拼搏奋斗，历尽艰险，才取得进步，创造了今天的新天地？历史向我们详尽地诉说这一切，诉说先辈们的苦难和忧虑、探索和努力、成就和挫折、经验和教训。

因此，历史是一部生活的教科书，人们总是从先辈的经历中学会如何面对今天的问题，去开辟未来的道路。一个国家和民族，为了更好地前进就必须经常温习历史，回顾过去。当然，历史的条件、场景迅速在变换，不可能出现一模一样的人和事，因此，历史的经验教训不能一成不变地生搬硬套。但滚滚流淌的历史长河中又会不时地出现许多相似之点，某些历史场景在不同的条件下会一再重复出现，因此，治理邦国、整饬吏治、建立制度、制定政策、进行战争、运用战略、保护良善、惩治邪恶、发展生产、整顿社会又有着普遍的规律和共通的法则。人们从学习和研究历史中了解并熟知这些规律、法则，并加以运用，推动着历史的前进。

中国是一个有着悠久历史和光辉传统的国家，历代中国人勤于修史，善于学史。宋朝司马光撰写《资治通鉴》，开创了通鉴体历史著作。宋神宗御制序言中称："其所载明君良臣，切摩治道，议论之

---

* 原载戴逸、李文海主编：《清通鉴》，太原，山西人民出版社，1999。

精语，德刑之善制，天人相与之际，休咎庶证之原，威福盛衰之本，规模利害之效，良将之方略，循吏之条教，断之以邪正，要之于治忽，辞令渊厚之体，箴谏深切之义，良谓备焉……荒坠颠危，可见前车之失；乱贼奸宄，厥有履霜之渐。《诗》云：商鉴不远，在夏后之世。故赐其书名曰《资治通鉴》。”封建社会中人们研究和撰写历史的目的和今天不完全一样，但以史观政、以史褒贬、以史为鉴、以史育人则是一样的。

继司马光之后，清代毕沅撰写《续资治通鉴》、夏燮撰《明通鉴》，使通鉴体史书一脉相承地传续下来，丰富了史学著作的园地。有清一代三个世纪的历史，史料浩如烟海，内容尤为重要，但大规模的整理撰述工作尚待进行，迄今还没有一本较详尽的通鉴体史书。中国人民大学清史研究所在山西人民出版社的支持和协助下，决定撰写《清通鉴》，网罗三百年史迹，详其史实，著其人物，明其典章制度，考其记载同异，述一代之盛衰，究世事之治乱，示过往之教训，揭历史之规律。清朝灭亡至今尚不到一百年，距今天极为切近，与现实紧密衔接。清代历史十分重要，在其后期，中国受外国的侵略，从独立的封建社会逐渐沦为半殖民地半封建社会，开始出现了微弱的近代工业和商业，初步建立了近代军队和近代的政治、法律和文化教育制度。尽管步履蹒跚，但古老的中国在缓慢地前进，经历了许多艰难曲折，走上革命道路，推翻了旧社会，建立了社会主义国家。历史形成了20世纪的旧中国，幅员辽阔，人口众多，经济落后，国家受欺，人民贫穷，文盲充斥，生产力水平和文化教育远远落后于发达国家。这一基本国情决定了在中国建设社会主义必定会碰到更大的困难，要付出更艰巨的努力和更漫长的时间。只有认清和把握历史形成的中国国情，我们才能真正懂得建设有中国特色的社会主义的理论和政策，才能从历史中汲取智慧，鼓舞勇气，明辨方向，坚定我们前进的决心和信心。

本书编纂时遵循实事求是的原则。历史事实无限丰富，且十分丛杂。我们从繁复纷纭的历史资料中选取较重要者，编次排比，略其枝叶，显其本质，辨其同异，正其讹误。我们致力于叙述史事的过程、原委，我们的历史观点和态度即寓于史事的陈述中，事实正确而清晰，是非曲直，已在其中。通鉴属编年体史书，以时为经，以事为纬，按年月编排，唯重大史事适当地集中，或回溯，或延伸，追踪其来龙去脉，使首尾完整，一目了然。文字则使用浅显文言，以收文损事增、明晰易懂之效果。重要人物撰有小传，大多系于其逝世年月之下。

我们力求使本书吸收近年来清史研究之主要研究成果，反映三百年清朝历史的真实面貌，给读者以较丰富、较切实之清史知识。但由于水平所限，编纂的时间仓促，必定有许多不足与讹误之处，期望读者和专家们不吝教正。

《午亭文编》序*

陈廷敬（1639—1712），山西泽州（今山西阳城县）人，清顺治十五年进士。在此后五十多年的仕途生活中，他一路升迁，青云直上。曾供职于翰林院、南书房、都察院以及吏、户、礼、刑、工各部，直至康熙四十二年出任文渊阁大学士。位极人臣，是一位“太平宰相”。康熙五十一年病逝，年七十五。

康熙皇帝曾任用一批汉族文人学士，赐以高官，委以重任，其中一些人参加了南书房。南书房是皇帝的秘书班子，除随侍皇帝读书和讲论诗文、品评书画之外，也参与某些军国要务。其中有李天馥、张英、张玉书、徐乾学、高士奇、王鸿绪等，陈廷敬亦在其列。

陈廷敬是一位勤政爱民的官员。《清史稿》《清史列传》中引录了他的四篇有代表性的奏折。第一篇，讨论钱币。当时，社会上盛行毁钱取铜，虽立法甚严而屡禁不止。陈廷敬建议：减轻铜钱的重量，并多多开采铜矿，则毁钱者无利可图，不禁自止。第二篇，提倡节俭。他主张凡冠服衣饰，婚丧之礼，应规定体例，摈斥奢华。“节俭之风，庶可渐致”。第三篇，谈灾荒以后，减免税收。旧例烦琐，税收的减免，往往拖延甚久，一年半载，难以实行。请勿循旧例，改进效率，以惠下民。第四篇，谈督抚的职责，重在正身率吏，教化人民，使人迁善远过，以期政清刑简。从这几篇奏折中可见他很注意民生国用和转移社会风气，他是辅佐康熙帝的得力大臣。

陈廷敬也是康熙朝的著名诗人。当时和陈廷敬同科成进士的王士禛，诗名最高，主坛坫数十年。王士禛标举“神韵说”，以“不著一字，尽得风流”为诗的极致。王擅长歌咏河山风光。陈廷敬和王

---

* 原载陈廷敬：《午亭文编》，郑州，中州古籍出版社，2011。

士禛是同年至好，常在一起诗歌唱和，并向康熙推荐过王士禛的诗才。但论诗主张、作诗风格和王士禛截然不同。《四库全书总目提要》称："廷敬论诗宗杜甫，不为流连光景之词，颇不与王士祯[①]相合，而士祯甚奇其诗。……（陈廷敬）生平回翔馆阁，遭际昌期，出入禁闼几四十年。值文运昌隆之日，从容载笔，典司文章，虽不似王士祯笼罩群才，广于结纳，而文章宿老，人望所归，燕许大手，海内无异词焉。"（《四库全书总目提要》集部七《午亭文编》）四库馆臣对陈廷敬的文才揄扬备至，评价很高。陈的诗文有不少反映政治事件和社会生活的，如对平定三藩、平定噶尔丹、康熙南巡均有诗作，对清初战争之后社会残破的情况也有很出色的描写，如《桑林午食二首》：

底柱山前乱石村，十家今有一家存。
千岩万壑人踪在，正是皇朝赐复恩。

石田漠漠草菲菲，破屋炊烟四散飞。
行到村前还怅望，五年不见一人归。

长期战乱带来了浩劫，给人民造成重大的苦难。尽管清初休养生息，但农村依然贫穷凋敝。"十家今有一家存"，"五年不见一人归"。诗人抒发的伤痛之情，何等强烈！

陈廷敬虽然不写"流连光景"，但他赏景思友，也不乏佳作，如他赴山东途中寄王士禛的诗：

千里江湖梦，三春雨雪游。
风帆出渤海，星野入齐州。
九点烟仍在，长河日自流。
相思若汶水，不断绕行舟。

这首诗写旅途中思念朋友之情，颇见真挚。陈廷敬的诗自成一

---

① 王士祯：原名王士禛，字贻上，号阮亭，清初著名诗人。1722 年，康熙病逝，皇四子胤禛即位，是为雍正。为了避讳，改名士正。1775 年，乾隆令改为士祯。此后的清代文献多称王士祯，他的原名却鲜为人知了。

家，不与他人苟同，一生留下两千多首诗，可称多产。康熙帝说他从政“恪慎清勤”，写诗“清雅醇厚”。这样的评价是颇为中肯的。

清人诗文集现在存世者极多，共四万多种，两万多家。其中不少是稀刻本，抄本，稿本，还有一些分散的文稿，这是一笔极为丰富的历史文化遗产，其中蕴藏有清一代 268 年丰富而珍贵的知识和信息，是研究当时政治、经济、文化、社会极有价值的第一手史料。开发这一部分文化财富，是一项艰巨而重要的任务。需要较长时间，投入大量的人力、财力。近年来已有一些重要的清人全集和文集陆续整理出版，如王夫之、黄宗羲、戴震、钱大昕以及晚清的曾国藩、左宗棠、李鸿章、张之洞、章太炎等。陈廷敬的《午亭文编》亦是其中的一种。两万多家清人文集的整理出版，是一项巨大的文化工程。为使工程顺利展开，应当进行全面规划，分工合作。最好像陈廷敬《午亭文编》一样，由原籍地方上的专家选定先贤文集的整理出版项目，外地学者和出版社积极参与，促成其事。这样通力合作，众擎易举，刊刻公布大量重要的清人诗文集当非难事。可为学术界提供珍贵的研究资料，推动人文科学社会科学之发展。

当此陈廷敬《午亭文编》即将出版之时，赘此短文，以为序言。

《李鸿章全集》序言*

李鸿章（1823—1901）字少荃，安徽合肥人。青年时代曾在北京从曾国藩问学，道光二十七年（1847）成进士。不久，太平天国起义，在南中国点燃起燎原大火，李鸿章以翰林院编修由京回乡组织团练与太平军作战，升至道员后投曾国藩幕府。曾国藩攻下安庆后谋增兵力，命李鸿章在安徽募组淮军，1862 年春李鸿章赴上海，旋署江苏巡抚，与列强合作，练军购械，与湘军东西夹击太平军，攻陷苏州、常州。太平天国失败，李鸿章因功封一等肃毅伯。

1865 年曾国藩受命攻捻，李鸿章继其后任两江总督。曾国藩作战无功，李鸿章继之，将捻军镇压下去。

1870 年李鸿章出任直隶总督、北洋大臣，常驻天津，时列强打开中国门户后，激烈争夺中国的主权利益。天津为北京门户，清政府虽已设立总理各国事务衙门，然上层官僚畏避外国，视中外交涉为畏途，因而大部分对外交涉付之北洋大臣，李鸿章任职达 25 年之久，“中外系望，声出政府上，政府亦倚以为重”（《清史稿》卷 411《李鸿章》）。

李鸿章在晚清政治舞台上活跃 40 年，这 40 年国际形势十分险恶，列强侵略中国，步步进逼，中外交涉频繁，战火连绵，人民处于水深火热之中，中国社会一方面在外国的侵略下正逐渐沦为半殖民地，另一方面又开始萌生了具有近代性质的各种新因素。这是一个复杂、多变、充满苦难的社会转型期。用李鸿章的话来说，是“三千年一大变局”。李鸿章的思想和活动都是为了应对这样一个前所未有的变局，是这个时代的产物。

---

* 原载《清史研究》，2008 年第 1 期。

作为19世纪下半期办理洋务的领军人物，李鸿章经管事务之多，涉及领域之广，在当时的同僚中罕有其匹。在军事领域，他先后创建了淮军和北洋水师两支近代化的武装。在经济领域，早期的四大军工企业他办了三个——江南制造局、金陵机器局、天津机器局，并干预福州船政局的管理和人才培养；后来又创办了轮船招商局、开平矿务局、漠河金矿、津沪电报总局、上海机器织布局等民用工业，并率先在中国倡建铁路。在文教领域，他主持了多起赴美、赴欧留学生的派遣。以他为首的淮系集团，因而也成为几个洋务集团中实力最强者。至于外交领域，从19世纪70年代起，他代表清政府经办了一系列对外交涉：天津教案、中日建交、中秘华工交涉、琉球事件、马嘉理案和《中英烟台条约》、《中法新约》、《马关条约》、《中俄密约》、《展拓香港界址专条》、《辛丑条约》。以至于在当时外国人的眼里，李鸿章就代表着清政府，甚至只见李鸿章而不见清朝皇帝。梁启超则更是把他在李鸿章死后不久写成的《李鸿章传》别称为《中国近四十年大事记》，认为李鸿章是近代"独一无二之代表人也"。李鸿章一生的活动几乎可以看作晚清历史的一个缩影。不了解李鸿章，就不能深入了解19世纪下半叶的中国，也不能深入研究中国近代史。

李鸿章一生的是非功过，在他生前与身后已有大量评论，见仁见智，褒贬不一。就其对外交涉和反侵略战争而言，他主张妥协退让一味求和，出让领土主权，贻误国家，挫伤了全国军民反侵略的积极性与爱国精神，咎无可辞；就其创办工厂、矿山、轮船、电报、铁路、新式军队和教育而言，他引进了许多西方的新事物，在学习西方方面跨出了重要一步。可以说，李鸿章为中国早期的近代化事业做出了历史贡献，但他的引进和改革局限在器物的层面，未曾触及政治制度层面，这是他历史和阶级的局限性所致。判断历史活动家的功绩，不是根据他们有没有提供现代所要求的东西，而应根据他们比其前辈提供了哪些新的东西。

历史科学的本质特点是依靠大量、确凿的史料进行研究。花大力收集、考订、梳理史料，实事求是地进行分析，才能深入探索历史人物的思想、行为和心态，理解他们的处境、困难以及他们的判断、决策和采取的措施。李鸿章过世已 105 年，但尚没有一部系统、完整的《李鸿章全集》问世，这不能不是研究工作中的一大缺陷。过去虽有吴汝纶所编《李文忠公全书》，此书卷帙浩繁，达 165 卷 700 余万字之多，却并非完璧。我青年时开始研究中国近代史，花费许多时间阅读此书，感到奇怪的是：前期中期的资料相当丰富，到甲午战争时几乎戛然而止，没有提供什么重要的信息。吴汝纶是一代古文名家、李鸿章的机要幕僚，他在编辑此书时抱定宗旨，要为李鸿章辩诬止谤。他在给潘藜阁的信中说："自倭事起至今，傅相为中国士夫所唾骂，此由政府扬其焰，而后进之士，闻声和之。弟以为傅相经营远略卅年，前十年事具在奏稿。中十年，则奏稿尚或假手幕僚；至总署信函，则全系亲笔。后十年，则机要事件，皆在电报，亦不肯倩人代办，必出亲裁。现拟将此三者辑录成书，则历年支持危局，力求富强之苦心，具在简册，亦止谤之一道也。"（吴汝纶：《尺牍》卷一《答潘藜阁》，《吴汝纶全集》第三册，133 页，合肥，黄山书社，2002）他又在给周馥的信里说："某区区欲删定合肥文集，不欲使贤相身后令名淹没于悠悠之口，以为功名本末具在此书也。"（吴汝纶：《尺牍》卷一《与周玉山》，《吴汝纶全集》第三册，151 页）这就是编纂的目的。吴汝纶编的稿本比较详细，达 1 700 多万字，还编有一个简本，简本中的部分奏稿，以《李肃毅伯奏议》为名在光绪二十四年（1898）李鸿章在世时曾石印刊行。吴死后，其侄婿廉泉拟刊印其详本，可能因篇幅太大，经费不足，又大加删砍，将李鸿章在甲午战争中失败和以后一段失意时期的文稿及其他机密文件大多删汰，于光绪三十一年（1905）印行，仍用吴汝纶主编之名，即为通行近一百年的《李文忠公全书》。其删削之多，令人意外，吴原编 1 700 多万字，而行世之《李文忠公全书》只有 700 多万字。

吴汝纶所编详本长期保存在李鸿章的合肥老家中。1949 年李氏后裔将详本携至上海，当时正在参与筹建上海图书馆的顾廷龙先生独具慧眼，将详本与刊行本比对，发现详本所收文稿超过刊行本甚多，其价值之珍贵自不待言，因将此辗转搬运、险遭湮灭的吴汝纶原编详本保存珍藏。20世纪80年代起，顾廷龙先生多次呼吁新编并出版《李鸿章全集》，供研究者使用。安徽教育出版社一向热心支持学术著作与珍贵资料之出版，尤重视本省的乡梓名人，视新编出版《李鸿章全集》为己任，醵集重金，独家组织编纂出版事务，顾老出任主编，邀我襄助他的工作。我对李鸿章研究饶有兴趣，欣然承诺，忝附骥尾，略尽绵薄。1998年顾老逝世，但他为《李鸿章全集》保存收藏，倡议整理，制订编纂计划与体例，尽心尽力，做出了很大的贡献。

这部新编《李鸿章全集》自1992年秋申请立项，1993年4月在北京组成编辑委员会，正式启动编纂整理工作以来，忽忽已历14寒暑，参加成员有京、沪、皖、鲁、粤等省市史学、图书、档案和出版部门的30余位专家学者，并得到全国各有关图书、档案部门的大力支持，经过长期坚持不懈的努力和全体同志的通力合作，终于形成现在这样一部洋洋大观，包括奏议、书信、电报、诗文四大部类共计2 600余万字的文献巨著。在字数上超过行世一个世纪的《李文忠公全书》近4倍，也超过吴汝纶原编详本近1 000万字。内容涉及晚清政治、军事、经济、外交、思想、文化、教育各个领域。其中许多文字非李鸿章亲自撰写，而是出于幕僚之手，但应是秉承李的意旨，或是经李阅后改定。在自古至今已出版的个人著作中，篇幅之巨、字数之多，堪推第一。这次新编的《李鸿章全集》，除全部包含吴汝纶原编未刊的1 700多万字详本之外，又有许多新的内容。李鸿章去世之后，有各种李氏文稿出版，光绪三十一年（1905）李鸿章之孙李国杰编印了《合肥李氏三世遗集》，其中《李文忠公遗集》收录了李鸿章的诗文；民国五年李经方、李经迈出资，将李鸿章另一个机要幕僚于式枚保存的李鸿章信稿32册石印出版，题名《李文忠公尺牍》；民国七年李鸿章的同乡兼门生黄书霖把他所保存的李鸿章在咸丰三年（1853）到同治元年（1862）致曾国藩的亲笔信札28通和便笺3通交给坊间石印，题名《合肥李文忠公墨宝》；商务印书馆1957年12月出版的《捻军史料丛刊》第二集和1958年6月出版的第三集，分别收录了《李鸿章信稿》《李鸿章信稿补遗》，这实际上就是刻本《李文忠公全书》朋僚函稿里散失的同治四年（1865）至六年三月的部分，由当时李鸿章的幕僚钱恩棨，携带回原籍江苏太仓，1954年江苏省文管会在接收前太仓图书馆的资料时发现，经江世荣先生整理考订后出版；1960年3月，中华书局出版年子敏先生根据潘鼎新儿子潘永龄保存的李鸿章给其父的145封信，以及安徽社科所历史研究室从安徽博物馆辑录李鸿章残缺信稿4封整理而成的《李鸿章致潘鼎新书札》；1984年，合肥市政协文史委员会征集到李鸿章致吴赞诚信稿12封；1986年，苏州大学历史系资料室发现李鸿章于光绪十六年（1890）信稿1册共57封，前者经戴健，后者经董蔡时、陈珍棣先生整理后，分别刊载于是年的《安徽史学》；1989年，广东省丰顺县政协《丰顺文史》第二辑发表了由江村先生整理的《李鸿章致丁日昌函稿》102封；1992年，由天津档案馆和南开大学分校档案系编辑、天津人民出版社出版的《天津租界档案选编》里，存有李鸿章为列强在天津设立、扩充租界的各种批札以及当时地方官给李鸿章的禀帖10余件；1997年6月《近代史资料》总91号，刊发了辽宁博物馆藏《李鸿章手札》25封（刘金库整理）；1998年，武汉出版社出版了由王庆成先生编著的《稀见清世史料并考释》，其中收录了他在英国伦敦图书馆藏“戈登文件”里发现的李鸿章致戈登的函、札和批复11件；2004年7月，上海古籍出版社出版了由上海图书馆历史文献研究所编的《历史文献》第七辑，收录了辽宁省图书馆藏李鸿章函稿26封（王清源整理）。另外，还有一些零星发表的李鸿章佚稿。总共出版的字数在七八百万字之间，现一并收入新编《李鸿章全集》中。

除了以上收录已刊行者之外，新编《李鸿章全集》中收录的未刊李氏文稿尚有：上海复旦大学图书馆所藏18册李鸿章信稿，上海博物馆所藏李鸿章致亲友函稿，中国社会科学院近代史研究所藏《李鸿章李瀚章兄弟函稿》等。

吴编李氏文稿中数量最大的是奏稿，由幕僚抄录，基本上按一月一册，从同治元年（1862）四月担任江苏巡抚起，到光绪二十年（1894）底止，一共348册。甲午以后，李鸿章到北京任事，也就是通常所说的投闲置散时期，他未能像在直隶总督、北洋大臣任上那样再雇请数量众多的幕僚，所以从光绪二十一年（1895）《马关条约》签约后到二十五年（1899）底的奏稿没有底本。到了光绪二十六年（1900）他短暂出任两广总督，又有6册《粤督奏稿》，此外还有上海图书馆长乐路书库的两大册奏稿散页。经过将近一年的整理，我们发现，这些奏稿虽然都经过吴汝纶的圈阅，留下编选的痕迹，但有不少部分只有月份而无准确日期，更缺乏朱批或上谕。直到我们看到了档案中所藏李氏奏稿，两相对勘，才能核定时间，编入本书。

编纂过程中，特别重要而令人振奋的是查找到了中国第一历史档案馆所藏清代军机处录副档和宫中电报档中包含的大量李鸿章的奏稿、电稿。当我们编纂工作开始时就意识到大内档案中必有李鸿章的文稿，但其种类、数量以及有无损毁，心中无数。且分散在浩如烟海的档案海洋之中，查找不易。我向时任第一历史档案馆馆长的徐艺圃同志请求并多次商议，承蒙第一历史档案馆的大力支持，由馆中四位专家从1993年年底起，花费近三年时间进行搜集、辑录、复印，结果惊人！一共从军机处录副档案中辑录各种奏折和附片9 600余件、4万多页，从宫中电报档中辑录和复印9包。

另外还有意想不到的收获，发现了一套较完整的李鸿章任直隶总督期间的题本也有约3 000万字，于1996年10月全部复印，妥运至合肥。档案馆的这一重要发现，扩大了此书的篇幅，大大提高了此书的质量。可以把当年李鸿章草拟奏稿的底本与给清廷的进呈本对校，比较其异同，又可以看到皇帝皇太后的朱批，了解清廷对具体事件的态度和处理措施。应该说这对研究者来说是极为重要的。但也因此而打乱了我们原来的工作计划，大大增加了我们的工作量和工作难度，不得不将李氏家藏的底本与档案中的进呈本一一对勘，补其缺讹，剔其重复，核准时间，考订异同，编纂工作遂延宕14年之久。

这部分题本是直隶总督向皇帝上报直隶地方各种事务的例行公文，在封套上盖上直隶总督的官印，严格说虽然不能算李鸿章本人的文字，但以李鸿章的名义上奏，它对研究直隶当时的吏治和省情，颇有价值。面对这样一大堆珍贵的资料，我们又喜又忧。喜的是新编《李鸿章全集》又增加了许多新资料，更加丰富充实了；忧的是工作量又要加大，题本如果全出，字数要增加将近一倍，体例上也要做重大调整；加之出版社财力有限，全部收入《李鸿章全集》，势所不能。好在每份题本上都附有一份内容摘要，也就是所谓“贴黄”，每份数百字到千余字不等，言简意赅，基本能反映题本正文的内容，经与各位专家反复研究，决定整理部分“贴黄”，约 260 万字，作为奏稿的附录部分收入新编《李鸿章全集》。这就是目前我们这部新编《李鸿章全集》的大致规模。

首先，在编纂体例方面，吴汝纶所编，分奏稿、电稿、函稿三大部类。新编全集则在三部类之外，以《李文忠公遗集》为基础，广泛搜集李鸿章散存民间的遗诗佚文、碑铭谱序，另成一“诗文”部类。在处理各部类的编排时，也根据各自的实际情况进行处理。如奏折，除了正折与附片外，还有诸如清单、附在折片后的上谕或者朱批、军机处寄谕、照会、条陈节略等大量非李鸿章本人的文字；电报也同样录存了不少别人的来电。对于这些文字，本着李氏全集应以李氏正文为中心的原则，在经过仔细校勘后，均以另号字体排附于正文后的适当位置，以更为明晰一事之原委。对此，编纂凡例有详尽的说明，兹不赘述。

校勘方面需要做一些说明，尽管《李鸿章全集》收集范围极为广泛，但对李鸿章文稿的来源及其真实性坚持严格把关。如在清理上海图书馆藏李鸿章档案时，发现一册在书目登记卡上登记为《李鸿章日记》，原书封面题名为《过目不忘》的稿本。鉴于以前曾有赝品出现，李鸿章有无日记传世已经成为一桩历史疑案，编委会邀请有关专家经过多方慎重论证，从笔迹、行文格式、内容记载各种因素确定，此件非李鸿章亲笔，亦不符私人日记之体裁，而属于要事备忘录，与江世荣所编《捻军史料丛刊》中的李鸿章大营《军情》《军报》同属一类，具有较重要的史料价值，故将其整理后作为附录收入集中。

其次，在版本校勘上采取稳慎的态度，以四大部类中字数最多的奏折为例，上海图书馆的幕僚抄本底稿一共有 12 000 余件折、片，而军机处录副档的 9 600 余件，虽不足以涵盖前者，但它因附有朱批，是被清廷最高当局阅过并有明确表态的正本；两相对勘，其中还有 2 300 余件是上图抄本所未见的，除了补上光绪二十一（1895）至二十五年（1899）散失的以外，主要是涉及边防军事、人员保荐、对外交涉等军机大计，不能假手于幕僚，必须由李鸿章亲笔拟稿，即所谓密折（片），弥足珍贵。就拿密保人才一项来说，通过上千件保举属吏将弁的折片，可以清楚地显示：李鸿章作为淮系集团的首领，是如何网罗人才，左提右携，集结成这样一个近代最庞大洋务派实力集团的。因此，我们在校勘中，以军机处录副档作为首选底本，其不能覆盖的上海图书馆抄本部分，仍照原稿保留；录副件中有字迹潦草难以辨识和脱漏衍误之字，经与上海图书馆抄本对勘辨正后，加以校注。通过这样对勘，绝大多数折、片校准了上奏日期，而在折、片之后，又大都附有抄录的朱批，反映了最高当局对李鸿章呈报各事的处理意见，这在由幕僚抄录的上海图书馆底本里是没有的，从而使得整部奏议更加精确和科学。

最后，在文稿的句读和审议中，采取以校注、简注为主，避免蛇足式的繁注、详注；有关文字校勘中的增、删，则一律以符号标明，以收一目了然之效。

综上所述，我相信，这样一部规模宏大、收集齐全，集 30 多位专家，以 14 年之久，广搜精编的跨世纪史料文献的问世，对于推动清史和中国近代史研究所能发挥的作用和影响，将会弥久而愈深。

《恽毓鼎澄斋日记》序言*

清朝人有写日记的习惯，许多名人大多有日记刊行于世。如政治家林则徐、李星沅、曾国藩、翁同龢、王文韶、唐景崧，以及学者李慈铭、王闿运、叶昌炽等。名人往往处于历史旋涡的核心，比普通人有更多见证历史真相的机会。他们或铺陈重大历史事件，或书写读书心得，或阐发个人胸臆，或缕述起居琐事，或披露参政内幕，这些文字是十分珍贵的历史资料。也有一些官吏位居中下层，但关心时事，富有才能，又有机会结交权要，出入豪门，甚至行走宫内，侍奉皇帝。他们见多识广，了解政坛内幕，消息灵通，所见所闻写在每天的日记中，常常能透露其他文献资料中见不到的历史真相。这类日记，其历史价值甚高。

摆在我面前的《恽毓鼎澄斋日记》的作者恽毓鼎，原籍江苏常州，任晚清史官19年，担任过日讲起居注官，翰林院侍讲，国史馆协修、纂修、总纂、提调，文渊阁校理，咸安宫总裁，起居注总办，编书处总校、总纂、总办，功臣馆总纂，讲习馆总办等职，是清廷为数不多的皇帝近臣之一，曾随侍光绪皇帝，写有《崇陵传信录》，是记述清末史事的一部信史。他熟悉晚清宫廷内幕及掌故，成为宫廷事件的旁观者和记述者。《恽毓鼎澄斋日记》虽然常从日常生活入手，但记事并不琐碎，保留有大量政治历史资料和宫廷生活细节。

恽毓鼎还于光绪二十七年（1901）任过《各国政艺通考全书》的总校兼总纂。宣统二年（1910），翰林院奏设宪政研究所，以恽氏为总办。因此他也是晚清新政的参与者与见证人，其日记对晚清政治风云与思想变迁颇多反映，时发议论，折射出当时知识分子的思想状况。如光绪二十一年八月日记称：对官员所上八项变革办法条

---

* 原载《恽毓鼎澄斋日记》，杭州，浙江古籍出版社，2004。

陈（一铁路，二军制，三变通科举，四造就人才，五筹款项，六重工商，七矿务，八交涉），恽氏认为第一、第五、第七三条可斟酌而行，其余固宜就今法变通，却反对单纯对西洋之法亦步亦趋地模仿。他的观点是，中国自有长处，患在用人不当："故重情面，袭具文，苟且姑息，以致弊端百出耳。必欲舍己从人，而仍用此等丧心误国、贪利营私之人，亦何法不能滋弊哉！"对于器械之道与人相配合的重要性，恽氏以中日战争为例发出了自己的感叹："中日战事，我兵皆望风而遁，无人向东发一矢放一炮者，故使敌人得利耳。岂得咎以器械之不精哉！即尽得外洋火器，而纪律不精，刑罚不严，委而去之，徒资寇也。"这真实反映出面对西方入侵时，晚清士大夫普遍呈现出的焦虑心态。

中日甲午战争是中国知识分子思想转变的一个重要分水岭，中国在战争中的惨败，使有识之士清醒地认识到洋务运动仅仅靠引进西方器械之道使国家走向富强所导致的局限性。以后的戊戌变法即着眼于制度变革，20 世纪初年爆发的五四新文化运动对"国民性"素质的质疑和讨论都是由此引发而来。《恽毓鼎澄斋日记》中所反映的心态成为时代变迁的晴雨表。

《恽毓鼎澄斋日记》按年编排，起自光绪八年（1882）恽毓鼎中举始，至其逝世前一年（1917）止，其间有残缺。恽毓鼎曾将所记内容概括为六类：文献、时事、读经史子集笔记、论古文诗词、民俗风情、家庭琐事。文献、时事二类中含有大量的时局议论。最重要的是《恽毓鼎澄斋日记》反映了清廷末世的腐败。他在光绪三十四年的日记中写道："时事日非，而京朝官车马衣服，酒食征逐，日繁日侈。吾辈光阴精力，皆消磨于奔驰醉饱中，可为太息。"在宣统二年（1910）十一月二十九日的日记中又写道："凡为外官者，必谋要津大老书函致其上司，名为'运动'。且视京官无不嗜财，但挟重金，即以为无投不利。此虽贵人有以致之，然亦可以觇风气、测人心矣，可叹可叹！"再如，他在宣统三年十月十四日的日记中，就通过点评五代唐明宗时大理少卿康澄上疏所言五不足惧六可畏，来讽喻当时的政局。认为：宣统年间所谓六可畏者，无不蹈其辙，"更加以贪人败类，贿赂公行，无一事非因贿而成，无一官非因贿而进，人心安得不去，大乱安得不兴乎?”

但恽毓鼎本人处在衰世浊流中亦非洁身自好者。他曾讨好奕劻和袁世凯，上疏弹劾瞿鸿禨、岑春煊，在晚清权力斗争中推波助澜。

还有值得注意的是，民俗风情与家庭琐事二类中所包含的中国近代社会史的内容。以往我们对晚清日记的解读与研究利用多只注意与重大政治事件相关的那一部分内容，而忽略日记中对日常琐碎生活的描写，而中国历史研究要实现突破，恰恰要把目光投向这些日常生活的描写，以展现近代中国社会转型期间更广阔、更复杂的层面，以及实现历史转变的全貌。前几年乔志强同志在点校刘大鹏《退想斋日记》中对此已有所反映。在这方面，《恽毓鼎澄斋日记》同样提供了相当丰富的资料。日记中举凡古籍版本、书画手迹、行医处方、天气天象、地理地震等，均有程度不同的记载。恽毓鼎叙事的优点是不像一般日记，行文易走如流水账的叙述模式，而是叙议结合，往往将对话语言等细节照录其中，存录了大量的历史资料。

作者又具有版本目录学家、书法家和医生等多重身份，故其日记中的记载也展现了中国近代社会和文化知识的方方面面。又由于史晓风先生的大力整理，解决了识读和其他疑点、难点，故此书具有很高的史料价值和可读性。《恽毓鼎澄斋日记》的出版无疑将对中国近代史研究起到积极的推动作用，是值得推荐的一部好书。

《恽毓鼎澄斋日记》长期收藏在北京大学图书馆中，篇幅浩繁，有36册，百万字之多。因恽氏行草字体辨认较难，断句不易，难以卒读，所以从未刊行面世。史晓风先生退休以后，发挥余热，穷十年之力，埋头整理这一珍贵的史料，实难能可贵。他年事已高，却勤奋用功，寒暑不辍，把整部日记点校整理并誊写一遍。由于恽氏日记是随笔记录，多用草书，故辨认字体极为艰难。有时辨认某个字，遍阅草书字典，仍不得其解；以后忽见另一处亦用此字，前后通观，反复研读，其义豁然贯通。遇到许多人名、史事，亦必追根究底，切实理清。这种勤奋、缜密、敬业之精神，老而弥笃，值得钦佩。

在学术著作出版难的今天，浙江古籍出版社决定出版这类珍贵史料，具有现代出版家的远见和胆识，也是令人赞赏和欣慰的。

《清代浙东经史学派资料选辑》序*

国家清史编纂工程自2002年正式启动以来，到2005年，尚有一些重点项目没有落实招标对象。2005年4月，时任浙江省社会科学院研究员的吴光同志因为温家宝总理关于黄宗羲思想的一封信来电相询，我就动员他参与“浙东史学派”项目的招标。他说，梁启超先生关于“浙东史学派”的说法固然弘扬了浙学，但却存在偏颇，忽视了浙东学派“明经通史、经史并重”的学术特色。因此，他希望以“浙东经史学派”的项目名称参与竞标。我当时未置可否，让他不妨试试，将项目论证做得充分一些。不久，吴光同志将题名为《清代浙东经史学派资料选辑》的项目申报书寄给国家清史编纂委员会文献组，设计了十二辑约600万字丛书性质的清史文献整理项目。经编纂委员会评审讨论，认为吴光同志的论证很充分，清代“浙东经史学派”之名可以成立，故一致通过了该项目的立项申请。我个人也表示支持立项，国家清史编纂委员会遂与吴光同志签订了工作协议。

关于清代浙东学派，自梁任公在《清代学术概论》提出“清代经学之祖推（顾）炎武，其史学之祖当推（黄）宗羲”，又在《中国近三百年学术史》指出“梨洲学问影响后来最大者，在他的史学”等论述之后，史学界一般都将“浙东学派”当作史学派。如《浙东学派溯源》一书的作者何炳松、《清代浙东之史学》一文作者陈训慈、《清代的史学与史家》的著者杜维运都持“浙东史学”之论。但吴光同志对此早就提出质疑，他在1986年提交的宁波“国际黄宗羲学术研讨会”的论文《黄宗羲与清代学术》（发表于《孔子研究》

---

* 原载《中国史研究动态》，2014年第2期。

1987年第2期）中说："关于清代浙东学派，前人往往作狭义的理解，称之为浙东史学派，并以章学诚为其殿军，恐怕有失偏颇。愚意以为，浙东学派是一个包括经学、史学、文学、自然科学在内的学术流派，虽然史学成绩显著，但不应仅仅视作一个史学流派。"这是颇有见地的。后来，他的这一观点日益明晰，在多篇论文中明确提出："以黄宗羲为首的清代浙东学派，是一个崛起于清初、延续至清末、涵括经学、史学、文学、科学等多个领域而以经史之学为主体的学术流派。该学派的活动区域，以浙东的宁波、绍兴为中心而扩展于浙西，影响至全国。其主要代表人物，以经学为主兼治史学的有黄宗炎、万斯大，以史学为主兼治经学的有万斯同、邵廷采、全祖望、章学诚，经史兼治而偏重文学的有李邺嗣、郑梁、郑性，偏重于自然科学的有黄百家、陈吁、黄炳垕，偏重考据学的有邵晋涵、王梓材。这个学派的正式名称，应当称之为'清代浙东经史学派'，而非'清代浙东史学派'。"（吴光：《浙学的内涵及其当代定位》，载《光明日报》，2005年5月10日；《为"清代浙东经史学派"正名》，载《光明日报》，2008年10月19日）此后，他在专著《黄宗羲与清代浙东学派》（中国人民大学出版社2009年版）一书中对此做了系统论述，并称这个学派的学风特色是"明经通史、经世致用"。我认为其论证是"持之有故，言之成理"的。

长期以来，我对清代学术思想的传承演变、来龙去脉颇为关注，并著文讨论。我在1999年9月29日发表于《人民政协报》的短文《吴、皖、扬、浙——清代考据学的四大学派》中，首次将清代考据学分为吴、皖、扬、浙四大派，认为以俞樾、黄以周、孙诒让、章太炎、王国维为代表的晚清浙派形成了清代考据学的一个独立流派，其学术特点"因受西方学术的影响，力求与西学沟通，其杰出代表能够中西兼纳，推陈出新，故其特点在'创新'"，"堪为从传统走向近代的桥梁"。但我的短文仅论及晚清浙学人物，而吴光同志上推到清初的黄宗羲、万斯同、全祖望、章学诚等创派立说、承绪接统，这很有新意。浙学在有清一代足与吴、扬、皖三大派并驾齐驱，其时间之长、人才之盛、著作之富、内容之新，实驾吴、扬、皖而上之。此种文化现象，实与此地区经济之发达、人文之昌盛有关，这也构成了明清以来浙江区域文化史的一大特点，值得深入探讨与研究。然前三学以考证为重点，而浙学兼重经世。晚清的学风，不仅受到乾嘉考据学和近代西方学术的影响。而且也受到清初浙东学派“明经通史、经世致用、兼纳西学”之学风影响。至康有为之公羊派则全以经世鸣世矣。

如今，在吴光同志的主持下，十多位学者经过八年的艰苦努力，终于完成了《清代浙东经史学派资料选辑》这个重要的文献整理项目，我作为清史纂修工程的总负责人，由衷表示祝贺。吴光同志是我与尚钺同志于 1978 年共同招收的中国人民大学清史所、历史系的首批硕士研究生之一。他好学深思，实事求是，正直敢言，多有创见，尤其是在道家黄老学、儒家道德人文哲学和明清浙江思想史的研究领域里成就显著。因为他是我的学生，这个文献整理项目又是我建议他提出申报的。他希望我能写一简序冠诸卷端，在我也属难以推辞，故陈述原委，择其旨要，聊以成篇。

《名臣奏表八十八篇》序言*

在光辉灿烂的中国传统文化宝库中，反映中国士大夫理想、抱负与用世、致治的优秀政论文章，历来为人们所推崇、传诵。这些作品，同许多其他文章、诗词、戏曲、小说、书画一样，是我国浩瀚的文化遗产海洋中的瑰宝，亟待大力发掘。

创作这批优秀政论文章的作者群是中国历史上的所谓“名臣”。在君主专制的中国封建社会中，做官、做高官，是人们衡量读书人有成就的最重要标尺。“名臣”便是达到了最高或较高成就的那批知识分子。他们不但在政治上，而且也在文学上、学术上达到了很高水平。其政论代表作，如李斯的《谏逐客书》、贾谊的《治安策》、董仲舒的《天人三策》、诸葛亮的《出师表》、魏征的《谏太宗十思疏》、陆贽的《均节赋税恤百姓六条》、范仲淹的《论十事疏》、欧阳修的《朋党论》、王安石的《上仁宗皇帝言事疏》、胡铨的《请斩秦桧书》、文天祥的《己未上皇帝书》、叶兑的《定取天下大计书》、施琅的《陈台湾弃留利害疏》、林则徐的《重禁吃烟片》、康有为的《公车上书》等等，其政治价值和美学价值早已为人们所认同，故流传千百年而不衰。

《名臣奏表八十八篇》的编者——黄进、黄毅、郭豫庆等，将中国封建社会中的历代名臣在议论朝政、处理军机、管理社稷，以及用人处事等方面给皇帝所上的疏策、奏章、表志进行精选，集中编成一部集子，加以注释、评点、翻译出版，其用心显然不仅仅是出于文学价值的考虑。与几千年来中国知识分子咏山川田园、道人世沧桑、抒壮志豪情的许多作品相比较，这些疏策、奏表凝结着更为

---

* 原载黄进、黄毅、郭豫庆主编：《名臣奏表八十八篇》，北京，华艺出版社，1992。

厚重的历史感，翻阅这部集子，与其说是赏析优秀的散文佳作，不如说是在阅读一部富有政治内容和哲理色彩的中国史书。

大致上说来，中国封建社会朝臣的疏奏可分为三类。

第一类为整顿和完善社会经济制度和秩序，恢复和发展社会生产而向皇帝所提出的一些措施和对策。这些措施和对策几乎包括了中国封建社会所有的革新变法中有关经济生活的内容，如屯田制、均田制、两税法、改土归流、禁烟、举办近代工业等等。这类疏奏的作者亦几乎涉及历朝历代的变法代表人物，如王安石、张居正、康有为等。

第二类为国家民族遭遇入侵之时朝臣向皇帝所上的抗敌御侮之书。中华民族历史上流芳后世的民族英雄，如班超、岳飞、文天祥、戚继光、史可法、林则徐等人精忠报国的浩然正气，视死如归而不向敌人低头的伟大气节，均跃然纸上。

第三类为完善中国封建制度、维护封建统治机器正常运转而向皇帝提供的方法手段和策略方针。贾谊在《治安策》中提出的“削同姓王”，即“众建诸侯而少其力”，以加强中央集权，以及董仲舒《天人三策》中“独尊儒术”均属此类。还有整肃贪官、裁汰冗吏、防止小人、弹劾奸佞的奏表亦可归于此类。

这三类疏奏，都表现出“忧国忧时”、“为民请命”及“先天下之忧而忧，后天下之乐而乐”的中国士大夫标榜的崇高使命。与那些没有在朝廷做官——“在野”的知识分子不同，这些头上有顶乌纱帽的知识分子，不仅仅抨击时政，揭露弊端，更注重于提供可供操作之“良策”。许多名臣，因为是知识分子，便具有知识分子对民族和人民的“良心”；又因为是“朝臣”，不得不在对人民的“良心”和对皇帝的“忠心”之间痛苦地寻求一种“和谐”与“平衡”。在黑暗的封建专制制度下，一切的社会弊端无不与皇帝有着必然的联系，即使是皇帝的“近臣”“宠臣”在向皇帝上奏疏时，也随时有着冒犯龙威以至于失宠、被贬乃至丧失性命的危险，这就需要有不怕坐牢、杀头的勇气，有威武不能屈的精神。黑暗时代，那些“贤臣”“良将”常常是悲剧的主人公。南宋枢密院编修官胡铨向皇帝提出的安邦建国大计中，竟要求诛杀当朝宰相秦桧，结果被拘禁流放近20年。林则徐为了禁止鸦片，反抗侵略，竟被远戍伊犁。即便如此，许多“良臣贤士”一息尚存，为了国家民族的利益，仍不放下他们手中那支笔，故而中国封建社会许多朝臣的疏奏读来有一种悲壮之美。像胡铨、林则徐这类对国家和民族充满责任感的朝臣，是民族的脊梁。“良心”和“责任感”，是中国知识分子可贵的优良传统。在当今我们国家进行社会主义现代化建设的伟大征途上，面对着部分社会成员把注重经济效益变为了“金钱第一”，醉生梦死，腐化堕落，古人向我们昭示的“良心”和“责任感”就更显得极为可贵！

封建社会朝臣们向皇帝上疏奏，自然希望皇帝重视和采纳自己的意见，这就使得“疏奏”与一般士大夫知识分子充满辛辣嘲讽特色的抨击时政的文章，在行文风格上有鲜明的不同，要做到：既揭露社会问题，又不致冒犯皇上；既充分阐明政见，又不致有使自己的眼光才智超越圣上之嫌。这就决定了疏奏的写作，既需要勇气，又需要聪慧和技巧。一般说来，饮誉当时并流芳后世的疏奏，写作上有几个特点：一是深谋远虑，援引史实，取譬眼前，说古论今；二是有理有节、层层深入，惨淡经营，鞭辟入里；三是文字简要，用词精当、朴实无华、无懈可击。这些疏奏、鲜明地表现出中国封建社会知识分子的才华、智慧、整体性格特征以及他们的社会地位和处境。文章中所蕴涵的哲学的、逻辑的、推理的力量，直到今天，还在向我们展示着它独有的魅力。

中国历代的统治者，都非常注意研究和总结前人治理国家的经验教训，而这种研究和总结的重要材料之一便是历代朝臣的疏策和奏章。明代黄淮、杨士奇主编的《历代名臣奏议》就是最有影响的一部集子，流传至今。遗憾的是今鲜有人能读懂。

以马克思主义为指导思想的中国共产党人，在一个有着几千年封建传统的中国，领导人民致力于社会主义现代化事业时，亦十分重视研究中国的历史和中国的国情。毛泽东便是一个精通中国历史的巨人，这部《名臣奏表八十八篇》中的许多篇章，如赵充国的《三上屯田书》、姚崇的《十事要说》等，便曾为毛泽东生前所批注圈点过。从毛泽东对待这些历史文化遗产的态度上，我们可以学到对于中国文化和中国历史所应持的正确态度。

读者会注意到，被收入本书的并不全部是历史上被肯定的“正面人物”，其中也有个别篇章出自“奸佞”之手。因其论点明显地影响过当时的最高统治者，对社会生活产生较大作用，故亦被收集在内，如秦桧的《论边机三事状》。

选编这样一部《名臣奏表》，作为黄进博士主编的《华夏津梁》丛书的一个有机组成部分，在新中国成立后的读书界还是首次。编著者还以作者与作品简介、成语·典故·名句提示、原文、注释、译文这种新型的体例，试图将学术性与可读性相结合，让更广大的读者层能够接受它，这一考虑，可谓颇具匠心，对于今天其他历史类著作和读物，亦是很有借鉴意义的。故编者嘱我作序，我欣然允诺。古人说“读书贵在自得”，这样一部书，只要认真研读原文，细心体味，我相信对国内外和海内外各类读者都会是大有裨益的。

《尚氏中国古代通史》序言*

尚钺同志的《尚氏中国古代通史》将要出版了。早在50年代，他就因学术观点而遭到不公正的打击，因此，这部书的出版，推迟了三十多年之久，这是很不幸的。但“文化大革命”以后，尚钺同志的问题已全部平反昭雪，今天能够出版这部讲义，又是值得高兴、庆幸的事。

面对他的遗著，我思绪万千，心潮难平，仿佛回到了建国初期的岁月，沉浸在虽然遥远却又十分清晰的思念和回忆之中。

从1951年到1956年，中国人民大学中国历史教研室开办研究生班，设有历史专业和经济史专业，学制三年，以满足高等学校历史师资的需要。研究生班的课程设置很简明，有马克思主义哲学、政治经济学、中共党史、俄语以及中国古代史、中国近代史，最后一学期，还要撰写一篇研究生毕业论文。其中，历史课自然是学时最长、讲授最详的主修课程，尚钺同志和尹达同志分别担任中国古代史和近代史教学。1953年尹达同志调离了中国人民大学。在尚钺同志的鼓励、指导和帮助下，我接替了尹达同志的近代史教学任务。这部《尚氏中国古代通史》就是尚钺同志以讲义的形式在三届研究生班上授课过程中写成的，我当时在他的领导下，和他一起工作。今天捧起这部讲义书稿，往事历历在目。

这部书是尚钺同志多年心血所萃集，最系统详尽地阐明了自己的学术观点，形成了很有影响的一家之言。建国初期，虽然已有郭沫若、范文澜、翦伯赞、侯外庐等同志的许多研究成果，但在历史学领域中如何全面深入地运用马克思主义，仍是一个亟待解决的课

---

* 原载尚钺：《尚氏中国古代通史》，北京，高等教育出版社，1991。

题。一方面，历史学领域中重大的理论问题，如古代史分期和资本主义萌芽，有的刚刚提出，有的尚未展开充分的讨论；另一方面，高等学校中还没有一本用马克思主义观点编写的教科书，很多历史学教授正在从头学习马列主义，历史教学碰到极大的困难。在这种情况下，尚钺同志率领中国人民大学的一些历史教师，编著了《中国历史纲要》一书，以适应高校历史系课程建设的需要。

尚钺同志对工作永远不知疲倦，奋进不已。他怀抱宏伟的愿望，在《中国历史纲要》的基础上，要借研究生的课堂，展开对中国古代历史全面、系统的阐述，把自己创立的体系，加以丰富、充实、提高，在教学实践中进行探讨、验证、补充、总结，以形成一部富有特色的大型中国古代史著作。他为此目标而废寝忘食，全力以赴，锲而不舍。那时候，我们同住在一个宅院里，我清楚地记得尚钺同志撰写这部著作的情形，课程排得很紧，每周三次，每次讲授三小时。尚钺同志夜以继日地读书、写作、授课。他读了许多理论书籍，翻遍各种原始资料，经常和教师、学生辨难、答疑。每当夜深人静，走过尚钺同志居室的窗前，总能瞥见一灯荧然，他正在聚精会神地伏案钻研，经常工作到深夜两三点钟尚不休息。尚钺同志青年时代是运动场上的好手，故年过半百而精力极健，胜过许多年轻人。我们教研室的全体同志都承认：尚钺同志年龄最大、学问最高，是我们的师长，但又是我们中间最用功、最刻苦的一个。他的勤奋精神深深地感染和教育了我们每一个人，成为大家的榜样。

尚钺同志十分重视马克思主义理论，强调历史研究要以马克思主义的立场、观点、方法，去揭示历史发展的规律。又能不囿成说，勇于创新。他对理论书籍，读得最多、最熟，有人向他请教问题，他往往不需翻检书籍便能将马列著作中的重要段落，复述得大致不差。他具有许多哲人常常具有的那种创造精神和执着性格。他提出魏晋封建论和资本主义萌芽说，体系最完备，论述最详尽，旗帜最鲜明，在学术界产生了很大影响，与范文澜的西周封建论、郭沫若的战国封建论并称为古代史分期鼎足而立的三大学派。他对自己的学术主张极为坚持，虽然碰到了万钧压力而毫不动摇。回想那时，学术研究的环境太严酷了，有的情况简直到了可悲又可笑的地步。由于《中国革命和中国共产党》一书中提过一句：中国的封建制度“自周秦以来一直延续了三千年左右”，因此，持魏晋封建论的同志碰到了越来越多的麻烦，开始尚是一般的诘辩非难，逐渐地上纲上线，成了反党反毛泽东思想的异端邪说，甚至扣上托派的帽子。领导明令不准在课堂上讲授魏晋封建论，其帽子之大，压力之重，令人惶惶然，尚钺同志的这部讲义也就没能在当时出版。从50年代中期，直到“文化大革命”结束，长长的二十多年内每一次政治运动，他都首当其冲，无数篇的批判文章，排山倒海，汹涌而来。服劳役、蹲牛棚，直到家破人亡。尚钺同志遭受的坎坷经历，一言难尽，非一般人所能承受。但他一直镇静自若，处之泰然，坚持自己的学术观点，争取保留自由研究的权利。他对自己认定的真理，执着追求，表现出“泰山崩于前而色不变”的大无畏气概。阅读他的遗作，你可以不同意他的观点，可以挑拣他在论证和运用史料中的疏失，但你不能不佩服他那种在逆境中坚持真理的勇气，那种“威武不能屈”的铮铮铁骨，那种对马克思主义坚定不渝的信念和乐观主义精神。

翻开尚钺同志精心撰述的这部讲义，想起他因讲义中的学术观点而遭到的迫害、打击，这对一个老党员、老学者实在是太不公正了。这不仅仅是他个人的不幸，也是我国学术界遭到的不幸。科学得以存在和繁荣的前提是民主、自由、和谐的环境，没有这种环境，不仅会窒息学术研究，而且也将危及整个社会生活。在学术研究中，剑拔弩张，上纲上线，随意地附会政治，罗织罪名的做法，几乎导致了亡党亡国的一场浩劫。这一痛苦的历史教训，我们永远不会忘记，也不应该忘记。

我，还有中国人民大学的许多历史教师，都是在尚钺同志的教诲和影响下成长的，在他的遗著出版之际，略缀数语，以为纪念。

艰难的里程　深刻的教育*

——读吴玉章同志的回忆录

最近，吴玉章同志在报刊上发表了他写的《从甲午战争前后到辛亥革命前后的回忆》，并收入他的著作《辛亥革命》一书，已由人民出版社出版。这篇文章清晰地勾画了五十年前资产阶级革命从酝酿到高涨的全貌，描述了当时爱国革命志士们如何披荆斩棘走过这段艰难的路程。

从 1894 年的中日甲午战争到 1911 年的辛亥革命期间，正是中国进一步沦为半殖民地的时期。帝国主义强盗们力图把中国变为他们的殖民地，腐朽的清朝政府已经完全投靠到帝国主义的怀抱中。中国天空中密布着黑暗阴云，国家民族面临了存亡绝续的关头。但是，中国人民并没有被征服、被吓倒，一批又一批的革命志士投身于反帝国主义和反封建主义的伟大斗争行列，辛亥革命就是这个斗争发展的最高潮。虽然由于当时领导革命的资产阶级十分软弱，革命最终归于失败，但是辛亥革命推翻了帝国主义统治中国的工具——清朝反动政府，严重地打击了帝国主义和封建主义的嚣张气焰，大大地提高了人民群众的民主主义觉悟，为新民主主义革命的到来做了重要的准备。

吴玉章同志的回忆录就是以马克思列宁主义观点，概括总结了这样一个艰苦的革命年代，并以生动酣畅的笔墨，叙述了个人经历和许多重要历史事件，刻画了站在当时历史运动前头的许多革命家的光辉形象。

回忆录共有二十三节。这期间吴玉章同志的经历，大体上可以

---

* 原载《光明日报》，1961 年 12 月 10 日。

分为三个发展阶段。

第一个阶段是从 1894 年甲午战争开始到 1903 年作者留学日本为止。当时，吴玉章同志正在四川读书。帝国主义的侵略和封建主义的压迫，在这位青年志士心中激起了爱国主义的怒火。他为甲午战争的失败而痛哭不止，为戊戌变法的发生而欢欣鼓舞。他倾心于改良主义思想（当时是一种进步的思潮），以至被顽固分子讥为“时务大家”，“要杀头哩！”但是，他仍旧以百折不回的勇气向前走。戊戌变法以后一系列现实斗争深刻地教育了这位热情的青年，把他逐渐推动到革命的道路上去。他开始感到改良主义不可能救中国，转而钦佩义和团“反洋人的革命精神”，厌恶清朝政府“挂羊头卖狗肉”的“新政”。为了出国去寻找救国道理，他不惜抛开家庭，离别妻儿。在回忆录中，作者以素朴而动人的笔墨，描绘了自己在黑暗中摸索前进的这段经历。1903 年吴玉章同志到了日本，立即参加了著名的拒俄运动，成为一名勇敢热情的民主主义革命战士。

第二个阶段是从留学日本开始到 1911 年参加四川保路运动为止。吴玉章同志一面在日本学校读书，一面积极参加了各种革命活动，如同盟会的成立、《民报》和《四川杂志》的创办、反对“取缔规则”的斗争、组织暗杀活动、建立共进会、筹备黄花岗起义等等。吴玉章同志为革命事业费尽心血，努力奔走。他个人的优秀革命品质也进一步得到发扬。他为了《四川杂志》的查封事件，在日本帝国主义的法庭上慷慨陈词；他在运送枪械时不避艰险，出生入死；他为了维持革命报刊的出版和革命同志的生活而到处奔走，募捐告贷。他把革命的利益看得高于一切，表现了无限的忠诚，把个人与革命的命运紧密地结合在一起。“富贵不能淫，贫贱不能移，威武不能屈”，这三句话可以作为作者在革命活动中的恰当写照。

第三个阶段是从参加四川保路运动起一直到二次革命失败。这是辛亥革命的沸腾岁月，也是旧民主主义革命从高潮走到了失败的时期。吴玉章同志以一个坚强的革命者姿态，投身于如火如荼的群众运动中。但是可以看到，帝国主义的破坏，封建军阀的反扑，立宪派的倾轧，革命阵营的分化，一重又一重的难关阻碍着革命的进展。吴玉章同志和其他许多先进人物在一起为挽救垂败的革命而努力，但是他们并没有获得成功。于是，怀疑、苦闷产生了。中国的出路究竟在哪里？这个重大的问题盘旋在他们的脑中。但是，作者对国家和民族前途仍然充满着信心。他在描写当时自己的心境说："我对于祖国的前途总是抱着无限的希望，我相信我们伟大的祖国既有着几千年悠久而光荣的历史，又有着数万万勤劳而勇敢的同胞，她一定会冲破重重的黑暗而走上光辉灿烂的前程。"正是这种从现实斗争中锤炼而来的革命乐观主义和坚定的爱国主义精神，成为推动作者进行新的探索的动力。吴玉章同志的回忆录到此为止。在这以后不久，马克思列宁主义传入中国，吴玉章同志和其他许多先进革命者很快地接受了这个"放之四海而皆准"的真理，从一个民主革命家一跃而成为一个无产阶级革命战士。

这篇回忆录不仅叙述了个人的经历和斗争，而且作者以亲身的经历见闻作为线索，进一步给我们展示了一整幅宏伟壮丽的革命历史图卷。"高瞻远瞩"和"具体入微"相结合，正是这个回忆录的一个重要特色。作者把个人的经历和整个历史交织融合在一起。回忆录中除了描写个人的思想活动之外，还概括地叙述了中国近代史上的许多重大历史事件，其中包括中日甲午战争、戊戌变法、义和团运动、同盟会成立、辛亥之前革命派的历次起义、四川保路运动、武昌起义、清王朝的覆灭、南京临时政府的成立，以及二次革命，等等。作者叙述了这些事件的经过，阐明了它们之间的联系和影响。作者当时的思想活动是和上述这些历史事件紧密联系在一起的。时局形势的变化决定着个人的思想面貌和进步历程，而人们的努力奋斗又推动着革命的进展，可以说个人和革命事业同呼吸、共命运。因此，回忆录的字里行间令人深深感到时代的脉搏在跳动，其中反映出当时青年一代的忧虑和希望、社会、家庭、师友、同志之间错综复杂的关系，艰苦细致的秘密工作，轰轰烈烈的群众运动。总之，在短短几万字间，头绪纷繁的历史事件叙述得层次分明，各种人情世态历历如绘，许多历史人物栩栩如生。当然，要是没有作者那样的亲身经历和体验，是不可能刻画得这样生动细致、具体入微的；

要是没有作者那样高度的理论修养和丰富的斗争经验，也是不可能通观全局，高瞻远瞩地总结这样一次具有重大历史意义的革命运动的。可以说，这篇回忆录既是一部生动优美、令人百读不厌的传记文学著作，也是一部丰富翔实、气势磅礴的历史著作。

回忆录的另一个特色是充沛的革命热情和高度的科学精神相结合，作者的爱和恨、歌颂和谴责表现得非常鲜明。回忆录中描写了为宣传革命而囚死在牢狱里的英气勃勃的邹容；描写了少年聪俊、善于制造炸弹，并且在黄花岗起义中奋勇当先、临危授命的喻云纪；描写了在少数兄弟民族地区埋头工作，献身于民主革命和民族团结事业的王仰思、安彝鼎；描写了慷慨悲歌、豪放多才，后来积极领导保路同志军转战各地，积劳病逝的龙鸣剑。在作者的笔下，这些英雄人物，一个个精神奕奕、光彩照人，不能不令人肃然起敬，留下难忘的印象。同时，作者也以犀利的笔锋鞭挞了人民的敌人和革命的叛徒、逃兵，其中有老奸巨猾、怀抱窃国野心的袁世凯，骄横一世终于像一条狗一样死去的端方，投机取巧、沽名钓誉、“素鲜恒德”而出卖自己灵魂的汪精卫，还有顽固不化屠杀四川人民的赵尔丰，信口雌黄、编造自己光荣历史的周善培，贪生怕死、把枪械丢到大海里的周来苏，临阵脱逃、置同志生命于不顾的陈炯明，以及骄横跋扈的悍将林畏生，私填委任状的官迷秦毓鎏，等等。作者虽然着墨不多，但是寥寥几个字就把他们的丑恶神态揭露无遗。使人读了之后觉得他们真是既可笑又可怕。无论是歌颂还是谴责，都具有强烈的感染力和说服力。作者成功地运用了夹叙夹议的方法，对于这段历史和当时的人物做了深刻的分析和确切的评论。在回忆录的开端，就展现了一幅革命时代的背景。人民群众力图挣脱帝国主义、封建主义的枷锁，起来反抗斗争，令人感到一种“山雨欲来风满楼”的形势。革命的风暴不可避免地一定要到来，而那些革命派人物，好像是呼唤暴风雨的海燕，展翅飞翔，往来于风雨之中。作者不仅记载了事件和人物，并且论述了产生这些事件和人物的条件、情势，论述了事件的前因后果和人物在其中所发挥的作用。作者在歌颂革命运动和英雄人物的同时，也并没有忽略对它们的弱点进行分析和批判。例如，在肯定同盟会纲领的积极意义时指出了它怎样轻轻放过了帝国主义、封建主义两个最主要的敌人，在赞扬革命派的革命斗争时也指出了像章太炎分裂倒退和宋教仁幼稚天真所造成的损失，在表扬会党的积极作用时也批评了它们中间成分复杂、纪律废弛的缺点，在阐述新军的首义功绩时也分析了它们因缺乏经验而拱手交出领导权的弱点。作者运用马克思列宁主义的观点，从各方面总结了这次革命的弱点，并指明这些弱点的产生是由于资产阶级的软弱性，这样就使人对于辛亥革命的必然失败有了一个比较清楚的认识。

辛亥革命已经过去了半个世纪。吴玉章同志当年是勇猛果敢的民主主义革命家，今天更是优秀的共产主义战士。数十年来，他一直站在时代的前列为人民的事业忘我地奋斗，并且在斗争中不断地改造自己的思想，随着时代的前进而终于走上了共产主义的正确道路。他以五十年前的亲身经历写成的这篇回忆录，给我们进行了一次非常生动、丰富和深刻的革命历史教育。我们深深地体会到，当时的斗争是何等艰难困苦，先辈们的革命道路是何等迂回曲折，而他们的革命精神又是何等英勇坚强。一代一代的革命志士付出了流血牺牲的代价才为我们后辈人争得了今天的幸福，人民的胜利确实是得来不易的。温习过去，我们就应该更加珍惜今天，继承革命前辈的事业，学习他们坚强的革命精神，不断地改造自己的思想，并掌握好革命和建设的本领，为建设美好的社会主义社会而加倍努力。

研究清史不可或缺的珍贵史料*

——推荐《清高宗（乾隆）御制诗文全集》

乾隆皇帝姓爱新觉罗，名弘历。清康熙五十年生，嘉庆四年病逝（1711—1799），享年八十有八，庙号高宗。他是清朝入关后第四代皇帝，在位时间长达六十年，加上以太上皇训政的三年，其主持政务时间之久，为中国古代数百名帝王中所仅见。被史家艳称的“康乾盛世”在他的治下达到了顶峰。乾隆皇帝的思想、言论和行动深刻地影响着当时中国社会的各个方面，在一定意义上，他是18世纪中国历史的参与者、领导者和塑造者。

乾隆皇帝不仅是一位政治巨人，而且是历史上最多产的诗人。当他在位时，陆续结集出版的五集《御制诗》已收诗四万一千八百首，加上皇子时代的《乐善堂全集》及去世后刊行的《御制诗余集》，总数达四万三千六百三十首。其诗作之多，有史以来，首屈一指，无人可以望其项背。就拿康熙年间编印的《全唐诗》来说，搜罗宏富，洋洋大观，共九百卷，收集唐代三百年间两千二百多位诗人的作品，不过四万八千余首。乾隆一人的诗作，竟可与存世的全部唐诗相比拟，其数量之多，创作之勤，实在令人惊愕。难怪日本一位写乾隆皇帝传记的作者说：“世界各国皇帝没有一个曾留下这样多的作品，就这一点来说，乾隆也可称为伟大的皇帝。”

当然，数量如此惊人的诗篇不可能都是乾隆的创作，对此，皇帝本人并不讳言，他一再申明，所作“或出词臣之手，真赝各半”。不过，这四万多首诗总体风格是一致的，即使捉刀之作，也是经过乾隆审定的。

---

* 原载《清史研究》，1994年第2期。

乾隆的诗艺术和审美价值如何？当时御用文人所称颂的“金声玉振，涵盖古今”，“神龙行空，瞬息万里”云云，固然近于肉麻的吹捧，而后世论及乾隆诗时以“高宗诗最不堪”一笔抹杀之，也未必公允。乾隆是个极现实的人，他似乎不太善于用审美的、艺术的方式把握人生和世界。他的诗基本上是写实之作，其中间有思辨的、理论的色彩，这同他的美学观点也是密切相关的。乾隆主张诗以言志，贵有神韵。他以为陶潜的幽隐，庾谢的清新，李白之放，老杜之愁，风格尽管迥异，但其中都有一种气韵，这些佳作之美正在于此，而绝非炫耀辞藻能达到的。因而乾隆说：“于诗岂不然，奚在藻缋修？似淡味弥永，我朴中乃腴。”但在创作实践中，他没有达到自己所追求的“淡而愈醇，外朴中腴”的艺术境界。总的看来，乾隆诗虽不乏清新自然之作，但许多诗，特别是那些应景即兴诗往往似信手涂鸦，读来诗意不浓，甚至味同嚼蜡。

乾隆皇帝的古文同样不事雕琢而唯重气韵。他曾说过：“作文之道，以气为主，气厚则文自佳。至于雕饰字句，不过一时美丽，气味未能深厚也。”阿哥时代的乾隆受教于古文大家蔡世远，作文宗师韩愈，他一生所写文、赋等篇什虽远不及诗之多，但有相当造诣，一些名篇读起来精神十足，很有昌黎韵味。

平心而论，乾隆诗文的历史价值要大大超过其艺术价值。

在乾隆看来，写诗是他平生最深的“结习”。在他当政期间，尽管勤于政务，事必躬亲，但无论军书旁午、公务繁剧也罢，四方无警、政清刑简也罢，都始终保持着赋诗作文的习惯。正像他所说的：“机务之暇，无他可娱，往往作为诗、古文、赋。文赋不过数十篇，诗则托物寄情，朝吟夕讽。其间天时农事之宜，莅朝将事之典，以及时巡所至，山川名胜，风土淳漓，莫不形诸咏歌，纪其梗概。”纵观乾隆诗文，有的叙述某些史事，有的阐释某些制度和政策，有的记录自己的行踪游迹，有的发挥自己的统治思想、历史观点、人生哲学和学术宗旨，还有的记载日常生活，诸如听政、批折、召见、祭祀、筵宴、行围等等，乾隆也说：“拈吟终日不涉景，七字聊当注起居。”尤其值得重视的是，不少诗附有详细的序文及诗注，或胪陈事实，或诠解典故，或说明诗意，介绍背景。总之，乾隆的笔触涉及了政治、军事、经济、文化、学术、宗教、艺术、边疆民族、社会风情、宫廷生活、中外关系等重要领域，生动地再现了18世纪中国几乎全部重大的事件。

乾隆的诗文，是研究这个既仁慈又残暴，既英明又短视，既充满巨大智慧又浅薄虚荣的帝王的不可或缺的绝好史料。在《清实录》等以乾隆为中心的官书中，人们只能看到一个具有浓厚政治色彩、正襟危坐的圣主偶像，与其说他是人，不如说他是神。只有在御制诗文中，乾隆才稍稍敞开自己的心扉，使后人得以窥见他那深邃幽秘的内心世界。慈祥的祖父康熙，严肃的父亲雍正，富贵雍容的生母钮祜禄氏，阿哥时代的同窗挚友，没齿不忘的“三先生”（福敏、朱轼和蔡世远）以及傅恒、兆惠等终生怀念的旧臣……在他那支富有人情味的笔下，联翩走入了用诗文结构而成的艺术殿堂。特别是他韶年早逝的结发妻子孝贤皇后，乾隆献给她的百数十篇诗赋实在堪称最见真情的佳作。在这些诗赋中，乾隆真正走下了神坛，放下了帝王的尊严，尽情地抒发了内心深处对异性的爱恋。

乾隆诗文的价值绝不限于历史与艺术。他的诗文中有大量游览作品，抒写山川名胜，反映江南塞北各种风光，有歌咏亭台楼阁、离宫别苑的诗，对于研究古典建筑和园林建置很有价值；有欣赏音乐戏曲，描写骑射、冰嬉、龙舟竞渡的诗，反映了当时的艺术活动和体育风尚；有品评书画、鉴赏文玩、题写版本刻石的诗，显示了皇家庋藏的丰富及乾隆个人爱好和文化素养。这些无疑是文物、艺术、地方志、园林古建等研究领域珍贵的文献资料。

“诗以证史”，是中国古代治史的传统。对于研究乾隆时代和乾隆其人来讲，卷帙浩瀚的《清高宗（乾隆）御制诗文全集》具有与档案、官书比较毫不逊色的价值。《清高宗实录》的纂修者在叙述乾隆朝编年史时，曾画龙点睛地征引过某些御制诗文。近代清史大师孟森先生也曾在考证乾隆身世名篇中大量引证乾隆诗文，遗憾的是，至今治清史及撰写乾隆传记的专家学者似乎对乾隆诗文的重要价值没有给予足够的重视，其原因就在于其存世无多，阅览匪易。如今中国人民大学出版社将《清高宗（乾隆）御制诗文全集》影印出版，实在是一件嘉惠士林、繁荣学术的好事。我愿意借此机会将《清高宗（乾隆）御制诗文全集》介绍给热心研究清史和乾隆皇帝的读者。

一部传记体裁的清史巨著*

一

在西方研究我国清代历史著作中，恒慕义（A. W. Hummel）主编的《清代名人传略》（*Eminent Chinese of The Ching Period, 1644-1912*）（简称《传略》）是一部颇有学术价值的史学巨著。本书的编纂由美国国会图书馆和美国学术团体理事会共同发起，由恒慕义邀集东西方五十余名学者利用美国国会图书馆极为丰富的藏书，自 1934 年至 1942 年，通过共同努力才最后完成的。全书分为两卷，第一卷出版于 1943 年，由华盛顿美国政府印刷所印刷；翌年（1944 年）第二卷也付梓问世。

本书主编恒慕义博士（美国前任驻华大使恒安石之父）系美国著名东方学家，1920 年代曾在我国山西汾阳县铭义中学（教会学校）任校长，对沟通中美文化早有贡献。本书执笔者多为当时学有专长的知名学者，特别是美籍中国学者房兆楹及其夫人杜联喆对本书的编写出力最大。正如恒慕义在《传略》的序言中所说："房兆楹先生为编辑本书整整辛劳八年，在这期间他所撰写的传记数量远远超过其他任何人。"而杜联喆"同她丈夫一样忠心耿耿为这个事业服务"（恒慕义：《清代名人传略·编者序》）。本书出版后，博得了中美学术界的好评。胡适曾写了序言，对《传略》做了评介。（胡适：《清代名人传略·序》）美国学者米切尔于 1944 年著文对《传略》编者

* 原载《青海社会科学》，1989 年第 5 期。

的劳动予以高度的评价。他指出："研究远东问题的学术界深为感谢编者恒慕义博士和他的助手们"，因为"他们审阅了几十名学者的文稿，作了必需的增补，并且自己撰写了很大一部分传记"。他认为，"这部具有高度学术水平的著作将对西方世界在近代中国历史的研究方面产生不可估计的促进作用"（米切尔：《〈清代名人传略〉评介》，载《远东季刊》（*The Far Eastern Quarterly*）（1944），第 3 卷，第 4 期，386 页）。《传略》的出版，对西方学者研究我国清代历史的确起了很大的推动作用，很多西方研究者的有关清史论著多把《传略》作为重要的文献依据而广泛引用。

前已述及，《传略》的编著是从 1930 年代初到 1940 年代初（1934—1942）进行的。美国国会图书馆和美国学术团体理事会何以在这一时期里组织大批学者从事《传略》的编著呢？这绝不是毫无目的的偶然之举，而是有其特定的历史背景的。众所周知，1930 年代到 1940 年代，国际形势正处于风云变幻、动荡不定的动乱时期，德、意、日结成的法西斯主义反动逆流，有如决堤洪水，泛滥成灾。他们积极"反共"，残酷镇压民主运动；并疯狂地对外掠夺，发动第二次世界大战，造成人类有史以来惨绝人寰的浩劫。也正是在这个时候，日本法西斯军国主义自 1931 年侵占我国东北后，进而于 1937 年发动全面侵华战争。富有反抗侵略传统的中国各族人民，在中国共产党抗日民族统一战线的号召下，包括国民党抗日派在内的全国各派抗日力量，进行了艰苦卓绝的抗日战争，掀起了中国历史上最伟大的民族解放运动的高潮。中国人民的抗日战争，钳制和打击了法西斯侵略势力，成为世界反法西斯战争的一个重要组成部分。

非常清楚，这一时期中国所发生的巨大政治变动，特别是中国人民在抗日战争中所表现出来的伟大力量，不能不引起世界各国政府和人民的关注。其中特别是作为与中国盟国的美国政府和人民，由于共同抗击日本军国主义而形成了同盟合作。中美两国之间的同盟关系，不仅要求在军事、经济方面进行合作，而且也要求在文化上进行交流，对对方的历史和现状进行研究，求得更深的了解。《传略》就是在这样的时代背景之下，由美国学术团体发起、在洛克菲勒基金会的资助下进行编纂的。本书主编恒慕义在序言中写道："不难看到——东亚发生的事件所造成的压力现在已经清清楚楚——如果我们对中国的著名人物、伟大的事件以及极其丰富的文学宝库不甚了了，我们西方人就不能指望对中国人民有足够的了解。"（恒慕义：《清代名人传略·编者序》）可以看出，《传略》的编写反映了当时美国人民要求了解中国人民的愿望，并试图推进中美双方关系与两国人民间的相互了解。

《传略》出版距今已有四十余年，其间国际形势已发生了巨大变化，而中美两国的关系也经历了一段曲折复杂的发展过程。自从1970年代中美两国建交后，在两国政府和人民的共同努力下，两国关系日益发展。中国人民渴望了解美国的历史与现状；同样，中国的学术界也希望了解美国学术界研究中国的学术成就。今天，我们把美国学者四十余年前编著的《传略》翻译出版，正是为了加强我国人民与学术界对美国学术界的了解与认识。

二

当然，这部《传略》汉译本的出版，不仅限于上述的现实意义，从本书的学术价值来看，对我国史学研究者仍有重要的参考价值。

第一，《传略》在形式上虽是一部大型的清代历史人物辞典，但实际内容却是一部传记体裁的清朝断代史。这样一部清代历史专著，对我国清史研究者的研究工作，无疑是具有重要的参考价值与借鉴作用的。

从历史科学的发展规律来看，研究历史人物的历史活动和历史作用，是揭示整个历史发展过程及其规律的重要方面。马克思主义从来认为，决定社会历史进程的是生产方式的发展，但一点也不否认个人在历史上的作用。尽管个人的作用有大有小，有加速、推动历史进程的积极作用，也有阻碍、延缓社会发展的消极作用。但他们的活动和作用都在特定的生产方式的基础上代表着一定社会阶级和集团的利益而受到历史客观规律的制约。历史人物的活动看来似乎是彼此毫无联系的个人行为，实际上是受到生产方式、阶级意识以及种种社会条件的制约的。正是许多个人的行动推动着或影响着历史发展的进程。列宁论述个人在历史上的作用时曾说："历史必然性的思想也丝毫不损害个人在历史上的作用，因为全部历史正是由那些无疑是活动家的个人的行动构成的。"(《列宁选集》，2 版，第 1 卷，26 页，北京，人民出版社，1972）有清一代的历史，正是由代表不同阶级的各类"活动家"的各种活动所构成的，而《传略》在这方面给读者以较为全面的揭示。

《传略》通过八百余篇的人物传记把上起明末下至清亡三百年间历史的各个方面——政治、军事、社会、经济、民族、宗教、文化思想、文学艺术、科学技术等领域中的历史概貌展现出来，给读者勾画出整个清代历史的基本轮廓。胡适在为本书所写的序言中说："此书是一部完备的大型传记辞典。但是，《清代名人传略》绝不仅仅是一部传记辞典，它是今天（指四十余年前。——引者）可以看到的一部最翔实、最好的近三百年中国史。"（胡适：《清代名人传略·序》）美国学者米切尔也认为《传略》是以传记形式"构成一部最完美的中国清史专著"。应该说上述的评论是有一定道理的。因为《传略》的每一传记，虽然独立成篇，但所记每篇人物的活动，不仅背景相同、时代一致，且其活动也密切联系和相互衔接，因而可使读者"了解整整一个时代的著名人物以及一些事件的本末"（《远东季刊》(1944）第 3 卷，第 4 期，386 页)。如《传略》中通过对清代杰出帝王康熙、雍正、乾隆一生活动的记述，以及对这个时期许多大臣、将军、名士、学者的详细介绍，给我们展现了"康乾盛世"文治武功、繁荣鼎盛的景况。再如，《传略》对清代汉学家学术活动的描述极为详尽具体，从顾炎武、颜元、阎若璩、戴震、高邮二王（王念孙、王引之）等传记的评述中，不仅看出他们在清代学术史上的成就和功绩，同时也能了解到清代汉学的形成、派别及其发展演变过程。正因如此，《传略》这部传记体的辞书，在一定程度上起到了清代通史和专史的作用，从而使研究者和读者从中得到有益的参考与借鉴。

第二，《传略》作为一部大型传记辞书，还可以补充如《清史稿》一类史籍之不足。在清代历史上有些颇为重要的人物，《清史稿》中却略而不载，或记而不详。如根特木是启中俄交涉之端的人物，在清代文献中只有“逃人”根特木字样，其本身的来龙去脉向无详细记载。而本书为之立传，对其身世与活动做了介绍。又如对准噶尔部首领策旺阿拉布坦的记载是颇为详尽的。策旺阿拉布坦于清康熙年间，作为准部的珲台吉在我国西北地区建立起强大的地方民族政权，他不仅统一了天山南北，且其势力威胁青海、西藏，成为中亚地区一支强大的政治势力。他统治准部期间，不仅农业、畜牧业有所进步，而且在商业贸易、手工业、冶铁业等方面均有较大的发展，为统一西北和开发祖国边疆都做出了贡献。不仅如此，策旺阿拉布坦在抗击沙俄入侵方面也建立了历史功绩，他领导准部军民于 1715 年和 1720 年两次抗击沙俄军队对准噶尔地区的入侵，有力地遏止了沙俄的扩张势力，捍卫了祖国的西北边陲。像这样一个少数民族首领的一生事绩在《清史稿》中未有记述，只在《藩部》中提到他攻打西藏一事，且所记甚简。（《清史稿》卷 525 第 48 册，第 14537 页，北京，中华书局，1977）但本书却为他立传，对其一生活动和作用均做了较为详细的记载和公正的评价。再如，对中日文化交流有过贡献的陈元赟，我国文献中对此人并无记述。陈元赟，杭州人，明末曾两度赴日，1638 年再次东渡后即长期留居日本，1691 年死后葬于名古屋。陈氏居日期间，曾把中国的擒拿术传给日本人，对日本的柔道术的发展起了很大作用，因而颇得日本人的称道与重视。《传略》的著者从日本文献中将陈氏身世整理成传，从而补充了我国文献记载的不足。

第三，《传略》广泛运用西方史料，补正了我国原有史料的不足与缺陷。本书许多篇目是西方学者所撰写，他们具有搜集和运用西方文献资料的优越条件。胡适在本书序言中谈到本书优点时曾指出：“中国老一辈的传记作者根本无法运用外文资料，而在许多情况下必须以外文资料补正本国学者记载的不足，因为本国学者往往对外部世界的状况与事件并无所知。”（胡适：《清代名人传略·序》）在清代历史上有很多西方人来到中国从事各种活动，从17世纪早期来华传授的天主教徒，到参加鸦片战争、参加太平天国战争的西方人以及后来代表清廷办理外交洋务的外国人士，他们手中都留有大量文字记载，而这些记载很多是他们亲身经历和耳闻目睹的珍贵史料。因而使一些不见于我国文献记载的秘闻得以公之于世，如对大学士马齐的揭露便是明显的一例。马齐出身于满洲贵族，是康、雍之际的重臣。康熙年间并曾一度因拥立皇八子胤禩事而遭罢斥，但不久又受命主管俄罗斯事务，复任大学士多年，雍正即位后其官位如故，并受褒“忠诚”。乾隆皇帝对他很是称赞，说他“历相三朝，年逾大耋，举朝大臣，未有及者”（《清史稿》卷287《马齐传》）。就是这位“忠诚”于清廷的马齐，在《中俄恰克图条约》谈判时，却背着朝廷接受了俄国使臣萨瓦·弗拉吉斯拉维奇（Sava Loukifch Vladislavich Ragusinskin）的贿赂，致使双方谈判很快达成协议。本书在参与《恰克图条约》谈判的图理琛传略中做了如下的揭露：“据俄国记载，萨瓦·弗拉吉斯拉维奇之所以能与清方订立此项条约，其部分原因归之于他与当时主管中俄交涉的大学士马齐的友谊，……我们得知，萨瓦·弗拉吉斯拉维奇曾向马齐许下送礼两千卢布的诺言，但在条约签订之后因现金短缺只付给他此数的一半。”关于马齐的这一秘闻，在国内有关文献中，是根本没有记载的。

三

《传略》在清史研究中虽具有较高的学术价值，但它毕竟是四十余年前西方人的作品，在今天看来也有其不足之处。

首先，《传略》中所选人物不够全面，有些在清代颇有作用的人物并未立传。《传略》的编著者虽然注意到人民起义领袖的历史地位，如李自成、张献忠、洪秀全、李秀成等在书中都有一定的篇幅，反映出编著者对历史的客观态度。但若仔细察阅，仍有些重要起义领袖却被遗漏。如嘉庆年间川楚陕白莲教农民大起义领袖王聪儿就是明显例证。王聪儿作为农民起义军的一个女首领，她率领数万群众，转战四川、湖北、陕西等省，与清军进行了英勇的斗争，直至最后壮烈牺牲，为中国农民反抗封建统治的斗争树立了榜样。像这样一个杰出的起义领袖，《传略》中却未立传。在鸦片战争以后中国近代史上涌现出的各族人民起义领袖更是不胜枚举。仅以太平天国时期各族起义领袖来说，如捻军领袖张乐行、云南回民起义领袖杜文秀、贵州苗民起义领袖张秀眉等，都是当时风云一时的领袖人物，在各自领导的反清起义中都发挥过重要作用，但《传略》中也没有他们的传。不仅如此，《传略》在民族与宗教方面人物的选择上也有明显的疏漏。清代是我国统一多民族国家发展的重要时期，《传略》对各族有影响作用的人物应尽量有所反映。如厄鲁特蒙古和硕特部首领顾实汗，在明末清初我国西北民族关系史上起过举足轻重的作用，他不仅统一了青藏高原，并沟通了西北蒙藏各族与清朝政府的关系。然而《传略》编著者并未替他立传，只在其他传记中略带一笔。至于宗教方面的代表人物，其遗漏更为明显。如藏传佛教黄教领袖达赖与班禅，在清代转世多辈，其中起过重要作用者不乏其人，如达赖五世、班禅四世等都是西藏政教史上重要的人物，但《传略》均无反映。

其次，《传略》的编写虽然以大量中外史料为依据，显示出本书在资料上的优势。但它毕竟编写于四十余年前，撰稿者受到时代条件的局限，特别处于当时的战争年代，更未能利用我国收藏的大量清政府档案。这种缺陷，当时编者已认识到了，并寄希望于来日。这也是本书的不足之处。上述的档案目前分别藏于中国第一历史档案馆和台北“故宫博物院”。这批档案是清政府历朝积累的政府文书，是研究清史最基本、最原始的史料。

最后，还有一点应该提到的，本书在朝代断限上（主要指明清两朝）也不够清楚。《传略》作为清代名人传记的辞书，所收选人物应严格限制于清朝范围之内。但编者却把“在清王朝建立前几年逝世”的一些明代人物也收入《传略》。这当然有编者的道理（恒慕义：《清代名人传略·编者序》)，却使本书名实不太相符，给读者以朝代断限模糊不清之感。尽管明朝某些人物思想、活动对后来清朝历史有着影响和作用，但他们毕竟是清朝建立前死去的明朝人，他们的活动事迹与影响作用只能在清代有关人物传记中做适当交代与补充。

瑕不掩瑜。《传略》作为四十余年前编著的一部巨型清代人物传记辞书，对我们今天研究清代历史仍然具有重要的学术参考价值和现实意义。

《顾炎武论考》序言*

顾炎武是明清之际的杰出人物。他著述宏富，行迹万里，交游遍天下，是一位守先待后、继往开来的思想家、学术大师。他行谊高洁，学问广博，见识远大，誉满天下。但是，到现在为止，虽有很多研究他的文章和小册子，却还没有一部大型的传记，这不能不说是一桩憾事。沈嘉荣同志勤力钻研，孜孜以赴，积数年之功，写成了这部50万字的《顾炎武论考》，包罗丰富，洋洋洒洒，全面论述，考订了顾炎武的行事和治学，填补了学术史上这一重要的空白。

我对顾炎武无专门研究，曾浏览过他的某些著作，其学如汪洋浩瀚，难窥其涯岸，但至少有几点留下了深刻的印象。

第一，他是节行坚贞的爱国志士，参加过抗清起义。失败后，浪迹天涯，读书著述，誓不仕清，他是一位铁骨铮铮的硬汉。多年以前，有人说：满族也是中国人，也有在中国坐天下、当皇帝的权利。反抗满族统治谈不上是爱国，反而是不识时务，违背进步潮流的行为。正是根据这个理由，否定了史可法、顾炎武、瞿式耜等一批人物。此论实在不敢苟同，的确，满族入主中原，这是一个多民族国家的内部事务，不是今天意义上国家之间的侵略与反侵略。但一个国家的内部也有民族矛盾和民族斗争，国内的民族战争也有是非曲直，不能因为是国内问题而抹杀了一切区别。一个被欺凌、被践踏的民族起而自卫，虽因力弱势微而失败，但其不屈不挠、苦心孤诣、志存匡复的精神是值得称赞的，这正是中华民族的优良传统。顾炎武和他那个时代的一批抗清志士是值得后人崇敬、纪念的。

第二，顾炎武为学精深广博，提倡经世致用、救世匡时。他研

---

* 原载沈嘉荣：《顾炎武论考》，南京，江苏人民出版社，1994。

究山川、地理、物产、水利、赋役、户口，作《天下郡国利病书》，为的是要挽救艰难的时局。他作《日知录》，其弟子潘耒称，“朝章、国典、民风、土俗，源源本本，无不洞悉”，“事关民生国命者，必穷源溯本，讨论其所以然”。这种学风与宋明理学的末流坐而论道、脱离实际、空谈性命天理是完全不同的。

第三，他治学勤奋刻苦，严肃认真，搜罗材料，重视证据，排除种种主观臆想，富有科学精神。他研究的领域广阔，引经据典，加以实地考察，根据充分，立论坚实，下笔审慎，“每一事件必详其始末，参以佐证，而后笔之于书”，对清朝一代学风有极大影响，开乾嘉学派之先河。

沈嘉荣同志这部《顾炎武论考》，详细追踪了传主艰险而传奇的一生，考订其行事、交谊，分类剖析了顾炎武广博的学术成就，包括哲学、伦理、政治、经济、法制、教育、史学、地理、金石、音韵、诗歌、散文等等，全面地反映了顾炎武的人品和学问，使我们得以更加详细而正确地了解、认识三四百年以前的这位大师。我国学术史上的杰出人物非常之多，如群星灿烂，映耀长空，他们对中华民族的文化做出了卓越的贡献。如果能像沈嘉荣同志这样，对历史上的许多学术大师都做出详尽而高水平的个案研究，那么，大部头、高水平、综合性的中国学术史的问世，将指日可待，这是我们所希望和期待着的。

《李定国纪年》再版序言*

郭影秋校长已经离开我们二十年了，但在中国人民大学清史研究所工作的同志还时刻怀念他崇高的品德、卓越的才能、渊博的学识以及实事求是、关心群众的工作作风。尤其是国家启动了清史工程，组织了机构，集中了人才，编纂工作正在紧张进行，每当遇到各种行政上、组织上、学术上的巨大困难的时候，我便会想到影秋校长，他的身影便会呈现在我的脑海中，当年他对我耳提面命的教诲也不时重现，这鼓舞着我的信心，使我振作起精神，增加了我的力量。对影秋校长的人品、才能、学问的崇敬和思念，成为推动和鞭策我努力工作的动力。

编纂清史的工程是老一代共产党人毛泽东、周恩来、董必武等的愿望，早在20世纪50年代即已提出，1965年秋被筹划付诸实施。党中央命周扬同志在中宣部部长会议上专门研究实施方案，决定成立国家清史编纂委员会，任命中国人民大学常务副校长、清史专家郭影秋为编纂委员会主任，与关山复、刘导生、尹达、刘大年、佟冬、戴逸同为编纂委员会委员，并在中国人民大学设清史研究所，开展筹备工作。当时全国正在进行“四清”运动，影秋校长已率领教工学员到京郊苏家坨前沙涧西山农场搞运动，副校长孙泱同志参加了中宣部的会议，并亲自到我的家中转达中央的决定，和我商议筹备工作。不料时隔不久，姚文元的文章《评新编历史剧〈海瑞罢官〉》出笼，掀起了“文化大革命”序幕，一场风暴席卷全国，干部被打倒，各级机构瘫痪，国家建设工作陷于停顿，计划中的清史编纂工程也就不幸夭折。影秋同志在“文化大革命”中蒙受了巨大的

* 原载郭影秋：《李定国纪年》，北京，中国人民大学出版社，2006。

打击和灾难，长期被关押批斗，身心备受摧残，以致病魔缠身，辗转病榻，长期未能康复，最终不幸于1985年逝世。

影秋同志虽被任命为国家清史编纂委员会主任，但由于突然发生了“文化大革命”，机构没有成立，工作没有开始，所以毕其一生，他未能践履其职务。但他始终关怀清史编纂工作，竭力为修史工作做重要准备。他预见到国家发展不会从此停顿，正常工作迟早会恢复，所以中国人民大学虽然在1969年被解散，人员下乡劳动，但在影秋同志的建议下，学校教工均成建制地分到各个单位，避免了专业人员分散流失，这样就集中保存和保护了大批教师，特别是历史教员。也是在影秋校长的建议下，凡是中国历史教研室和世界历史教研室的教员都集中在一起，不可分散，他还从哲学系、法律系、档案系、语文系调进了一批教师，1973年我们从“五七”干校回到北京，建立了清史研究小组，附设在北京师范大学中开始研究清史，他还亲自担任清史研究小组组长。这一不寻常的举措表明影秋同志牢记党的嘱托，他认为一旦“文化大革命”过去，天朗气清，修纂清史的工作必将恢复，工作可以顺利进行，这可以看到影秋同志的深谋远虑和良苦用心。2002年当党中央再次决定启动清史工程以后，一支训练有素的专业人才队伍已经形成，立即可以投入工作。如果没有影秋同志当年的远见卓识和不凡举措，如果人才长期分散不能从事研究，这次清史工程的启动必定会举步维艰。

1978年中国人民大学复校，清史研究所正式成立，作为校领导的影秋同志，又抱病参加清史研究所成立的会议。此后，所里的工作一直受到他的重视与指导。他常常听取所里的工作汇报，并就研究方针、研究方向和研究规划，做出切合实际的指示，一些重点科研项目，如《简明清史》《清史编年》，就是在他的倡议和帮助下编写的。他还就《清史编年》的体例和内容，多次与我们谈话，又亲自为该书写了序言。

从影秋同志建议设立清史研究小组到决定成立清史研究所，直至他病逝前的年月，尽管缠绵病榻，他一直关心着清史研究所的工作与清史研究事业，曾多次约我面谈，谈话内容大多是有关清史研究的问题。通过多次交谈，我更加深入地了解了作为历史学家的影秋同志，深深感到他读书甚多，博闻强记，知识丰富，有深刻的洞察力，分析事件、评价人物时独具卓识。他最熟悉明末清初的历史，和我谈过李自成、张献忠、崇祯帝、史可法、张煌言、郑成功、李定国、孙可望、多尔衮、范文程等人，谈到明朝何以失败，清朝何以兴起，谈到农民军的重大失误和归宿，等等。他熟知历史上各个人物的经历、性格、才能、优缺点，做出许多很有见地的分析，娓娓而谈，如数家珍。他掌握的史料极为丰富，不少稀见的稿本、抄本，是我闻所未闻的。他给我介绍书籍的作者、卷数、版本、收藏单位、内容梗概以及自己的评论，使我深受教益，终生难忘。

影秋同志之所以能对历史典籍如数家珍，对许多历史人物与历史事件有独到的分析和见解，就在于他无论是在戎马倥偬的战争年代，还是在和平岁月繁忙的党政领导工作中，都始终不废读书治学，写诗填词，撰写著述。《李定国纪年》就是影秋同志研究明清史的代表作，该书凡二十余万言，以丰富翔实的史实，记述了明末农民起义军领袖李定国一生的光辉业绩，是书正文自庚午年（明崇祯三年，1630，李定国 10 岁）起，至壬寅年（清康熙元年，1662）李定国逝世止，按年月汇集了李定国一生的资料。同时，又简要地记述了明末清初全国的政治、经济、军事、文化等方面的有关资料。凡引用资料，均注明出处，并对有些资料加“案”，提出自己的看法。另外卷首刊有关于李定国事迹的地图、照片及文物拓片；书后又附录了关于李定国的多篇传记及评述。该书虽名《李定国纪年》，其内容实际上则是大西军的编年体战史，是国内外第一部全面、系统的关于大西军及其领导人物的史料性专著，有很高的学术价值。此书的显著特色是：其一，坚持唯物史观评价历史事件与历史人物。该书卷前冠有作者写的长篇序言，其中论述了他为什么要整理大西军和李定国的史料，怎样评价李定国这个人物，如何整理史料，在对这些问题的论述中处处闪烁着历史唯物主义的基本观点和方法。在论及史料整理时，作者也一再强调要从史料的表象中弄清历史事变的内在的本质的联系，以揭示历史事件的规律。其二，搜罗宏富，考订精审。全书广征博采，搜罗各种文献典籍多达一百余种，诸凡正史、野获、稗史、文集、笔记、奏议、方志、揭帖、碑铭，一一涉猎，从中辑录的史料多至数千条，再经削繁就简，细致考订，去伪存真，审慎取舍。从中可以窥见作者深厚的学术造诣和扎实的考据学功底。其三，史论结合，勇于创新。该书虽然是一部史料性专著，但绝非仅仅停留在对史料的编排整理方面，对诸如怎样恰如其分、实事求是地评价大西军、大顺军的历史地位和作用，克服厚此薄彼的偏颇之见，对李定国这个杰出的历史人物的个人特点和历史作用，首次做出比较全面的评价，对明末农民军联明抗清的战略转变以及李定国和郑成功的联合抗清等问题，均做出深刻的揭示和论述，较之前人的研究多有创新，其中不少看法和见解为明清史学界接受与采纳。本书于1960年由中华书局上海编辑所首次出版，至1961年11月前后印刷四次，反映了其甚受史学界欢迎。因其出版已久，目前，不少想阅读、利用这部著作的读者都苦难觅求，故建议再版重印。

历史学研究像其他学科一样，伴随新史料的发现和研究视野的拓展，以及研究角度、研究方法的更新，总是不断地发展与前进，而清史研究的发展与繁荣又尤其突出。《李定国纪年》是一部杰出的著作，但毕竟是四十多年前的著作，加之，作者撰写此书时，又正处在频繁发生政治运动的环境中，这些带有极左倾向的政治运动，也势必在意识形态与学术研究中有所反映。影秋同志是一位坚定的马克思主义者，在学术研究中有着冷静的头脑和实事求是的科学态度，但受时代条件的限制和客观环境的影响，这部著作也难免留有时代的烙印。对此，既毋庸讳言，也不应苛求。鉴于作者早已过世，书中的观点与史料上的某些不足，已难以修订纠正，再版时只能保持其原貌，读者在阅读中当会有自己的分析与评判。另需说明的是，影秋同志曾公开发表有《谈郑成功和李定国的关系》及《论李定国坚持西南抗清斗争的历史作用》，这两篇论文与此书主旨吻合，且相辅相成，故一并附录于后。

还需指出的是，影秋同志对明清史的贡献，不仅仅表现在他个人在这一领域的学术研究成就方面，还突出表现在其推动和组织清史研究、贯彻中央编纂清史的决定、积极组建清史研究机构、指导和确立清史研究项目以及关心和爱护清史研究工作者、组织清史研究队伍、积蓄学术力量等方面。所以，我不久前在一次关于清史编纂体裁体例的学术会议上说过，影秋同志始终坚持搞清史，他对清史编纂功不可没。我们今天理应从影秋同志对清史研究的贡献中汲取力量，努力把清史的纂修工作做得更好！

读李燕光、关捷的新著《满族通史》*

满族是一个历史悠久，勤劳勇敢，善于学习创造和富于革命传统的优秀民族。16 世纪末到 17 世纪初，以女真为主，吸收汉、蒙古、朝鲜等族人员，形成了满族共同体，充满着激情与活力，在辽东大地崛起，登上了中国的历史舞台。1644 年（顺治元年），满族贵族率军入关攻占北京，建立我国历史上的第二个少数民族统治全国政权的清王朝，时间长达 268 年之久。有清一代，曾出现闻名遐迩的“康乾盛世”，满族人民在维护国家统一、发展经济文化、反对外国入侵等都起了很大作用，特别是在现代革命史中，为了反对国内外敌人，前仆后继，英勇斗争，涌现出许多杰出的英雄人物，献出了自己的智慧和力量。据 1990 年公布的第四次全国人口普查结果，其中满族人口总数为 980 万，在我国民族大家庭中，名列第三位。因此，从满族的历史和现状而言，在深入研究的基础上，撰写一部有分量的满族的发展、创造和斗争的历史，以史为镜，鼓舞民族不断奋进，这是满族史和清史研究的重要课题之一。长期以来，虽然有关满族史的论著不少，但是有的比较简明，有的过于专一，而内容宏丰的大著却不多见。最近辽宁民族出版社出版了由李燕光、关捷先生主编的《满族通史》，参加此书撰写的人员，都是学有专长的专家学者，全书分三编十四章四十五节，约 53 万字。《满族通史》的问世，不仅为满族史文库增添了一部大著，而且亦是迄今为止满族史研究最为详尽、深入的学术专论，无疑将对满族史研究向纵深发展起着积极推动作用。这里我们不想对《满族通史》做全面的评价，只是从史的角度，就其某些侧面的特点，谈些读后的启示和看

---

* 原载《清史研究》，1992 年第 2 期。与李鸿彬合撰。

法，向读者推荐这部好书。

历史研究要从真实的材料出发，这就要求必须掌握丰富的历史资料，并以马列主义为指导，进行分析研究，去粗取精，去伪存真，方可达到历史科学的彼岸。《满族通史》在掌握和利用资料方面，除了大量引用实录、会典、方略、三通、方志、文集、笔记等卷帙浩繁的官书私籍外，全书还比较突出的重视发掘以下四个方面的资料：一是历史档案资料，这是以往人们在处理政务，或相互交往中，自然产生的最原始的历史记录，直接反映出历史的原貌，因此史料价值极其珍贵。《通史》中大量引用了一史馆、二史馆和辽宁省档案馆收藏的有关清史、民族史及现代史的档案资料。二是社会历史调查资料，这是深入实地和民间进行考察所得有关历史遗迹、文化习俗等方面的材料，在某些方面弥补了正史的不足。《通史》中吸收了这部分许多资料，特别是辽宁地区的调查材料，对研究满族史十分重要。三是满族家谱资料，家谱和一般历史资料不同，它是专门反映一个家族的历史，同时也可洞察社会的一个侧面，记载了有关满族姓氏、迁移、人口、土地、风俗、伦理等方面的珍贵资料。《通史》中引用家谱资料不下二十余种。四是外国文献资料，如朝鲜的《李朝实录》等，另外，有清一代，许多外国传教士在华期间，有的深入宫廷，有的出入官场，有的布道民间，写下了大量耳闻目睹的笔记资料，在国外出版，这部分材料往往是中国史料中所未见的。《通史》中引用外国资料，多达十余种。由上可见，史料丰富是《满族通史》的特点之一。

《满族通史》在吸收已有的研究成果的基础上，勇于攀登学术研究高峰，首先，关于满族发展的阶段问题，自 1635 年满族正式定名，直到 1949 年新中国成立为止，前后经历了三百余年的历史，这就要求用历史唯物主义，透过历史现象，把握发展脉搏和趋势，从而科学划分满族发展的历史阶段。《通史》把全书分为三编，可视为三个发展阶段：其一，源远流长，回顾了从肃慎到女真人的历史进程，并通过 16 世纪末到 17 世纪初满族共同体的形成，阐明了满族的兴起，以及社会形态由奴隶制向封建制过渡；其二，封建社会时期，时间是从清军入关建立清王朝到鸦片战争之前，大约经过二百年，此间落后的满族接受先进的汉族生产方式，进入封建社会，出现了“康乾盛世”，在维护国家统一和发展社会经济等方面做出了贡献，但到了嘉道时期由顶峰滑落下来；其三，半殖民地半封建社会时期，1840年以后，西方资本主义国家用大炮打开中国的大门，清政府腐败无能，签订一系列不平等条约，满族人民参加反帝反封建的斗争。新民主主义革命运动中，他们在党的领导下，推翻三座大山，获得了解放。这种划分历史发展阶段是科学的，符合历史实际的。

其次，关于清朝前期和后期如何撰写问题，以往认为清朝前后期社会不同性质，因此清史只写鸦片战争以前，1840年以后就由近代史取代了。这种看法是不全面的，有清一代，再加上关外时期，约三百三十年的历史，它是一个连续的历史整体，清史作为一部封建王朝的断代史，不能只写前期，不写后期，何况鸦片战争以后，虽然社会的性质开始发生了变化，但是清王朝的统治并未到此结束。《通史》突破了这个框框，不仅把清史作为历史的发展的整体来写，而且妥善地处理了满族史和清史的不同之处，突出满族史在清史中应占有的地位。另外，《通史》把清朝后期视为前期的发展和伸延，因此在注意到近代史着重写“两个过程”“三大高潮”“八大事件”的内容同时，侧重写清朝前期政治、经济、文化等方面的历史延续，同时也照顾到和近代史上的反侵略战争、农民战争、维新变法和革命运动的互相联系、互相补充。

最后，对满族史研究中的一些重大问题有新突破。这里仅举几例说明：其一，民族关系，满族在清朝是统治民族，如何实事求是、恰如其分、没有民族偏见地评述满族与其他民族之间的关系，一直是专家学者和民族工作者关注的问题。《通史》作者认为，在清朝统一的多民族的国家里，满族的统治阶级所推行的民族政策有成功的一面，但是应该看到它的本质仍是阶级的政策，不仅剥削、压迫满族人民，而且扩展到其他民族中去，因此加深了民族矛盾。但是，满族人民与各族人民之间友好往来、互相促进、共同进步则是主流。

这种阶级分析方法，有助于消除满族与其他民族之间的隔阂和误解。其二，满族经济，有关清朝前期满族社会经济的旗地、皇庄、王庄等，作者对其分布、数量和生产关系，做了深入研究，特别是对满族内部的阶级结构进行了具体剖析，如王公大臣、八旗兵丁、包衣佐领、户下人等，他们内部及其之间的地位与关系，取得了新的研究成果。值得注意的是，作者对近代满族社会经济变革、八旗土地制度的崩溃进行了新的探索，填补了这一课题的空白。其三，满族文化，作者通过对满族思想、文化艺术、宗教信仰、社会习俗、科学技术的研究，认为满族是我国一个古老而又优秀的民族，它的文化有其自身独立发展的一面，同时也吸收了大量的汉族文化，从而促进了满族文化的振兴与繁荣，并且指出应该看到满族文化束缚于汉族的封建文化传统模式之中，致使发展受到一定的影响。这不仅在理论上，而且在具体内容上，都获得研究新成果。

综观以上三个方面，既有涉及全书的指导思想和通篇布局，又有具体史事的深入探索和开拓，因此有所创新是《满族通史》的特点之二。

满族是一个勤劳勇敢、富于革命斗争的民族，为祖国的进步和发展做出了重要贡献。《通史》的作者热情地讴歌了满族的光荣历史：

——善于学习，勇于创造。满族原是居住在白山黑水之间的一个文化落后的民族，自从兴起以后，为了适应社会发展的需要，对于汉族先进文化，采取了开放接受的态度，并制定措施，提高民族的文化水平。新兴的满族入关后建立了清王朝，使已经没落的中国封建社会重新复苏，并推向极盛的顶峰，维护了国家统一，发展了社会经济，成为世界强国，屹立在东方大地上，这是我国其他少数民族无法比拟的。

——生气勃勃，人才辈出。中国封建社会经历了产生、发展，到了明朝中叶以后，已经进入衰落时期，国家政权如同即将死亡的病人，五官犹存，运动皆滞了，天灾人祸接踵而来，阶级矛盾日益尖锐，要挽救这个濒临倒塌的大厦不是一件容易的事。而清朝自太祖努尔哈赤为大清开国奠定基础以后，接着出现了皇太极、福临、玄烨、胤禛、弘历几代有作为的皇帝，致使中国封建社会再次繁荣，出现了百余年的“康乾盛世”，在政治、经济、军事和文化等方面，造就出一大批满族的优秀人才，他们为本民族的进步和中华民族的发展，做出了积极的贡献。

——维护统一，反对侵略。满族为了完成国家统一，加强巩固边疆，康熙初年消灭了南明和农民军，实现了统一。1681 年，清朝平定了“三藩叛乱”，加强了中央政府的统治力量。1683 年，郑克塽投降，清朝统一了台湾，并设立台湾府。17 世纪初，沙皇俄国不断派兵侵扰中国的西北和东北地区，但遭到清军的抗击，取得了胜利，1689 年签订《尼布楚条约》，划定中国的东北地区与俄国的边界。1727 年签订《恰克图条约》，划定中国蒙古地区与俄国的边界。1755 年，清朝打败准噶尔部阿睦尔撒纳以后，巩固了额尔齐斯河上游和巴尔喀什湖直至帕米尔地方的边防。1788 年、1791 年，清军两次抗击廓尔喀的入侵，取得了胜利，保卫西藏社会的安宁。另外，清政府还对蒙古、青海、新疆、西藏的管理制度进行改革，从而巩固和发展了统一的多民族国家。

——编纂典籍，弘扬文化。满族建立的清王朝统治政权，对汉族文化虽然出于政治目的，实行文字狱，但是总的来说，还是采取学习接受的态度。因此，有清一代编纂典籍的风气很盛，而且长期不衰，早在顺治年间就开始组织学者注释经书，康熙、雍正都很重视文治，除了对儒家经典重加疏解外，还编了《古今图书集成》，全书一万卷。到了乾隆时期，又编了《四库全书》，共收图书 3 457 种，79 070 卷，确实丰富浩瀚，是我国古代思想文化遗产的总汇。另外提倡满人学习汉文，并把许多汉文典籍译成满文，以便互相学习交流，因此满族涌现出一大批文人学士，写下了许多不朽的历史典籍和诗词小说，为弘扬中华民族的文化贡献了力量。

以上事实说明，讴歌满族的历史贡献，加强民族团结是《满族通史》的特点之三。

我们读了《通史》，深感受益匪浅，但是亦感到有两点不足之处，一是前详后略，全书总共740页，1840年以前就占了544页，而其中1644年入关以前，却占了284页，鸦片战争以后，直到新中国成立，仅占196页，这些数字反映出内容比例不协调。二是插图太少，阅读此书颇有单调之感，如果书后有年表、地名和人名索引，查阅就方便多了。

《清兵入关与中国社会》序言*

1994 年是李自成农民军进入北京、明朝灭亡和清兵入关的三百五十周年。50 年前，郭沫若先生发表《甲申三百年祭》一文，运用历史唯物主义观点，对李自成农民军失败的原因进行了科学的总结。文章发表后受到正在为争取抗日战争最后胜利的中国共产党的高度重视，各解放区都专门印发了单行本，毛泽东同志号召全党以《甲申三百年祭》为鉴戒，“不要重犯胜利时骄傲的错误”。50 年后的今天，中国人民早已完成了反帝反封建反官僚资本主义的历史任务，正在为建设中国特色社会主义而努力奋斗。重新探讨清军入关及其对中国社会影响，不仅有利于推动清史研究的深入，而且对于加速中国四个现代化建设，同样会从中得到新的历史启迪。

所以，1993 年，在史学界许多同志的邀约、请求下，辽宁大学孙文良教授慨然承诺在沈阳组织和召开第七届中国暨国际清史学术讨论会，把清军入关及对中国社会的影响作为主要议题，得到了海内外清史学界的热烈响应。参加会议发起的有中国人民大学清史所、中国社会科学院历史所、中国第一历史档案馆、北京社会科学院历史所、东北师范大学历史系、吉林师范学院历史系、吉林社会科学院历史所、辽宁人民出版社、辽宁大学历史系、辽宁大学出版社、辽宁少数民族古籍出版办公室、辽宁古籍出版社、辽宁民族出版社、辽宁民族研究所、辽宁师范大学、辽宁社会科学院、辽宁教育出版社、沈阳故宫博物院、沈阳鹏达企业集团共 19 个单位。

第七届中国暨国际清史学术讨论会于 1994 年 8 月 30 日开始，9 月 2 日结束。来自日本、美国、意大利、俄罗斯、韩国以及中国大

---

* 原载《清兵入关与中国社会》，沈阳，辽宁人民出版社，1996。

陆和台湾地区的百余名清史研究的专家学者会聚沈阳市，就清军入关给中国社会带来的“天崩地裂”的变化这一主题，分别从政治、军事、经济、文化、民族、外交等各个方面发表了精辟的见解，利用各种机会进行了广泛的学术交流。

350年前，中国国内的政治和军事形势怎样？当时有三种势力正在激烈竞争和相互搏杀，即：统治着全国的明王朝、新兴的清王朝以及李自成、张献忠领导的农民军。中国大地上硝烟弥漫，三种势力兴衰消长。谁能够取得最后胜利，取决于各个势力集团内部的团结、进步及采取的政策，取决于哪个势力集团能够适应历史的潮流和民心的向背。

明王朝在长期统治全国以后日趋腐化，文恬武嬉，暮气甚深。神宗昏庸无道，唯以搜刮财货是视；熹宗荒淫嬉戏，听任客氏与魏忠贤操纵朝政；崇祯虽有心振作，然刚愎自用喜怒无常，猜疑忠良而信任奸佞，“公侯皆食肉纨袴，而倚为腹心；宦官悉龁糠犬豚，而借其耳目。狱囚累累，士无报礼之思；征敛重重，民有偕亡之恨”（《明季北略》）。面对农民起义的烽火和清王朝的进攻，明王朝的军队屡遭败绩，且“自残人民，行赂朝臣，诈为己功。朝臣专尚奸谗，蔽主耳目，私纳贿赂，罚及无罪，赏及无功。由此观之，明之必亡昭然矣”（《清太宗实录》）。

李自成领导的农民军起于平民，反抗暴政，转战多年，旋兴旋灭，其后整顿队伍，严明纪律，政策正确，深得民心，故能所向克捷，在中华大地上点燃漫天烽火，推翻了明王朝。但是，当胜利出人意料地迅速到来，却在政治上、组织上、思想上并无准备。他们被城市的繁华景象弄得头晕目眩。农民军的领袖没有抓住时机奋发求治，厉兵秣马，巩固和推进胜利，而是骄傲自满，贪图享乐，迷恋声色财货，失去了民心，也失去了全面取胜的机会。起义军在山海关为清王朝和吴三桂的联军战败，只好撤离北京，仓猝西走，最后败亡。农民军是明王朝的掘墓人，却不能保持纪律、团结与战斗力，不曾建立一个为人民欢迎的政权，终于丢掉了胜利的果实。

清王朝之所以成为最后胜利者，是因为这一新兴势力集团具有蓬勃的朝气，勇于进取，自立自强，励精图治，积蓄力量，又能够随着形势的发展，保持内部团结，调整战略政策，以适应入关以后迅速变化的形势。在关外，清朝已经历了努尔哈赤、皇太极两位杰出领导人的长期经营，统一了东北和蒙古地区，建立起严密的政治和军事组织。入关前夕，虽然发生了黄白旗之间帝位的争夺，但相互妥协让步，顾全大局，保持了团结，故能迅速入关，共同对敌。入关以后，清朝起初的许多落后的政策措施，曾引起关内人民的激烈反对，但清朝在一定程度上尚能体察民情，缓和满汉矛盾，逐渐改变和调整其政策，尽可能争取汉人的合作，故能逐渐削平反对势力，建立了全国政权，对中国持续了两个半世纪的统治。

由此可见，一种事物、一种势力，其持久的生命力不在乎它表面上的强大与弱小，而在于它有没有旺盛的朝气和不断前进的活力。350 年前，中国三种势力的激烈角逐，其结果是人数少、力量小的新兴的满族，战胜了明王朝这一庞然大物，也战胜了曾经凌厉无前而以后腐败蜕化的农民军。正如民谚所说："朱家面，李家磨，蒸了馍馍送给对门的赵大哥。"处在多种力量共存与竞胜的环境中，谁能不断进步，谁能奋发图强，谁才能够得到最后的胜利。

第七届中国暨国际清史学术讨论会共收到与会海内外学者递交的 80 多篇论文。会后，在大会组织委员会的基础上成立了编委会，主要由辽宁大学孙文良教授和其他同志负责，经过他们的辛勤工作，圆满地完成了论文集的编辑工作，并即将付梓。这本论文集代表了迄今为止海内外清史学术界研究清兵入关这段历史事件的最新成果。有的论文研究了当年的力量对比和清朝的决策，指出清朝内部曾经有"退保关外"与"进取中原"两种主张之争，在千钧一发之时，多尔衮的态度和决策发生了极为重要的作用，促成了清朝的全面胜利；有的论文指出明朝与农民军各自的腐败，导致自身的覆亡，清朝所以能以少胜多，正是利用了对方的腐败与内讧。有的论文突出了清军入关对满族思想文化的发展，认为清军入关本身促进了民族间的融合，并对满族政治思想文化发展起了推动作用。在政治上，清军入关之初就大量录用满化汉人（汉军），并采用明制。康熙皇帝不愧为有清一代在政治上、思想上有突出贡献的帝王。雍正帝治国有方，雷厉风行，他关于东夷、西夷均属中华的论断，是满族与汉族的相互认同，颇具远见卓识。类似这些观点，能够启迪思考，推动我们的进一步研究。

这次清史学术讨论会还组织与会学者分为东西两路，赴新宾和山海关考察，我参加了新宾一路的考察。亲眼看到了当年的古城垣、古建筑、古战场，我体会到，要深入研究清史进行这种实地考察是十分必要的。就清朝历史来说，东北，尤其是辽宁地区，有丰富的历史遗迹，当地政府非常重视保护这些遗迹。辽宁又是满族人口最多的地方，全国 13 个满族自治县辽宁就有 8 个。满族人不但了解本民族的历史，而且保存下本民族的历史遗物、宗教信仰和风俗习惯。因此，历史调查对于丰富清史的内容、扩大研究范围、提高研究水准，都是不可缺少的。

当我快要写完这篇序言时，传来了辽宁大学孙文良教授因病逝世的消息，我从长途电话中得知这一噩耗，心惊神滞，悲痛之情难以自持。我把这篇序言搁下了很久，不忍落笔，因为拿起序言，就会想到文良教授，其音容笑貌宛如在眼前。孙教授是我国著名的清史专家，是我的老朋友，也是这次清史学术研讨会的主要组织者，没有他的精心擘画和操劳奔走，这次学术会议是不可能召开的。我草写这篇序言也是受他的嘱托，他特别派他的弟子张杰副教授专程来到北京，要我为此书作序，并且他和张杰先生提供了关于这次会议的有关资料，我才得以执笔。谁能知道，嘱托的言语尚在耳际，提供的资料亦在案头，而文良教授却因病魔困扰而匆匆离去，琴存人亡，令人悲从中来。生命之易逝，知己之难得，实堪叹息！

这里，我不能不提到孙文良教授组织这次学术讨论会，编纂这本论文集的劳绩。清史学术研讨会自 1980 年以来，举行过七届，第一届 1980 年在北戴河召开；第二届 1981 年在沈阳召开；第三届 1983 年在长春召开；第四届 1985 年在南京召开；第五届 1987 年在深圳召开；第六届 1989 年在成都召开。高校和学术单位在经费拮据的条件下，挤出有限的钱，集腋成裘，苦心撑持，维持了两年一次的清史学术研讨会，这些研讨会，对于加强学者友谊，促进学术交流，推动清史研究，起了极其重要的作用。

原定1992年召开的第七届清史学术会议，因经费无着，组织和后勤工作繁杂，竟然无人敢于承担，被迫停辍。许多专家学者很焦急，希望重新恢复定期举行的会议，以发扬学术交流的传统，收切磋问学之益。我也曾向各方面呼吁商请，希望有急公重学之人能够在困难中，力肩重任，筹款出力，担任会议的东道主，承担会议的组织工作。我首先想到了老朋友孙文良教授。他毕生治学勤奋，著述宏富，成绩卓越，蜚声历史学界，为人热诚正直，急公好义，待人和蔼，襟怀坦荡，办事认真干练。若得他的承诺，可以使全国清史研讨会维持不绝。1992年，我拜托李治亭教授途经沈阳之便，与孙文良教授商谈，可否由辽宁大学历史系承担会议东道主，勿使清史研讨会中断。这一困难的包袱开始推给了文良同志。文良是非常负责、非常慎重的同志，他考虑再三，分析当前的情况和问题，1981年已经在沈阳承办过第二届清史会议，现在要再办一次百人左右的大型国际学术会议，经费无着，困难重重，一介书生，何处筹此巨款。其间，文良同志、治亭同志和我信函往返，商议筹划，至再至三。1993年秋，中国史学会第五届大会期间，文良同志以中国史学会理事、辽宁省历史学会会长来北京参加会议，我和他又面商清史会议之事。为了推动学术，使清史研讨会断而复续，文良同志义无反顾，慨然承担会议东道主的责任，并立即投入工作，向有关领导请示报告。文良同志任事之勇，治事之勤，给了我极深刻的印象。为了使清史研讨会不致中断太久，定于1994年8月举行第七届会议，准备的时间很仓促，文良同志组织力量，抓紧工作，奔走联系，日日夜夜，可说是紧张繁忙，心力交瘁。特别应该感谢辽宁省党政领导和辽宁大学校长及各部门支持帮助，不遗余力。会议的准备工作井井有条，这就保证了沈阳第七届中国暨国际清史学术讨论会的顺利举行和圆满成功。出乎意料的是，会后仅8个月，文良同志突患重病，遽尔辞世。我国史学界失去了一位杰出的学者，我个人失去了一位真挚的朋友。

孙文良教授不仅是这次学术讨论会的主要组织者，这本论文集的主要编纂人，而且他对这次讨论会的主题有深湛的研究和精辟的见解。他和张杰副教授合著了《1644 年中国社会大震荡》一书，以 20 多万字的篇幅，集中分析了 350 年前闯王进京和清军入关这场“天崩地裂”之变。我粗略地通读了他的遗著，其剖析之透彻、史料之丰富、识见之高远、文笔之酣畅再一次展现了文良同志深厚的学力和宏大的才思。

文良同志不幸辞世。我想：去年盛大的学术讨论会，这本刚刚编成的论文集以及会议期间印成的他的遗著，这三项都是孙文良教授生前的贡献，是他赐予清史学界的珍贵礼物，我们将永远珍惜它，并深切感谢文良同志为此做出的巨大努力。

读《少年天子》*

凌力同志的历史小说《星星草》下册问世于1981年，经过四五年以后，现在又发表了《少年天子》。两相比较，凌力同志的作品更加成熟了，无论从艺术构思、人物塑造、情节描写都有了显著的提高。我是研究清史的，读这部小说，着重看它是不是反映了历史的真实。我觉得凌力同志这部作品，历史真实和艺术真实达到了比较完美、和谐的统一，其可信度是很高的。她用艺术的笔法，使这段三百多年前的历史再现在读者的眼前。《少年天子》可以说是一部形象化了的真实历史。

创作历史小说，怎样对待历史，似乎存在着矛盾。一方面，既是历史小说，以历史作题材，必须尊重历史真实，不能歪曲、篡改历史；另一方面，又是小说，是文艺作品而不是历史著作，文艺作品不仅允许，而且必须有虚构、想象、夸张。如果像要求历史著作那样言必有据，那就抹杀了文艺创作的特点，等于否定了历史小说的存在。

于是就发生了争论，历史小说究竟应该七分真三分假，还是三分真七分假？二十多年前吴晗和李希凡同志对历史剧进行过争论，历史真实和艺术真实如何统一？历史学家和文学家的意见，常常相左。历史学家看重事实根据，而文学家多向往自由想象。

我的粗浅想法是：创作历史小说、历史剧当然应尊重历史，可否考虑以下几点：

第一，创作者应熟悉当时的环境、气氛、历史发展的趋势，尊重历史的是非曲直，不能随意篡改。封建专制统治的环境，不能写

---

* 原载《长篇小说》，1987年3月号。

成资本主义的自由竞争，战争乱离的年代不能写成繁荣盛世、歌舞升平。是非曲直不能颠倒，秦桧不能写成爱国主义者，英法联军、八国联军不能写成仁义之师。

第二，重要人物和重大史事，应尊重真实。写顺治朝，其头等大事就是和南明的斗争，并且顺治是胜利者。写董鄂妃、孝庄太后，写王公贵族、文官武将，尽可能按实际情形。不要闹关公战秦琼的笑话。自然。这里说的是重要人物、重大史事。小说毕竟不同于历史书，按照典型环境，按照情节的需要和人物性格的发展，可以有虚构，甚至较多的虚构，问题不在于虚构多少，而在于虚构是否符合当时的环境、气氛，虚构是否合情合理。

第三，各个历史时代有不同的风俗习惯、交往礼节、语言、服饰等等，这些细节也应力求符合当时的情况，不能让顺治宫内的宫女跳迪斯科，唱流行歌曲。不注意细节的真实，就不能再现那个特定的时代，就会破坏艺术效果。

以上三点，应予注意，否则就很难说是一部严肃的历史小说或历史剧。这样，就对作家提出了一个要求，必须钻研历史、深入历史生活的深层，把握历史脉搏的跳动，尽可能了解历史生活的各个方面。作家越是钻研历史，懂得了历史的发展，就越是获得创作的自由，虚构和想象的自由。因为，这样的虚构、想象建立在对历史必然性的理解的基础之上，看起来是合乎情理的，不同于胡编乱造，随意狂想。应该说：尊重历史真实给作家留下的自由驰骋的天地是十分广阔的，不会扼杀作家的灵感，不会妨碍作家发挥才能。

我感到《少年天子》在这些方面做得很成功。凌力同志既是作家，又是历史学家，她在钻研历史方面付出了艰巨的劳动，成年累月蹲在图书馆、档案馆里，孜孜不倦，全力以赴，发掘这段流逝已久的历史。这部小说在艺术上的成就怎样？我是外行，不去说它。从历史学的角度看，其真实可信度是很高的，严格地按照历史上实有的人和事来写作，几乎可以作为信史来阅读。

顺治这位少年天子，最大的业绩是统一中国，和南明长期作战。他是满族入关后的第一位君主，是个有作为的创业者，执政时间不很长，却完成了统一的大业。《少年天子》围绕这个主题，刻画了各种人物，展开了曲折情节，其中包括顺治和董鄂妃之间的爱情故事。清朝入关以后，它的优势在军事方面，长于骑射、英勇善战，但它是一个后进的民族，入关后带来了一些落后野蛮的传统与政策，特别是某些民族压迫的措施，如圈地、逃人法、剃发令，使得满汉矛盾十分尖锐。满族当时只有几十万人口，要统治上亿的汉族，不能只靠武力，必须有一套正确的政策措施，必须改变满族原有的某些制度、传统和民族偏见，减轻民族压迫，适应入关以后新形势的要求，顺治即是顺应这一历史要求而出现的杰出人物。清朝是我国少数民族建立的最巩固、最繁荣的朝代，紧接顺治以后，出现了长达一个半世纪之久的康雍乾盛世，顺治起了奠基和开辟的作用。他所以能战胜南明，实现统一，是由于在很大程度上实现了政策转变，抛弃了某些落后的传统，缓和了满汉的矛盾。军事斗争的胜败往往取决于政治上的竞争。顺治的成功是由于克服了内部的阻力，实现了政策转变，而又能维持内部团结，没有导致分裂。《少年天子》围绕这条主线，写圈地、写逃人、写科场案、写任用汉官，这些错综复杂的矛盾都是真实的，作者抓住了历史发展的主流，成功地表现了那个时代的历史场面。

这部小说所写的许多人物、事件大多是真的。譬如写外国传教士汤若望就是根据汤若望的自述；又如董鄂妃原来是顺治的弟媳，襄亲王的福晋，后来襄亲王被打，妻子被夺而自杀，事情和小说中所写差不多。陈垣先生曾加以考证，情节很离奇，很有戏剧性，但并非虚构。从封建伦理观点看，顺治是失德。但当时满族刚刚入关，其婚姻观念和汉族不同，故有太后下嫁多尔衮之说。此事是否可靠且不说它，但多尔衮确曾娶其侄豪格的福晋，这类事情在当时并不是很奇怪的。福临和董鄂妃的爱情故事，确有其事，当然其中的细节、对话，应该允许创作者用想象、推理来填充。

小说中的其他大事，如科场案，杀陈名夏，顺治在南苑遇到和尚，他想出家，取法名“行痴”，郑成功围攻南京的失败以及宫廷内的事件，第一个皇后被废，第二个皇后被停中宫笺表，皇三子（即康熙）出痘，董鄂妃死后的隆重葬礼以及众多殉葬者，都实有其事。

我并不是要求历史小说都要写出这样众多的真人真事，那是不可能的。但《少年天子》至少是一种写法，接近于顺治的真实传记。所以能做到这样：第一，这段历史本身很有戏剧性；第二，保留下来的史料特别丰富；第三，作者具有很高的历史学的素养。小说中，除王同春、梦姑、费耀色表现下层民众的这条线是虚构的以外，我只发现一件大事是虚构的，那就是简亲王济度的政变。济度实有其人，但政变、行刺顺治是史籍无征的。这种虚构是允许的，由于顺治进行改革，他和王公贵族的关系十分紧张，濒临破裂的边缘。小说即是根据这一实在的矛盾虚构了济度政变，把故事推向高潮。

小说对顺治的塑造是很成功的，有血有肉，栩栩如生。他的才能、性格、作风和历史上的顺治惟妙惟肖。由于作者的艺术才华，使我头脑中原有的很模糊的顺治形象丰满生动起来。历史上的顺治帝就是这样一个人，他的性格是矛盾的复合：既仁爱宽厚，又暴躁而喜怒无常，有时还显得残酷；既有雄心壮志，很有抱负和作为，又幼稚、脆弱，缺乏经验；既是世俗的，有七情六欲、享尽荣华富贵，又是出世的、超脱的，看破红尘，敝屣江山；既聪明好学，温文尔雅，又保留着原始的粗野、真挚诚朴。他的一生充满着矛盾，在事业上，他是胜利者，完成了统一大业，在个人生活上却是不幸的，历尽崎岖，几乎是殉情而死。

总的来说，《少年天子》是一部很好的历史小说，成功地再现了三百多年前的政坛风云、宫廷斗争和帝王生活，把历史的真实和艺术的真实较完美地统一起来。

《漂落异域的民族》序言*

马汝珩与马大正同志经过长期努力，终于完成了《漂落异域的民族——17至18世纪的土尔扈特蒙古》一书，这是作者艰辛劳动的结晶，也是他们多年研究清代卫拉特蒙古史的主要成果之一。本书的出版，将增进我们对土尔扈特民族为维护祖国统一与增强民族团结所做伟大贡献的认识。

二位作者是我多年的同事与朋友，他们多年来就致力于清代民族史研究，尤其于卫拉特蒙古历史方面用力最勤，曾发表过一些有关专题论文和著作。这次本书的出版，是作者在卫拉特蒙古史学术领域中又一次新的开拓，是值得祝贺的。为此在本书付梓之际，我愿执笔以为序。

从史学研究角度来说，最重要的在于研究课题的现实意义。历史本是业已逝去的事情，史学研究的任务不仅要以科学方法揭示出历史本来面貌及其发展规律，并要在总结前人历史经验的基础上，为人们的现实活动提供借鉴，古人所说“鉴古而知今”就是这个意思。土尔扈特是我国卫拉特蒙古的一个部族，在明清两代历史上是个比较活跃的游牧民族，在广阔欧亚大陆的历史舞台上，演出过一幕幕绚丽多彩、雄伟悲壮的史剧。明朝末年，作为卫拉特蒙古四部之一的土尔扈特部为了寻求新的生存环境，部族的大部分离开原在塔尔巴哈台的游牧故土向西迁徙，越过哈萨克草原，渡过乌拉尔河，来到了当时尚未被俄国占领的伏尔加河下游、里海之滨。在这里，开拓建置，劳动生息，创立起游牧民族的封建汗廷，完善了各项典章制度，维持了长达一百数十年之久的政权。以后，俄国势力迅速

---

* 原载马汝珩、马大正：《漂落异域的民族》，北京，中国社会科学出版社，1991。

扩张，对土尔扈特的压迫日益加紧。为了摆脱俄国的控制，1771 年（乾隆三十六年）土尔扈特部在渥巴锡汗的领导下，英勇果敢地发动反对俄国压迫的斗争，浩浩荡荡地走上了重返故土的征程。他们在长途跋涉中遭遇到难以意想的种种困难，俄军的追击围堵、道路的艰险崎岖，沿途缺乏粮秣水草，加以疫病流行、牲畜死亡。然而，土尔扈特部坚强不屈，战胜了俄军的阻截和许多不利条件，经过八个月的跋涉，终于进入中国的西部边境。他们从伏尔加河出发时约有 17 万人，此时仅余 7 万人，付出了巨大的牺牲，终于实现了返回祖国的强烈愿望。清政府对回归祖国的土尔扈特部隆重接待，发给大批帑银与粮食茶布，划定牧场、分赐牲畜，“口给以食，人授之衣”，使他们的生活得到妥善的安置。乾隆帝在承德接见了渥巴锡等，封渥巴锡为卓里克图汗，并亲自撰写碑文，记录了土尔扈特族冲破阻难、全族东归的英雄事迹。土尔扈特东归的伟大壮举确是可歌可泣、值得赞扬的。而他们寄居异乡一个半世纪中表现出的不畏强暴的斗争意志与思念祖国故土的爱国热忱，更是激励今天人们的可贵精神遗产。作者捕捉这段历史作为研究课题，应该说，对今天维护国家统一、增进民族团结，无疑是有其现实意义的。

本书的出版还有其不可忽视的学术意义。我国是一个统一的多民族国家，各个民族对缔造祖国历史与文化都做出过伟大贡献。特别到了清代，我国统一多民族国家进入巩固与发展时期，在这一阶段中，我国各个民族不论是在抗击外力入侵、守卫疆土的英勇斗争，或是在披荆斩棘、开发边疆的艰苦劳动中，他们都为祖国做出过不可磨灭的功绩，在清代史上谱写下辉煌的篇章。但长期以来，我们在清史研究中，对边疆民族历史的研究并不充分，呈现出较为明显的不足。近年来，史学界同志们已注意到此点，先后出版了一些有关论著，作者出版本书，正是为弥补清史研究的薄弱环节而做的努力，其学术价值是应该予以肯定的。

最后，我想再说一点。作为脑力劳动的学术研究，一般说来，应以个人的钻研为基本方式。但个人研究并不排斥集体合作。有时为了完成一项巨大项目，或为攻克难度较大的科研课题，科研工作者之间采取互助合作的形式，也是屡见不鲜的，本书的出版就是两位作者长期合作的结果。这里值得一提的是，本书的两位作者并不在一个单位工作，而且他们都有自己的研究、教学任务。但他们能够在较长时期里坚持相互合作，切磋钻研，并在所探求的学术领域中取得优异成绩，这是值得称道的。这里，除了两位作者的学术观点、研究志趣一致性之外，还与他们合作过程中互敬互助、彼此理解的友谊精神分不开的。因此本书的出版，也可说是两位作者在志同道合、同心协力的土壤中结出的友谊之花。我希望两位作者在未来的学术研究中，继续发扬友谊合作精神，创造出更丰硕的果实来。

《清代蒙古政教制度》序言*

赵云田同志的《清代蒙古政教制度》杀青了，我欣喜地读完了初稿，这是史学园地中开放的一支新卉。它的出版，将能补充清史研究中非常重要却又相当薄弱的一个领域。

赵云田同志研究清代蒙古问题已有较长时间了，1978 年，他在中国人民大学清史研究所开始攻读历史学硕士学位，即以清代理藩院作为研究题目，后来，论文答辩时，得到一致好评，获得了硕士学位。以后又继续钻研这个题目，他长期勤奋不懈地用自己的心血和汗水浇灌、培育着一株学术嫩苗，现在，嫩苗已茁壮成长、开花结果了，他写成了《清代蒙古政教制度》这一有价值的著作，我祝贺他的成功，更要称赞他在科学道路上认定目标、全力以赴、坚持不懈、克服艰难险阻、勇于攀登高峰的进取精神。

探讨清代蒙古政教制度，这是清史和蒙古史研究中的重要课题。这不仅因为蒙古族是我国重要的少数民族，而且蒙古问题又是清朝重新统一中国的关键所在。作为我国最后一个封建王朝的清朝，其历史地位和是非功过应当怎样评价，学术界还存在着不同意见，需要进一步展开讨论。但是，有一点是非常清楚的，即清朝在奠定我国的疆域、缔造和巩固多民族大家庭、增强祖国的统一方面具有不可磨灭的功绩。边远地区的经济、政治、文化大大发展了，各民族之间的交往更加频繁了，边疆和内地的联系更加紧密了。清朝中央政府在全国范围内权威地行使着自己的统治职能，中华民族更加强固地凝聚团结在一起。因此，在鸦片战争以后，帝国主义侵略中国一百多年，割夺中国的领土，制造民族分裂，力图分而治之，达到

* 原载赵云田：《清代蒙古政教制度》，北京，中华书局，1989。

并吞中国的目的。但是中国并没有被灭亡，大敌当前，中国的各民族中焕发出强烈的爱国主义精神，团结战斗，休戚与共，抵御外侮，保卫祖国。中国各族人民捍卫了国家的统一和民族的生存。直到今天，这种各族人民共有的爱国主义仍然是鼓舞我们振兴中华、实现“四化”、建设社会主义的强大精神力量。

清朝前期，在经历了激烈的国内民族战争以后，中央政府的力量有效地管辖着祖国的辽阔疆域，康雍乾时期，经济繁荣，政治安定，中华民族在团聚和形成的漫长道路上迈过了最重要的一段路程，全国实现了前所未有的牢固的政治统一。就像周恩来总理所说：“清代以前，不管是明、宋、唐、汉各朝代，都没有清朝那样统一。”如果进一步问：在增强国家统一和民族团聚方面，清朝是怎样取得重大成就的？那就不能不首先注意到清代的蒙古问题，因为，在长期以来直到清代的中国政治舞台上，蒙古族一直是十分活跃的力量，其地位举足轻重，它的兴衰、强弱、向背成为祖国统一或分崩离析的关键因素。

蒙古族崛起于13世纪初，成吉思汗时力量鼎盛，声威远播。忽必烈灭亡南宋，统一了中国，建立了元朝。后来，朱元璋推翻了元朝统治，建立了明朝。但英勇善战的蒙古族驰骋在祖国北部和西部草原上，它所控制的地域，辽阔广大，远达西伯利亚和中亚地区，在长时期内曾是明朝统治最重大的威胁。当时，汉族和蒙古族是中国土地上势力匹敌的最强大的两个民族。历史的演变很富有戏剧性，17世纪经历了长期动乱之后，建立起中央政权的既非汉族，亦非蒙古族，而是崛起于东北的满族。满族虽然形成较晚，人口很少，僻处边隅，但在发展的初期，表现出蓬勃的朝气和旺盛的生命力，当它击败了明朝残余势力（包括南明、三藩、郑克塽），建立了对汉族的牢固统治以后，把战略重点转移到北部和西部，与咄咄逼人的准噶尔蒙古进行较量。准噶尔是蒙古族中最强大的一支，它居住在伊犁和中亚地区，控制了青海和新疆南部，威胁着西藏和漠南、漠北蒙古。准噶尔割据政权的存在是当时统一中国西部、北部以至青藏地区的重大障碍。清政府历经康熙、雍正、乾隆三朝，以极大的力量处理蒙古问题，军事行动、政治手段、宗教措施，三管齐下，紧密地团结漠南蒙古，谨慎地保护漠北蒙古和西藏，个别解决青海和南疆，孤立并打击准噶尔割据势力，经过七八十年的长期努力，才取得了平准战争的胜利，重新完成并大大加强了中国的统一。

清代蒙古的政教制度是清朝统一中国过程中的产物，它既来源于蒙古族社会长期的历史发展，又反映了清朝对蒙古族的统治措施。这种制度自然具有鲜明的阶级压迫和民族压迫的烙印，同时也表现了清政府在实现统一时所积累的大量经验教训。由于清王朝是由少数民族——满族的上层所建立，它对少数民族的处境和要求体会最深，清政府又很早就和漠南、漠北蒙古结成亲密的合作关系，因此，它对少数民族的政策是我国封建社会中最成功的政策。清朝采取的基本方针是“修其教不易其俗，齐其政不易其宜”，也就是保持和尊重蒙古族和其他民族的社会习俗、宗教信仰和某些政治制度，笼络和利用其上层分子，根据各地的情况，设置不同的统治机构，建立不同的制度，实施不同的措施。在维护统一、强调中央权威的前提下给予各族有限度的自治权。这一基本方针，逐步地具体化、制度化，形成清代对蒙古和其他少数民族统治的特色。由此可见，探讨清代蒙古的政教制度，对于研究蒙古史和清史是十分重要的，对于了解祖国怎样取得统一以及统一过程中的经验教训也是很有意义的。

对清代蒙古政教制度的研究开始于 1930 年代至 1940 年代，那时，有几本杂志，例如《开发西北》《边政公论》等，曾刊载过一些文章，初步介绍了清代前期的理藩政策和清代蒙古的政治制度。同时，日本的学者也开始接触到这个问题。此后 40 多年，清代蒙古的研究受到重视，成果累累。中国大陆的专家学者以马列主义为指导，发表了有见地的论文和专著，为这一问题的深入研究奠定了基础。日本和我国台湾地区学者的研究工作，也有了重大进展。还有，苏联、美国和意大利的学术界也密切注意到了这一研究领域。经过国内外学者的努力，关于清代蒙古政教制度的研究取得了较大的进展，但也还存在着不少问题和薄弱环节。就国外和我国台湾某些学者的研究而言，他们的观点比较陈旧，而且有的还否认满族和蒙古族是我国多民族大家庭中的成员，因此，对一系列问题的具体看法和我们大相径庭，他们的这种观点当然是我们所不能接受的。此外，国外以及我国台湾的学者，在资料的使用方面，也不够充实。他们一般使用《东华录》《清会典》一类资料，能够全面利用《清实录》的已不多见，而对珍贵的档案几乎没有使用，地方志、私家笔记、碑版谱牒也很少涉及，这不能不使他们的研究成果受到局限。近年内，我国大陆关于这一题目的论文、著作虽日渐增多，但也还只是对某些片段和局部问题的论述，缺乏一部系统、全面研究清代蒙古政教制度的专著。赵云田同志的这部书，既吸收了国内外的研究成果，在此基础上，进行了更深入的分析，接触了更丰富的史料，有所创新、有所前进。勾画了清代蒙古政教制度的全面图景，给清史和蒙古史的研究填补了薄弱的环节。

作者把全书分为十三章，首先概述明清之际蒙古社会情况和清朝统一蒙古各部的过程，然后从九个方面阐述和分析清代蒙古的政教制度：一、设置主管蒙古事务的中央机构理藩院；二、以盟旗制度作为统治蒙古地区的社会组织形式；三、派遣将军、都统、参赞大臣、办事大臣等军政官员，设立各级军政机构，以加强对蒙古的统治；四、制定蒙古地区专用的刑法，加强法制；五、在蒙古地区开通驿路，广设台站、卡伦，“宣传命令，通达文移”，加强内地和蒙古地区的联系；六、建立年班和围班制度，作为抚绥蒙古王公的重要手段，加强他们对清朝中央政权的向心力；七、通过联姻、通婚，增强满洲贵族和蒙古王公感情上的联系，巩固满蒙之间的联盟；八、利用喇嘛教，尊重达赖喇嘛、班禅额尔德尼、哲布尊丹巴胡图克图、章嘉活佛，通过宗教领袖人物，发挥他们安定政局的作用；九、制定适当的经济措施，促进蒙古地区的经济发展。以上九个方面，大体上反映了清代蒙古政治和宗教制度的全面轮廓。

作者的指导思想是很明确的：从我国是多民族统一国家这一客观存在的事实出发，力图用马克思列宁主义的理论，阐述清代蒙古政教制度的各个方面，给以恰如其分的评价。作者主要看到了这些制度在巩固我国多民族统一国家中的作用，予以肯定的评价，同时也看到了它的阶级压迫、民族压迫的性质。清代前期，外国殖民主义已经东来，骎骎威胁中国的东南海疆和北部、西部边疆。我国封建社会中长期存在的民族问题，因为外国侵略势力的进逼，而在一定程度上改变了以往的性质，大大提高了民族统一的紧迫性。在这样的历史背景下，清王朝统一中国以及为维护、加强统一而建立的制度，采取的措施，其积极意义是十分明显的。作者总的看法和评价是符合历史唯物主义的，而在一些具体问题的论述上，也有颇多新见。如，作者认为：清代蒙古盟旗制度是由努尔哈赤时创建的满洲八旗制度和蒙古民族原有的鄂托克、爱马克相结合而演变成的社会组织形式。又如，作者认为：清代的备指额驸制度是满洲贵族和蒙古王公之间关系日益松懈的产物，等等。

本书在资料的搜集方面，也比较广泛、丰富。作者多年来埋头于档案馆、图书馆中，手不释卷，笔不停录，积累了大量资料，既包括实录、会典及档案，也利用了许多地方志、笔记以及国外著述。参考书达百种以上，其中有一些珍贵的新资料。如乾隆内府抄本汉文《理藩院则例》，乾隆三十一年殿刻本汉文《蒙古律例》，国内至今还没有人引用过。作者把长达十万言的乾隆朝内府抄本《理藩院则例》和道光朝、光绪朝刊刻的《理藩院则例》进行了反复比较对照，搞清了它们的异同，理出了有清一代对蒙古制度变化的某些线索。还有，抄本《百廿老人语录》是清代办理蒙古事务的满族和蒙古族官吏们的回忆，书中所记载的都是他们的亲身经历，很珍贵。

自然，清代蒙古的政教制度，时间跨度大，历史演变，迂回曲折，问题繁多，情节琐细。资料浩如烟海，难以穷极。赵云田同志在这一领域做出了不少成绩，整理出清晰的线索，勾画出全面的轮廓。但今后还有很多问题需要进一步研究探讨，例如：结合蒙古地区的经济、文化发展来探讨其政教制度的得失；大批汉民移入蒙古所产生的影响；鸦片战争后，外国商品和宗教势力侵入蒙古后的情况；等等。在资料方面，大量的原始档案也有待发掘，特别是蒙文档案的整理和利用，尤为重要。这项工作十分艰巨繁重，目前还没有提上日程，但却是提高这一课题研究质量的关键。科学发展的一个规律就是要在已经取得的成果的基础上，百尺竿头，更上一步，不断地冲刺，不断地突破。看来，清代蒙古问题仍然是一个有待大力开发，精心耕耘的园地。谁能够继续努力，勤奋不懈，坚持既定的目标，谁就能进一步取得成绩，攀登上新的科学高峰。

《清代前期西部边政史论》序言*

张羽新同志的《清代前期西部边政史论》即将出版，翻阅了这部厚厚的书稿，我感到非常欣慰。羽新同志以不懈的努力，艰苦的劳动，又为中国边疆史地学奉献出了新的研究成果。

张羽新同志在中国人民大学清史研究所读研究生期间，就以清朝治理新疆的政策作为自己的研究课题。1981 年，他以优异的成绩毕业，获得历史学硕士学位，分配到国家文物局工作。在繁忙的行政工作之余，他继续孜孜不倦地研究清代新疆和西藏问题，先后出版了《清政府与喇嘛教》《避暑山庄的造园艺术》等专著，发表了数十篇论文，总字数达百数十万言。今天，他又完成了《清代前期西部边政史论》这部书，10 年的辛勤耕耘，结出了丰硕的成果。

我国是一个多民族统一国家，少数民族多居住在边疆地区。历代封建王朝中央政府为了加强对边疆民族地区的统治，制定了一系列相应的措施，秦、汉时期，在实现统一的过程中就致力于边疆的开拓，设立政权机构，实行统一的行政管辖，密切汉族与少数民族之间的关系，促进和推动了我国统一多民族国家的形成和发展。隋、唐两代，是我国历史上继秦、汉之后更加繁荣富强的时期，在治边政策中，除设置管理机构、加强军事部署、注重怀柔招抚外，尤其注意在不同的边疆地区侧重实行不同的政策，使政策更加适合当地的实际情况，从而促进了边疆经济文化的发展，加强了内地和边疆的联系。元代是我国统一多民族国家发展史上的重要阶段，其边疆政策中，因地制宜、因俗而治的特点也很鲜明。元代所创造的全国规模的大统一局面，对后来中国历史和中华民族的发展产生了巨大

---

* 原载张羽新：《清代前期西部边政史论》，哈尔滨，黑龙江教育出版社，1995。

而深远的影响。明代的边疆政策中，突出了“守备为本”“刚柔并济”“以夷治夷”的思想内容，同时因不同的边区形势，侧重实行不同的政策措施，对缓和民族矛盾、保持边疆安定起了一定的积极作用。清代是由少数民族满族建立的一个封建王朝，在边疆政策方面，广泛而深入地总结了历代的经验教训，在巩固统一、团结各民族、治理和开发边疆方面，达到了前代封建王朝所未能达到的辉煌成绩。在历史上，匈奴、鲜卑、突厥、契丹、女真、蒙古、满族等北方的游牧民族与南方农业民族的汉族，长期处在冲突和战争之中。到了清代，边疆与内地、游牧民族与农业民族的矛盾仍然存在，历经康雍乾三朝的战争，达到了全国的统一。随后，清廷在边疆设置各种类型的行政机构，驻兵戍守，设官治理；屯垦开边，发展经济；扶植喇嘛教以安蒙藏民族，制定年班、围班制度，进行满蒙联姻，以抚绥上层王公贵族，等等。这些措施使作为多民族大家庭的中国的团结和统一得到空前的加强和巩固。在清代，我国的边疆史和民族史进入了新的转折时期。如果说在 18 世纪以前的中国史中，南北方各民族之间的战争与冲突占据着大量篇幅，那么，18 世纪以后，各民族之间的关系逐渐改变。仇恨的阴云渐渐消散，和平交往代替了冲突和战争，各民族间团结友爱、相互帮助的主调正在形成。所以，中国近代史的一个突出内容就是：全国各民族联合起来共同反对封建压迫（如太平天国时，汉族、回族、苗族、彝族、维吾尔族的起义斗争，相互支援；辛亥革命时，各民族联合推翻清政府）、反对帝国主义侵略（如历次反侵略战争中，特别是新疆、蒙古的抗俄，东北、台湾的抗日，西藏的抗英，广西、云南的抗法、抗英，均有许多少数民族参加）。各民族在反帝反封建的斗争中关系更加亲密，结成风雨同舟、患难与共的友谊。因此可以说，清代的治边成绩和政策效果极为重要，对形成我国今天的民族大家庭具有巨大的作用。张羽新同志这部书研究清代的西部边政，以新疆、西藏为重点，这是清朝治边最主要、最典型的地区。通过这部书，可以从多方面了解清代治边的内容、特点、经验、教训，还可以了解中国形成多民族统一国家的条件以及所经历的长期艰难的历程，从历史上加深对这一基本国情的认识，更加珍惜、爱护今天政治统一、民族团结的大好局面。

从清朝中晚期开始，一些有识之士就注意研究边疆史地问题，写出了许多有价值的著作。祁韵士在完成《皇朝藩部要略》著述后，在遣戍伊犁期间，仍发愤著述，写成《西域释地》《西陲要略》等书。张穆用史志体完成《蒙古游牧记》，人们给以很高评价。何秋涛有感于俄国与中国壤地连接，宜有专书以资考镜，撰成《朔方备乘》。此外，魏源的《圣武记》、徐松的《新疆事略》等书，也都凝结着作者关心边事、忧国忧民的心血。清朝灭亡以后，中华民国期间，随着帝国主义列强对我国边疆地区的侵略日益扩大，人们对边疆地区给予了更多的关注，苏演存的《中国境界变迁大势考》，谢彬的《中国丧地史》，白眉初的《国界小志》，葛绥成的《中国近代边疆沿革考》，顾颉刚、史念海的《中国疆域沿革史》，毕企云的《中国边疆问题》等书相继问世，与此同时，数以百计的论文发表。这些著述，贯穿着强烈的爱国主义精神。中华人民共和国成立后，我国的边疆史地研究取得了很大成绩，特别是近几年来中国社会科学院中国边疆史地研究中心的设置，对协调我国各方面人才，加强边疆史地研究起了很大的促进作用。为了加强中华民族各民族的团结，开发边疆，建设边疆，加快我国社会主义现代化建设步伐，具有强烈使命感的我国学者，继承和发扬前辈们的优良传统，正在努力开创边疆史地研究的新局面。张羽新的《清代前期西部边政史论》在这时候出版，就是这一形势的反映。该书丰富的内容，无疑会给边疆史地研究这一春天的百花园增添新的艳丽和光彩。

张羽新同志的这部书，比较深刻地论述了清代前期中央政府在新疆、西藏地区的施政及其效果，以及中原内地与新疆、西藏政治、军事、经济、民族等方面的关系，还有对一些问题的考证及分析，内容宏富，论述严谨，分析透彻，史料丰富，反映了作者在这一领域深厚的功底、独特的见解，读后使人感到该书有许多特色，主要表现在：

首先，对清代的喇嘛教政策进行了全面论述，把这一问题的研究提高到了新的水平。喇嘛教是藏传佛教的俗称，是清朝统治蒙藏地区的思想武器。以往人们虽肯定了清朝的宗教政策，但缺乏深入的分析。本书在《清代的喇嘛教政策》一篇中，指出清朝之所以推行这一政策，有其深刻的历史、社会、政治原因：喇嘛教在蒙藏民族中具有广泛的社会基础和传统势力，清朝为巩固政权，笼络和争取蒙古族上层分子，便“从俗从宜”，加以利用；利用喇嘛教首领的社会地位和政治影响，牵制蒙藏世俗贵族；在当时面临西方殖民主义入侵的特定历史条件下，清朝尊崇和利用喇嘛教，是维系多民族国家统一的一种特殊政治策略。这对坚定蒙藏上层人物在对外斗争中的内向之心，安定边疆，巩固统一，起了积极作用。应当说，这些见解是实事求是的，令人信服的。此外，清代前期的中俄关系与喇嘛教，清朝统一新疆与喇嘛教，都是以往人们很少接触的课题，本书多方搜集资料，充分利用中外的研究成果，去伪存真，精心研证，作者认为：清代前期的中俄关系与喇嘛教问题，实质上是沙俄侵华和中国人民反对沙俄侵略斗争的一项重要内容和组成部分；清朝统一新疆过程中的喇嘛教问题，实质是分裂与统一的政治问题，而不是一个单纯的宗教问题。这些结论，以事实为根据，都是很有见地的。

其次，对有关经济和民族问题给予充分关注。以往的边政学研究中，多重视政治措施以及人物的活动，这当然是必要的，但是仅此似乎也是不够的。本书弥补了这一缺陷，结合我国历史上形成的多民族统一国家这一特点，以及地区经济发展的不平衡性，以更多的笔墨探讨了经济和民族问题。《清代前期西藏地方经济长期停滞落后的原因》一篇，对造成鸦片战争前西藏劳动人民生活极端贫困和地方财政的极度匮乏的原因进行了探讨，文中指出：繁重的赋税和乌拉（差役），迫使广大藏族人民处于极端贫困的境地；喇嘛教的盛行，使社会财富大多消耗在宗教活动上，不能用于扩大再生产和发展经济所必需的社会积累，因此促成了经济的衰败和萎缩；战乱频繁，政局动荡，摧残了西藏的经济。这些见解对我们了解历史上西藏的经济状况以及今天发展西藏地方经济有一定的借鉴作用。《清朝统一新疆后恢复和发展经济的主要措施》一篇，特别强调了安定人民生活以保存劳动生产力的重要性，这一马克思主义的观点，对我们现在进行社会主义现代化建设也有启示作用。《清代前期迁居北京的大、小金川藏族》一篇，根据有关文物和文献资料，以及作者的实地调查，探讨了大、小金川一部分藏族迁至京师的经过和他们的生活情况；《清代前期吐鲁番维吾尔族移居瓜州始末记》《清代迁京的维吾尔族》两篇，依据档案材料和地方志，分别对吐鲁番维吾尔族移居瓜州以及再迁回吐鲁番的情况，清朝统一新疆后，部分维吾尔族迁京及他们的生活情况进行了探讨，使许多历史上鲜为人知的具体事实公之于世，这对了解藏族、维吾尔族的历史发展，中华民族各民族的相互融合，各族人民共同为发展祖国的经济、文化所做出的贡献，提供了新的情况。

再次，对清代前期西部边疆史地研究中一些大家颇为关注的问题提出了新见解。康熙二十九年（1690）的乌兰布通之战，是清代前期清朝中央政府与准噶尔蒙古噶尔丹地方割据势力之间一次重大战役，也是清史上一件大事。许多历史著述，都认为是清军重大胜利和噶尔丹惨重失败。本书中《乌兰布通之战的胜败问题》一篇，通过对乌兰布通之战实际战况的考察，对某些史料去伪存真的分析，提出了不同意见，认为：在这次激战中，双方伤亡都很惨重，清军并未击溃噶尔丹的军队；噶尔丹的战后请和，只是一种退兵之策，并非战败乞降；噶尔丹军队的大量减员，亦非遭受清军杀伤的结果，而是瘟疫造成的；在战斗过程中，由于清军腐败，造成了许多失误并遭受重创。这一观点和传统见解大相径庭，但却持之有故，言之成理。《肃州贸易考略》一篇，对被不少历史学家忽略的问题，依据档案材料，进行了深入的研究，再现了清代前期清朝中央政府与准噶尔地方政权之间经济贸易活动的情况，弥补了《清实录》等清代官书的疏漏与不足，由于考证严密，分析精当，所得的结论是令人信服的。

最后，本书搜罗了丰富的资料，故立论有较坚实可靠的基础。众所周知，历史研究必须充分占有资料，只有依靠大量的、经过审慎考证的资料，才能够科学地说明历史问题。本书不仅较多地利用了原始档案材料，而且充分地利用了实录、方志、会典、则例、碑刻、谱牒、私人著述和国外研究成果，参考书目达百数十种之多。其中，《卫藏通志》和《西藏志》等书，不单是一般的引用书目，而是作者在整理有关清代前期西藏地方史汉文资料过程中，专意研究而有独到领会的典籍。也有的书是极难搜觅的抄本。本书作者充分利用了这些材料。我们可以想见，作者为完成此书的著述经历了怎样艰辛的劳动。在有些人认为史学无用的时候，在一些人急功近利、单纯追求短期效益的时候，本书作者却不分寒暑，读书与实地考察相结合，在大量的披沙拣金的劳动中，寻找历史的真实，不以为苦，乐在其中，时间长达十年之久。史学工作者只要坚持和发扬这种实事求是、刻苦钻研的精神，历史科学必定会在新的基础上不断发展，在社会主义现代化建设中做出应有的贡献。

正如一切事物不可能完美无缺一样，张羽新同志的这部书，也还有需要改进的地方。有些课题，例如新疆的军府制，西藏的驻藏大臣制，典型地表现了清代边疆政策的特色，似应展开更加翔实的论述；清朝中央政府中管理边疆民族地区的机构理藩院在新疆和西藏地区的活动及其作用，论述中显得较薄弱；伊犁将军和驻藏大臣中有代表性的人物，也应有所选择地给予论述。在资料利用方面，满文和藏文中蕴藏着许多待开发的富源，本书利用不够亦是一项缺憾。此外，有些地方语言还可以更加洗练。我期待着张羽新同志能继续努力，在今后的研究中取得更加丰硕的成果。

《清帝东巡》序言*

天子出巡是中国古代社会的一项重大政治活动，在最早的经典中即有所反映。《书・舜典》说："岁二月，东巡守"。《孟子・梁惠王》说："天子适诸侯曰巡狩。巡狩者，巡所守也"。历史上一些著名的帝王，如秦皇、汉武都曾巡行各地。人们对天子出巡，议论颇多。有人认为：巡狩是为了视军察吏、观民问俗，是最高统治者接触下层社会、履行统治职责的重要活动。也有人认为：天子巡幸，靡费钱财，扰害百姓，只是满足帝王个人冶游的欲望，有害无益，是一大弊政。在这个问题上，百家争鸣，分歧甚大。看来需要具体分析，帝王出巡往往有利有弊，每次出巡都要动用大量财力物力，耗费甚多，但在当时条件下，又不失为整军经武，接触社会，了解官方民情的一种方式。每个皇帝每次出巡的目的、性质、规模、耗费亦有所不同，不可一概而论。

有关清以前帝王出巡的具体情况，年代久远，文献缺略，语焉不详，我们现在难以完全弄清其出巡的盛况和作用。唯有清代的档案和资料，存留下来的最为丰富，有许多珍贵的原始记录，使我们得以了解清代帝王出巡的许多细节。关于康熙和乾隆的南巡江浙受到大家的普遍注意，学术界发表过一些著作和文章。但清帝的东巡，尚无人研究，人们所知甚少，而东巡的重要性，其军事和政治意义实际上超过了南巡。王佩环等同志所著《清帝东巡》是第一部系统而全面地介绍、评述清代帝王东巡情形的书，到目前为止，也是最具体详细地描述封建帝王出巡的一部有价值的著作。

---

* 原载王佩环主编：《清帝东巡》，沈阳，辽宁大学出版社，1991。

所谓“东巡”，系出巡盛京（沈阳）、吉林等地。这里是清朝的发祥之地，祖宗陵寝所在。兴京（新宾）的永陵为清帝先祖之墓，盛京的福陵为清太祖努尔哈赤墓，昭陵为清太宗皇太极墓。清帝继承祖先基业，报本追源，十分重视祖宗陵墓与发祥之地。在其入关之后，曾有四个皇帝先后十次赴东北谒陵：康熙帝三次、乾隆帝四次、嘉庆帝二次、道光帝一次。在谒陵的同时，行围习武，考察吏治，联络蒙古，关心农牧，修葺城垣，提倡文化。其中康熙帝第二次东巡（康熙二十一年，1682年），其主要目的是抵御沙俄的侵略，故远行至松花江上吉林船厂，其意义最为重要。高士奇在《扈从东巡日录》中说：“移宁古塔将军驻镇于此，建木为城，倚江而居。所统新旧满洲兵二千名，并徙直隶各省流人数千户居此。修造战舰四十余艘，双帆楼橹，与京口战船相类。又有江船数十，亦具帆樯，日习水战，以备老羌（即俄罗斯人）”。

《清帝东巡》一书搜集的资料极为丰富，包括第一历史档案馆藏各种档案，辽宁省档案馆所藏《黑图档》、《盛京内务府档》，以及《实录》、《会典》、《御制诗文集》，官吏、传教士的私人著述，朝鲜史料，等等。作者对原始资料爬梳整理，用功甚勤，故能清理出十次东巡的清晰线索，勾画出许多具体细微的情节。每次东巡，从颁发谕旨、诏告天下起，经过一系列复杂的准备，从铺垫御道，修缮行宫，准备马匹车辆，途载食品用具，到东巡队伍的组成出发、路线、站程、行围打猎、住宿膳食、沿途风光、风俗民情，以及谒陵之程序、仪注、各种典礼祭祀、筵宴赏赐、整军较射、理政观风、游览题咏等等，细微而形象地再现了二三百年前清帝东巡的盛大场面和多种活动。阅读本书，犹如置身于当年的东巡队伍中，一幕又一幕生动的历史场景浮现于脑际，加深了我们对这段历史的认识。

清朝统治中国的时间很长，存留下来的资料很丰富，而需要研究的问题极多。应该分工合作，逐个地进行具体研究。每个课题都要花费艰巨的劳动，从整理原始资料做起，在浩瀚的史料中披沙淘金，撷取精华，使之条理毕具，再现已经逝去的历史。《清帝东巡》一书就是这样做的。我读完书稿，掩卷沉思，颇有所得。我深深感谢王佩环等同志的辛勤努力与开拓创新精神，抓住这一具体课题写出了一本好书，大大深化了我们对这段历史的认识，他们为正在盛开的清史研究园地奉献了一束芬芳而绚丽的花朵。

龙庭亦是豪游地　海月边霜未觉愁*

——《清代东北流人诗选注》序言

收到《清代东北流人诗选注》书稿，一口气读下去，兴味盎然，不忍释手。这是一部好书，选注者张玉兴做了一件很有意义的工作，值得欢迎和赞扬。

清代前期，有大批“免死减等”的罪犯被流放到东北各地，主要是沈阳、尚阳堡、宁古塔以及伯都讷、船厂、卜魁、瑷珲、三姓等地。流放的人数达十几万人。那时候，这些地方开发的程度低，人烟稀少，环境艰苦。有人描写去宁古塔途中“渡湍江，越穹岭，万木排立，仰不见天。乱石断冰，与老树根相蟠亘，不受马蹄。朔风狂吹，雪花如掌，异鸟怪兽，丛哭林嗥。行者起踣其间，或僵马上”（《吉林通志》卷125）。流放的“罪犯”大多是专制统治下无辜的受害者。他们来到陌生的、艰苦的环境中，为自身和家庭的生存而顽强地奋斗，将中原地区比较先进的文化知识、生产技能带到东北，为开发和保卫东北边疆做出了重大的贡献。流人中有一些是有很高文化修养的知识分子。他们大多来自南方，因种种罪名流放到边疆，在艰苦的条件下，不废吟咏，留下了许多诗篇。谢国桢先生的《清初东北流人考》曾着重介绍了他们被发遣的背景、戍地、流放生活以及诗歌创作的情况。古语云：“诗言志，歌咏言。”诗歌是心声的记录。这些不幸被遣戍的骚人墨客，将自己惊险艰难的遭遇、思慕哀怨的感情、奇特新鲜的见闻都形之笔墨，托于诗歌。就像因丁酉科场案被流放到宁古塔的吴兆骞所说：“由来才士，半多飘蓬，自古羁人，偏多篇翰。”（《方与三其旋堂诗集序》）“由来志士，遘此

---

* 原载张玉兴选注：《清代东北流人诗选注》，沈阳，辽沈书社，1988。

穷途，未有不凭柔翰以消忧，托长歌而申恨者也。”（《孙赤崖诗序》）他们居然在流放地结下诗社，相互唱和。如函可和尚与左懋泰等在沈阳组织“冰天诗社”，参加者达 33 人。宁古塔则有“七子之会。分题角韵，月凡三集，穷愁中亦饶有佳况”（吴兆骞：《寄顾舍人书》）。吴兆骞评论流放诗人说：钱德维（钱威）“议论雄肆，诗格苍老”；杨友声（杨越）“诗甚清丽”；苕中三钱（钱虞仲、钱方叔、钱丹季兄弟）“才笔特妙”；姚琢之（姚其章）“诗如春林翡翠，时炫彩色”；张坦公（张缙彦）“河朔英灵而有江左风味”；陈雁群（陈志纪）“唱酬亦富”。他们在特殊的环境里写出的这些诗章，不同凡响。

也许，正因为他们是离乡背井、颠连困苦的流犯，生活在社会的最底层，接触到众多的贫苦人民，而且万里远戍，跋涉山川，见多识广，所以他们的思想更加敏锐、眼界更加开阔、感情更加强烈、笔墨更加精警。他们作品中反映的自然界和社会界，更加真实、宽广和深刻。他们的诗风，或沉郁，或哀婉，或激昂，或悲怆，吐露了生活中的酸辛与不平。从他们的诗歌中，可以看到在清朝高压政策下人民和知识分子的深重苦难，可以认识到东北各民族劳动和斗争生活，可以欣赏那里山林川泽的雄浑壮丽，也可以领略富有特色的风土人情。

尽管流人的诗作，有许多精彩的篇章，但是过去却并没有很好搜集、选择、刊印，致使很多流放诗人湮没不彰。他们的遭遇是十分悲惨的，大多数人殂殁戍所，少数人即使被赦回乡，也多在潦倒中终老一生，因此许多诗作都散失不传。例如，本文前面所举吴兆骞评论过的八位流放诗人，多数人的诗作早已不见。乾隆二十五年（1760）沈德潜编《国朝（清）诗别裁集》，收集清初至乾隆初年诗作者达 900 余人，其中仅有流人诗作者 12 位，选诗 50 余首。在清廷大规模禁书、焚书之前，情况已如此，可见流人诗作散失之严重。民国年间，徐世昌辑 200 卷本的《晚晴簃诗汇》，收清代诗人达 6 100 余家，是迄今最宏富的一部清诗选。该书还特别注意搜辑一些不甚著名的诗人及一些流传稀少的诗作，但流人诗作者也只收了 18 位，共录诗 70 余首。50 年代，邓之诚先生编辑的《清诗纪事初编》，只收流人诗作者 12 位，录诗 10 余首。在这三种诗集中，上引吴兆骞所评论的 8 位诗人，一位也没有。可见流人诗的遗漏散佚是十分严重的。

玉兴同志有感于流人诗的重要及其散失的情况，决心收集、选录东北流人的诗作，并加注释，以期给大家奉献一部反映清前期东北地区历史事件和社会风情的诗集。经过长期的辛勤劳动，完成了这部长达 40 余万字的《清代东北流人诗选注》。这是一部有分量、有水平的资料性、学术性的研究成果。它有以下几个突出的特点：

第一，辑佚钩沉，搜罗丰富，考证精当。本书选流人诗作者 48 位，诗 558 首，另附 6 位赴戍所探视者 56 首诗，共计收诗人 54 位，得诗 614 首，成为迄今为止搜罗流放诗人及其诗作最丰富、最完备的选本。这里既选有名家巨子，也有行迹不著的普通文士。其中有从经过多方搜寻发现的传世诗集（现共发现 19 位流放诗人有传世诗集）中选录者，而大部分诗人之作却是从方志、笔记和其他人的诗集、文集中仔细搜寻得来的。这种“披沙拣金”的办法需要翻阅很多书籍，付出长期艰苦的劳动。这部分诗篇所选虽少而用力最多亦颇繁难。玉兴同志还用了一番考证核对的功夫。如本书所选左懋泰诗 7 首，除一首选自函可《千山诗集》卷 20“冰天社诗”中外，其余 6 首均注明选自康熙十六年（1677）修《铁岭县志》。查今通行的《辽海丛书》本以及民国年间重修本《铁岭县志》，虽然这 6 首诗均赫然在录，却都有明确标识：其中 3 首为“佚名”或“失名”，另 3 首为“木斋李呈祥”，并无左懋泰之诗。但玉兴同志认真琢磨，发现这些版本的《铁岭县志》中所载之诗夺误甚多，而标明李呈祥作的 6 首诗中的后 4 首，在其《东村集》中却查找不到等疑点，进而查阅康熙十六年原刊本，终于发现通行本及重修本的排印之误，从而检得左诗 7 首（本书选 6 首），同时又寻绎出其他人一些诗作。于此可见辑佚勘校工作中所下功夫之一斑。

由于选注者的悉心搜辑，目前所能见到的流人诗作者大都汇集于此书，这是远远超过前人成就的丰硕成果。

第二，选取审慎，内容充实。玉兴同志经过长期努力共发现 50

余位流人诗作者，近万首诗作。经过仔细斟酌、详加推敲、去粗取精，共收录48人的500多首诗。选录的原则是，历史价值和艺术价值并重。凡有作于戍所之诗或反映流放生活之作者，均当选录之列。凡无诗集行世者（此类情形中诗人较多，存诗甚少），酌情放宽选录的标准，不因诗少而遗漏一位流人诗家，做到以诗存人；凡有诗集者便认真选择。此类情形，作者虽少（占总数五分之二），但存诗甚多（占流人诗总数百分之九十五以上）。故本书所选之诗仅为现已发现的流人诗作的二十分之一。但“尝一脔知一镬之味”（《淮南子·说山》），本书基本上荟萃了流人诗作的菁华，注重了选录反映各方面情况的诗作，使各种内容、各类体裁、各种风格俱备。多而有绪，繁而不紊。本书以形象化的语言记录了清代前期动荡的社会。许多重大的历史事件，众多的人物活动与思想变化，特别是东北地区的史事，在这里都有反映。不论是流人的怀念故国，抨击时弊，抒发愤懑，哀叹不幸，还是反映社会生产生活，描状风土民情，讴歌边疆壮丽河山，赞颂各族人民抗俄御侮的斗争，等等，都质朴无华而感人至深。这种写实手法正是清初的诗风。因而本书所选之诗多有“诗史”的价值。其中选录较多的函可、季开生、丁澎、吴兆骞、方拱乾、张贲、戴梓、方登峄等人的诗作，在记录反映清代前期社会风貌方面尤为突出。不少诗人虽因存诗无多而选录较少，但所选之诗无不反映了他们的思想与生活，展现的是东北边疆丰富多彩的历史风俗画。正是春华秋英，千姿百态，琳琅满目，美不胜收。读完这部诗选，谁也不能不承认流人诗作具有重大的历史价值和艺术价值。这些均为人们全面了解清前期社会以及欣赏借鉴提供了方便。

第三，存史证史，补史之阙，纠史之谬，证史之疑，这是本书的又一特色。它着重注意搜辑证史、存史的珍贵史料。如反映清初于辽东推行招民垦荒授官条例与流放宁古塔的郑芝龙被械离戍所情景等诗篇，便是目击者记录的第一手材料。有关这方面的情况本书《前言》中叙之甚详，此不复赘。这里仅就反映流人思想感情变化的诗篇加以说明。

流放，这本是一种严厉的惩罚，被流放者或单车就道，或全家、全族遭遣，无不经受种种困难而愁肠百结，痛苦万状。本书所选诗作对此有大量生动的反映。但艰难困苦的环境却又起了意想不到的作用。从本书中人们又可以看到一些诗人出人意料地对戍所风情、边塞生活给予某种肯定的评价，甚至表现出眷恋之情。特别突出的是与清廷对抗意识最为强烈的函可，终于吟出“莫笑孤僧老更狂，平生奇遇一天霜。不因李白重遭谪，那得题诗到夜郎”（《自嘲》），“无罪还应出塞来……不到天山眼不开”（《寄江南诸同社四首》其四）的豪语。江南才子吴兆骞也发出了“龙庭亦是豪游地，海月边霜未觉愁”（《赠人》）；“漫道射雕多健卒，只今文士习弓刀”（《秋日杂述》其四）的强音。他们大多是在风光旖旎的环境中成长的，骤然投身到新的、艰苦的环境，生活内容极大地丰富，思想感情发生强烈的变化，反映在诗歌创作方面，突破了文人传统诗的框框，在题材、风格、情感、观点方面产生了飞跃。这就是函可之所以由昔日的“浊世佳公子”（戴遵先《和北里》），成为抨击现实、刚强不屈的“缁流高品”；吴兆骞所以由只知吟赏风月的倜傥才子，成为激昂慷慨的边塞爱国诗人的原因所在。从这点看，艰苦的戍所生活反倒成就了他们的诗歌创作。伍崇曜在《秋笳集跋》（《秋笳集》是吴兆骞的诗集）中说：“梅村诗原评称汉槎极人世之苦，然不如此，无《秋笳》一集，其人恐不传。天之厄之，正所以传之也。”这是严酷的却又是实实在在的历史辩证法。

第四，注释详明，考索透彻。选诗难，注诗更难。本书对所选的每位流人诗作者的生卒年、爵里、字号、身世经历、突出事迹以及著述情况，均考索详备，予以简明介绍。对所选每首诗章的背景、用意、内容，不论时事旧典，均加注释，征引丰富，交代明确，甚便读者。

任何一篇著作都有其写作的时代背景，在当时来说即使篇章的内容十分明白，但历时久远，背景和原委湮晦不彰，不经解释，后人难明究竟，甚至完全不解其意。面对古籍，人们有时会发出“无人作郑笺”的浩叹，可见注释工作的必要。恰到好处的注释，往往会消除由于时代造成的隔膜，沟通古今的思想，丰富读者的知识，启发今人顺利地理解古籍的内容。陈寅恪先生说："自来诂释诗章，可分为二。一为考证本事，一为解释辞句。质言之，前者乃考今典，即当时之事实。后者乃释古典，即旧籍之出处。"（《柳如是别传》页7）要做到这两点，一般说来注释者需要深厚的学问根底，透彻的研究，以及广博的文史知识与对典籍的轻熟掌握能力。注释好清代东北流人诗作，不仅检验注释者的学识水平、对清史研究的基本功力，更检验其对流人所处的特殊背景与行事的研究深度。相对来说，这后一点更为重要。大家知道，清入关伊始便推行高压政策，兴文字狱。一般学人士子多不敢秉笔直书，写诗著文多用曲笔，以隐晦的笔法反映周围的事物。随着时间的推移，许多事情的真相就模糊不清了。而流人著作，由于其人的悲惨遭遇，行踪泯灭，更使人们理解的困难加深一层。因而欲探求流人诗作的真谛必须进行多方面的考索。

本书在注释上，特别在"今典"的注释上较有特色，反映了选注者所付出的大量劳动和功力。如对左懋泰、陈掖臣、吴达、罗继谟、董国祥等人的简介；如指出方拱乾《感时》与张贲《宁古台纪事（二十首之十七）》是咏叹郑芝龙的悲惨遭遇之诗；函可《寿陈令公二首》及李呈祥《再呈陈明府》是歌颂在辽东招民垦荒、关心民间疾苦的代表人物陈达德之诗；吴兆骞以及何世澄、杨宾等诗中所赞美的李召林侍御，即当年揭发吴三桂罪状的福建道御史李棠；等等。虽然仅寥寥数语，却无不是经过认真考证之后得出的结论，其中倾注着注释者的大量心血。

本书在旧典注释上，认真考索的态度也同样值得称道。在大量征引文献、广备异说的同时并能吸收最新研究成果以为参稽。如左懋泰《异石》中"逐五湖"条注释，指出据《吴越春秋》所载越国灭吴之后，西施为范蠡所携，"乘扁舟，出三江，入五湖，人莫知其所适"是历采相沿的成说，左诗取意本此。同时又据古本《吴越春秋》及《墨子》等书，说明较为真实的情况是：灭吴之后西施被"沉江"而死。戴遵先的《和北里》"心史"条注释，据引《顾亭林诗集汇注》卷6《井中心史歌·自序》，说明《心史》（又名《铁函心史》）传为宋遗民郑思肖所撰，藏于古井，于明末被发现。这件事曾是明清之际在文化界轰动一时的新闻，当时一致相信，并无异词。戴诗亦奉此说。接着注释者又指出，自康熙年间陆续有人攻其伪，而坚信者又证其真，可谓疑信参半，真伪难分，三百年来迄无定论。方拱乾《游东京城旧址》的“东京城”及“乌禄”条注释中，纠正了清初以来以渤海国的上京为金朝上京的谬误。再如，本书对许多诗中出现的“混同江”的不同指谓，都一一做了说明。这种深入探讨不停留于一般征引，更增强了本书的学术价值，对读者当能很有裨益的。

历史研究要以丰富的资料为基础。清史研究如何深入下去？掌握史实，全面地占有资料，特别是占有丰富的第一手资料，是一项长期的重要任务。搜集资料，考证史实，要多渠道、多方面地进行。过去不为人们注意的清代东北流人诗作中，不仅有许多值得领略、鉴赏的艺术妙处，更有值得史家充分利用的有价值的珍贵资料。玉兴同志披荆斩棘而编成的这部《清代东北流人诗选注》，可以说是一部生动的历史教材，为人们研究清史、认识清前期社会、进行多方面的专题研究，提供了有价值的形象史料，同时也为人们全面深入地研究这方面史料开辟了途径。

作为开拓之作，本书也不无可议之处。一是搜集还应继续，选目还应扩展。作者曾拟名此书为“初编”，即寓有需进一步充实完备之意，所选之诗人及诗篇虽远远超过前人，但仍嫌不够，钩沉索隐，尚待来日。有些资料，如方志、诗集、笔记之类尚大有挖掘之潜力，个别篇目还有斟酌去取的必要。二是注释功夫虽然用力甚勤，但还应加强，特别在略读者所熟知、详读者所未知方面尚可改进。当然古籍注释是一件十分艰巨复杂的科研工作，任何高手也难免出现纰漏，但多下苦功夫，尽量争取完善还是可以办到的。希望续编在已取得的丰硕成果的基础上更臻完善。

总之，我认为《清代东北流人诗选注》是一部成就斐然的拓荒之作，是研究清诗和清史的一份可喜成果。熔文学选本与历史教材于一炉，使二者相得益彰，可雅俗共赏，而有功学林。因此值得我们重视和欢迎。

清代黑龙江将军与东北边疆治理*

——《清代黑龙江将军传丛书》序

东北是我国重要的边疆地区之一。它所处地理位置独特，与中原相距最近；地域辽阔，南北贯通，无门庭之限；生态资源丰富，可耕可牧可渔可猎。这里，自古以来就是游牧、渔猎及农耕诸民族世代生息的家园，相互角逐的舞台。

东北地区的肥土沃野，培育出一代代强族，不断崛起，雄飞中原，如鲜卑，如契丹，如女真，如蒙古，如满洲等，先后占有北方半壁，或一统天下。在中国漫长的历史进程中，东北长久地处于战略地位，不断给中原王朝注入强大影响，甚至决定其盛衰或兴亡。

东北之重要，朝鲜李氏王朝中有识之士做出这样的评论："天下安危常系辽野：辽野安，则海内风尘不动；辽野一扰，则天下金鼓互鸣……此所以为中国必争之地，而殚天下之力守之，然后天下可安也。"(《辽东大野记》)

中国人感同身受，也做出了同样的判断。明朝镇守辽东的巡抚王之浩说："辽……中国得之，则足以制胡；胡得之，亦足以抗中国。故其离合实关乎中国之盛衰。"(《全辽志·序》)

所谓"辽""辽野"，确指辽东，相当今之辽宁省境。在清以前，东北还没有一个整体性的统一名称，只有辽东为历代所通用，或指为行政区划，或用为地区名称。在辽东以外，即今吉林、黑龙江两省，除少数民族建立政权，有过短暂的行政区划名称，并无一个与辽东并列的通用名称。故上述引文中的"辽"，亦泛指东北。古人洞察东北的战略价值，其识见当不在今人之下。

---

* 原载《东北史地》，2012年第3期。

至清，尤重东北，更远胜历代。东北为清朝的发祥地，还是满洲及其先世的古老故乡。清朝视东北为其“根本之地”，而盛京则是“重中之重”。清入关后，设盛京为陪都，并开始在东北区划设治。先于盛京设将军衙门，几度更名，最终定为镇守盛京等处将军衙门；顺治九年（1653），再设吉林等处将军衙门。吉林之名，沿用至今。其时，黑龙江地区尚未设治，归于吉林将军衙门管辖。30余年后，迟至康熙二十二年（1683），为反击沙俄入侵，正式设黑龙江等处将军衙门，标志清在东北基本完成行政设治。一改历代在此两个地区所行羁縻之策，正式派将军，设首府，驻八旗，收赋税，纳入国家行政管理体制，在中国编年史上，第一次真正实现了中央王朝对盛京、吉林、黑龙江地区即东北的完全统一。直至光绪三十三年（1907）四月，东北三将军衙门改设行省，比同内地，以东三省总督统辖，从而完成了管理体制与内地“一体化”的历史变革。

比较历代统治东北，唯清代统治最长久，以其完善的管理体制，实行一系列治边措施，推动并加速东北社会的变迁。特别是近代以来，东北经济发展突飞猛进，领先于诸边疆，成为最富庶的边疆地区。不言而喻，清代东北二百多年中所发生的变化，无不与一代代东北三将军的有效管理及其实践息息相关。这就提出了一个有价值的研究课题，即以东北三将军为研究对象，展开系统而深入的研究，用以阐述有清一代东北历史与文化演变的历史进程，有助于揭示东北地区的历史真相。

东北地方史学者对东北史的研究已经做出了显著的成绩，取得了长足的进展，但对东北三将军的研究尚未启动。在东北三将军衙门存续的220多年中（最早建将军衙门的盛京将军已达250多年），任此职位的将军几近400人。除个案研究，尚缺乏“群体性”研究。例如，将这些将军们的生平事迹写成传记，即是其中之一。黑龙江省齐齐哈尔的学者们捷足先登，率先包揽有清一代120多位黑龙江将军，编纂《清代黑龙江将军传丛书》，打开此项研究的新局面，开了一个好头，适足以起到示范作用。

在东北三将军中，黑龙江将军居于特殊地位。首先，黑龙江将军所辖之地，与中央王朝政治中心相距遥远。无论是远古，还是清以前；无论是清代与沙俄划界前，还是划界后，黑龙江流域都被称为我国东北的“极边”之地。古代交通不便，鞭长未及，一旦发生不测之事，难以迅速得到中央王朝的指令，如需支援，也难以迅速到达。这是黑龙江将军之处事，较之盛京、吉林两将军更难。其次，这里自然条件虽说资源丰富，但气候更严酷，冬季漫长而寒冷，生存条件远不如盛京与吉林两地区优越，以至地广人稀，除游牧、渔猎等少数民族，长期以来，汉人少见。这又使黑龙江将军为政之难，又难于盛京与吉林两将军。最后，更难更具危险性的是与沙俄为界，直面野蛮、贪婪，也更具侵略性的沙俄，其处境远比盛京与吉林两将军更严峻。与沙俄分界，是在沙俄入侵我国东北黑龙江地区之后，清军首度激战雅克萨，才迫使沙俄于康熙二十八年（1689）与清朝签订《尼布楚条约》，是为中国历史上首次与毗邻的国家划分边界。自此，黑龙江遂成名副其实的边防重地，在此任职的一代代将军们也置身于边防最前线，负有守土之责，亦比盛京、吉林二地区的将军更重；办理外交、解决与俄的各种边务问题，又多了一份重要职责。

显而易见，研究黑龙江历任将军们的实践活动，其内容尤为丰富，特别是在抗击沙俄一次次入侵的斗争中，更见英雄本色。如，首任黑龙江将军萨布素，率军反击沙俄侵占我国的雅克萨，建树功勋；至近代，光绪二十六年（1900），当沙俄大举进攻，寿山将军组织军民奋起抵抗。在兵败之后，愤然自卧棺材，吞金自杀殉国，死得十分惨烈。他们中还有一些将军为治边、开发边疆做出了显著的业绩，因而推动黑龙江地区的经济向前发展。当然，并非个个将军皆英雄，实际上，也有庸懦之人，亦有不廉不清之辈。如同其他群体一样，黑龙江将军群体，也是形形色色，不一而足。他们的将军生涯，各种实践活动，都在《丛书》的各个将军的传记中得到了充分的评述。认真总结他们治理边疆的正反两个方面经验教训，充分认识他们的品质作风，对于当代人，确有参考与借鉴的重要价值。

这部《丛书》，较为翔实地展示各个将军在黑龙江的历史活动，如果把他们各自在黑龙江的历史相互联结起来，就组成了一部清代黑龙江地区的全史。若了解该地区的历史，或了解每位将军的生平事迹，这部《丛书》值得一读。同时，它也为史学工作者研究清代黑龙江地区史提供了新思路。

黑龙江齐齐哈尔地方历史学者首次编纂这部大型人物传系列，颇具创新的学术意义。但这仅仅是开始，有待于展开深层次的学术研究，给予每位将军以准确的历史定位，给予他们以中肯的评价。若达到这一目标，进一步深入挖掘史料是必不可少的。例如，将军们在黑龙江任职，他们向朝廷的奏疏必然不少。除了《清实录》略有记录，大都保存在黑龙江省档案馆与中国第一历史档案馆。无疑，这些难以计数的档案，是研究黑龙江将军的重要的史料来源。在这方面，还有许多工作要做。我期待齐齐哈尔地方史学者继续努力，为地方文化的发展做出多方面的贡献。

《丛书》编纂成功，可喜可贺。是为序。

《明清史学术文库》序言*

一百年前的1912年，清朝覆亡，宣统帝退位，中华民国建立，标志着统治中国长达两千多年封建帝制的终结。中国历史迈开了前进的脚步，中国人民觉醒奋起，在近代化的征途上努力前进。

伴随着清王朝的覆灭，中国的一大批学者对中国封建社会的最后两个王朝——明朝和清朝的历史进行了认真、系统的研究，章太炎、梁启超、孟森、钱穆、萧一山、蒋廷黻、郭廷以、郑天挺、吴晗、罗尔纲、王钟翰等学术前辈在明清史处女地上披荆斩棘、辛勤耕耘，为明清史学的发展奠定了基础。改革开放以来，学术界百花齐放、百家争鸣，以马克思主义为指导不断地解放思想，积极吸收外国的研究思想和方法，使我国明清史的研究出现了前所未有的长足进步，涌现出一批有价值的学术著作。但在当时，中国或者尚在战乱时期，或者尚在建设的探索时期，经济贫穷，文化欠发达，学术著作的印刷数量不多，流传不广，不利于学术交流和明清史研究更深入的发展，故而故宫出版社将多年来明清史专题性研究著作纳入《明清史学术文库》，重新修订再版，力求涵盖民国以来各个时期的学术大家及其代表性著作，目的就在于将涉及政治、经济、文化、社会生活等方面的研究著作汇集一起，以此反映明清社会的整体状况，为学者深入研究明清时期的社会状况提供学术平台。

明清两代，时间长达五百多年之久，道路崎岖，变化迅速，人物和事件丰富繁多，是最接近今天现实的历史，生产力已有相当发展，居于当时世界各国的前列，社会结构和各种关系已相当复杂，人口众多，经济繁荣，交流频繁，财富充盈，各种事业兴旺发达。

---

* 原载《明清史学术文库》，北京，故宫出版社，2013。

至康雍乾时期，中国历史发展到最高峰。但社会中的各个领域存在着缺陷，各种主客观条件尚未具备，整个社会难以协同推进，阻力重重，举步维艰，所以未能进入近代化的轨道。中国坐失了西方世界在18世纪所抓住的社会进步的良好时机，这是中国的不幸，也是我们前几辈先人痛心扼腕、力图奋起直追的动力和原因。今天，我们正在建设中国特色社会主义，成绩辉煌，但前途还有许多艰难曲折，需要我们奋斗拼搏，晚近明清历史上先辈们走过的崎岖道路值得我们回顾、反思、探索、研究，以利于后人的继续快步前进。

在中华民国成立以前，明清史虽已编纂了许多重要的档案资料，但研究尚在起步阶段，历史编纂中充斥着对本朝的歌功颂德和对前朝的诋毁。民国以后的明清史研究则有了重大的进步。其进步主要可举出三个方面：

第一，改变了形而上学和英雄史观，逐渐以社会进步史观和马克思主义唯物史观来研究历史；改变了停滞不动、堆砌史料、罗列历史事实，不讲究前因和后果，不揭示历史发展的客观规律，强调英雄创造了历史而忽视人民群众的生产斗争、阶级斗争，不能给人以真实的历史知识的做法。历史是人类进步的活动，是人民群众艰辛创造和英勇斗争的进程。经济活动是人类社会的基础，而政治、军事、法制、文化、思想都是其上层建筑，将会或早或迟地随着经济基础的变化而变化。20世纪初社会进步史观和马克思主义唯物史观的出现，大大改变和推动了中国历史研究，明清史研究领域出现了许多高水平的、科学的、实证的著作。

第二，研究领域的扩大。自民国以来，明清史研究的领域不断扩大，不仅着重于帝王将相活动，不仅有内外战争、官场升贬、刑律惩治，也不仅宣扬封建的纲常伦理，还涉及中央和地方的典章制度、兴废沿革、官阶序列、财政收支、赋税征收，人口的增减迁移，城镇的设置变迁；经济方面有农林牧副各业的状况，开垦和耕作记录，各种传统的手工业和商业，以至近代工厂、矿场的兴起，电报的设置，火车轮船的建造；军事方面，有八旗、绿营、团练、湘军、淮军以至北洋水师、小站练兵等；文化方面，既有诗文辞赋、绘画书法、人物传记，又有昆曲、京剧、小说、唱本各种民间艺术；加之民族、法制、科学、宗教、城市、乡镇、风俗习惯、生态海洋等方面。各种研究无所不包，覆盖了各个社会历史领域，使得每朝的史书类似于百科全书型的著作，可以阅读和寻找到各种各样的知识。

第三，史料的整理和发展大为进步。民国以后，大内档案公之于世，其数量达一千万件以上，其中尤以清朝的档案与史料为多，它们的大量公开出版为后人提供了无穷的研究宝藏。档案和各种史料是认识和研究历史的重要载体，只有对它们进行积累、分析、辨识、考证，才能揭示出历史的真相。近百年来，收集、保存、整理和利用这些珍贵的历史资料取得了很大的成绩，使我们对五百多年的明清历史有了许多新的重要的发现和认识。

故宫出版社作为故宫博物院的下属部门，把服务和促进明清史和故宫学研究作为自己的责任和义务，并为此做出了不懈的努力，坚持资助出版《明清史论丛》，还抽出人力、物力出版了《明代宫廷史研究丛书》等一批颇具特色的明清史著作，逐渐成为明清史研究成果的一个重要的出版阵地，为明清史研究的深入发展做出了积极贡献。相信本丛书的出版，无论对史学工作者还是普通的史学爱好者，都是一个极大的便利，必将对明清史学术知识和研究的深入发展与广度普及，产生积极的影响。

《清人笔记随录》序言*

尽多日之力，我匆匆地读了来新夏先生的新作《清人笔记随录》，它将我引进了一个饶有趣味的知识境界，大则国计民生、军政要事、典章制度以及经史议论、科场掌故、风土人情、园林佳胜、里巷习俗、世态炎凉，直到谈狐说鬼、脂粉灵怪、因果报应。中国传统封建社会生活中的众生相毕呈于眼前，绘声绘色，光怪陆离，包含了巨大的信息量。我以前也读过不少笔记，但从来没有这样一下子集中接触到如此巨大的数量。来新夏先生此书著录的笔记作者有一百四十余人，有的作者所写笔记有两三种，甚至五六种之多，因此全书谈到的笔记总数将近二百种。清代笔记数量很多，二百种远未囊括清代所有的笔记，但数量已是洋洋大观，可称是清代笔记的渊海。

笔记在我国古代著作中是一种特殊的体裁，传统书籍的分类中并无笔记一类，因其内容庞杂，界划不清，经史子集不知分属何类。有的笔记入杂史类，如冯甦的《见闻随笔》、杨捷的《平闽记》，《四库全书》皆入于史部杂史类；有的笔记可入地理类，如高士奇的《金鳌退食笔记》、吴绮的《岭南风物记》、方式济的《龙沙纪略》、厉鹗的《东城杂记》，《四库全书》皆入于史部地理类；有的笔记可入儒家类，如程大纯的《笔记》、范尔梅的《读书小纪》，《四库全书》入于子部儒家类；有的可入小说家类，如王晫的《新世说》、钮琇的《觚賸》、吴陈琬《旷园杂志》，《四库全书》皆入子部小说家类。更多的笔记则归于杂家类。笔记最明显的特点就是内容杂，大千世界芸芸众生，兼收并蓄，无所不包，凡无法按内容界划分类的，

---

* 原载来新夏：《清人笔记随录》，北京，中华书局，2005。

都可以归进子部杂家类。因此，我们在《四库全书》子部杂家类可以看到各种类型的“笔记”，如：顾炎武的《日知录》，姜宸英的《湛园札记》，王士禛的《居易录》《分甘余话》，张贞生的《唾余随录》，张文炳的《公余笔记》，高士奇的《天禄识余》，徐昂发的《畏垒笔记》，谈迁的《枣林杂俎》，张尔岐的《蒿庵闲话》，宋荦的《筠廊偶笔》，陆廷灿的《南村随笔》，魏裔介的《佳言玉屑》，赵吉士的《寄园寄所寄》，黄叔琳的《砚北杂录》，等等。这些笔记体例不一致，价值有高下，有论有叙，或庄或谐，《四库全书》都把它们纳入子部杂家类；并且条分缕析，谓：“杂之义广，无所不包……以立说者谓之杂学，辨证者谓之杂考，议论而兼叙述者谓之杂说，旁究物理、胪陈纤琐者谓之杂品，类辑旧文、途兼众轨者谓之杂纂，合刻诸书、不名一体者谓之杂编，凡六类。”《四库全书总目提要》子部杂家类某种笔记，如果按照传统的分类法去寻找，真不知道该在何部何类中去搜检。

大多数笔记篇幅短小精悍，每则记叙，长则数百字，少则几十字，简单明快，很少千字的文章，更无万言书。史梦兰叙述自己写作《止园笔谈》的情形：

> 园居无事，惟以卷轴破寂，偶有所触，辄赫蹄记之，以备遗忘。客至则借为谈柄，谈之快意，则相呼浮一大白。遇有以杂事、异词、琐语相告，可以资劝惩、广见闻者，亦收拾缀辑，付之毛生，积久成帙，遂亦忘其为我谈、为客谈、为今人之谈、古人之谈，而概目之为笔谈云。

大多数笔记都是在这种环境、心态中兴之所至，随笔书写，情意率真，较少做作，故多清新可读。读笔记就像是听讲有趣的故事，展现情节生动曲折，跌宕起伏，描写人物栩栩如生，惟妙惟肖，可以增加历史和生活的知识，又可以得到艺术的享受，许多笔记都是上佳的文学作品，如纪晓岚的《阅微草堂笔记》、张潮的《虞初新志》、梁绍壬的《两般秋雨盦随笔》等。

笔记中所记保持较多的真实性，因为作者或闲居自娱，或消愁解闷而作笔记，无心沽名传世，亦非刻意著作，故无所避讳，无所顾忌，无所掩饰，能透露某些真实情况和真实思想，比起官方史书更加可信。如嘉庆十八年，河南滑县天理教抗清起事，史载滑县知县强克捷死难，清廷优礼褒恤，赐谥立祠，但在张昀的笔记《琐事闲录》中却有不同的记载：

> 封丘邑侯全大令福与强公（指强克捷）戊辰通谱。强公逃至封署，拟为恢复计，比闻滑邑既失，公之眷属已阖门遇难，即欲自尽。全大令再四阻之，且百计防范，所以潜居二十余日，迄无知者。及恤典既下，全不得已，始具宴邀强公痛饮。二更后，延至花厅，将衣裳棺椁妥为料理，握手拜别，强公乃从容捐躯。吁！亦悲矣。

尽管张昀对强克捷充满了同情，但毕竟写出了事情真相。原来强克捷并未慷慨殉节，而是逃到封丘县，躲藏二十多天。等到朝廷封恤令下，他无法再在人世露面了，才不得已自尽。当然，笔记中所记内容，因为信笔所写，作者或未能核实，或有传闻失实或记忆有误的地方，甚至还有故意造作赝品的笔记，如记载太平天国的《江南春梦庵随笔》与《燐血丛钞》二书，是并不了解太平天国内部情形者所写的做伪之书，已由罗尔纲和祁龙威两位先生考证阐明，来新夏先生也将此两部伪书剔除，没有放在本书之内。

笔记最重要的功能是补正史之不足，历史上很多大事为正史所不记或少记，笔记作者常能据其闻见透露更多的信息。如朱子素的《嘉定县乙酉纪事》，记载清兵下江南，三屠嘉定城，“直书北兵淫掠屠戮之惨状，无所忌讳”，城内外死者二万余人；王家桢的《研堂见闻杂录》记载清初科场、哭庙、奏销、通海、庄氏史案几次大狱，惩治严酷，罗织极广；萧奭的《永宪录》记雍正朝史事，详于雍正杀弟和年羹尧、隆科多事件，邓之诚先生赞其为信史，说：“使多得类此之作，史之征信，为不难矣，而惜其不可得也”（邓之诚跋文）；陈昙的《邝斋杂记》、薛福成的《庸庵笔记》记载抄没和珅之家产，可比较其详略异同；叶梦珠的《阅世篇》、钱泳的《履园丛话》记载田价、米价、银价以及其他物价之涨落，可以了解清代的经济和市场情况；王韬的《瀛壖杂志》、畹香留梦室主的《淞南梦影录》记载鸦片战争上海开埠后之经济繁华、风俗奢靡；李斗的《扬州画舫录》、顾禄的《清嘉录》、陈作霖的《凤麓小志》记载扬州、苏州、南京的风土人情、园林胜地；张祥河的《关陇舆中偶记编》叙述北京宣南诗社结社的始末；昭梿的《啸亭杂录》对朝政国事耳熟能详，娓娓而谈，如数家珍，可当作康雍乾盛世的别史阅读，其中所谈的很重要历史情况是官书和正史难以见到的。

来新夏先生是史学大家，勤奋治学，见闻广博，识断精审。他写作此书，有长期的积累，平日读书，时有所得，笔录整理，已积稿成帙，不意十年浩劫中，投之祝融，悉遭焚毁，痛心饮恨，情难自已。但来先生壮志不灰，理念常青，深自激励，愈挫愈奋，重理故业，几乎从头做起，使我想起明清之际史学家谈迁稿件被窃、重新写作的故事，其执着追求之心志，令人感佩。“文化大革命”以后，来先生的作品更加成熟、更加繁富，《清人笔记随录》即是其中的一种。他研究清人的笔记，大力考证其作者，详尽介绍其内容，精心甄别其版本，还有许多别具新见的评说议论，足以窥见作者的功力与识断。例如，李慈铭诋刘献廷的《广阳杂记》，“糅杂无序，偶一考古，大率浅谬”，来先生不以为然，为刘献廷辩护，称此书“识见甚新颖可喜。他的厚今、求实之说是当时不可多得的高论”。而李慈铭为人狂傲怪僻，他所写《越缦堂日记》，读书甚广，多有新论，亦为人诟病，鲁迅先生即评其“做作”，而来新夏先生对李慈铭的《萝庵游赏小志》评价颇好，称其“文笔优美，清新细腻，可当游记美文读”。可见，他评论作品，能够分别对待、客观地做出评价判断，而不是人云亦云，一笔抹杀。他对上乘的笔记评价甚高，如顾炎武的《昌平山水记》精于考证，王庆云的《石渠余记》“信而有征”，薛福成的《庸庵笔记》“涉笔谨严”，方式济的《龙沙纪略》为“舆地不可少之本”，李斗的《扬州画舫录》“远胜他书”，姚莹的《康辎纪行》为“近代探求新知者”，刘玉书的《常谈》“入理坚深……独具一格……不得以其无所知名而忽其论述”。寥寥数字多能洞中肯綮，令人信服。

对于一些名人所写的名作，来新夏先生也不是盲目推崇，而是实事求是地指出其缺点，如梁绍壬的《两般秋雨盦随笔》是清代畅销海内的著名笔记，读者甚众。来先生虽然也推崇此书采择广博，雅善诗文，但批评它“格调不高，内容芜杂”；焦循是清代中叶著名学者，但所写笔记《忆书》也受到了来先生的批评，说其书帖部分“尚可资考证”，“其他各卷类多怪诞不经之事，或语涉因果报应，似不足以与焦氏著作之林”。又如高士奇的《天禄识余》也是一部著名的笔记，来先生评“其书……虽涉面广而未加类次”。

来新夏先生对笔记作者的考证，版本的介绍，钩沉索隐，甚见功力。如《阅世编》的作者叶梦珠，本不知其生卒年，来先生从《阅世篇》的《金伯固先生》一文中获知明崇祯七年（1634）金伯固设塾于上海城南，叶梦珠前往就读，叶时年14岁，因考见叶梦珠当生于明天启元年（1621）。《阅世篇》中又记载了康熙三十年以后事，因推知叶梦珠活到17世纪90年代，享年七十多岁。又笔记《溃痈流毒》辑集有关鸦片战争之文献，本不知辑者为谁，书中有鹤间评语，或称鹤间居士，亦不知何许人。来先生在读道光后华亭王氏族谱时，发现附有王清瑞《鹤间草堂主人自述苦状》，又从此文中见“余辑《溃痈流毒》一书，详载始末”及题诗内称“《溃痈流毒》谁所为，嗟尔载编空激切”，这才考定此书辑者是王清瑞。又查到王清瑞后改名王清亮，字慕筠，乾隆五十三年生，江苏青浦人，一生以游幕为业。由此可见，来新夏先生读书甚广，且细心用功，故能触类旁通，找到解决疑难的佐证。

来新夏先生对书籍的版本流传也十分看重，许多笔记多寻根溯源，访查各种版本，如查慎行的《人海记》，咸丰年间张士宽得其稿本“断烂丛杂”，张士宽为之校刊，认真精细。据张士宽说：“此书向未刊行”。但来新夏先生查找到道光《昭代丛书》壬集补编及沈氏世楷堂刊本等数种书籍，均在张士宽之前所刊，可见张氏之说不确。又如褚华的《沪城备考》，纠正上海县志之缺失，极为有用。该书在褚华生前并未刊刻，褚殁后，书归杨藻江家所有。至嘉庆时上海藏书家梅益征借得其原本，但已错乱缺失，且删改甚多。梅益征“细寻涂改之迹，融会参订，悉依原本足成之，得五门六卷。是《沪城备考》之成书，梅氏与有功焉”。但梅氏亦未能刻印此书，故叹曰：“噫！录之者尚有人，刻之者谁乎？”至光绪初，始由上海申报馆以活字本问世，但脱讹较多，未为善本。1935年上海通社又取旧家抄本，校其讹误，录其未刻，收入《上海掌故丛书》中，始得窥其书之全貌。由于来先生之求索考证，《沪城备考》之成书和传刻之曲折始末，方为世人所知。

清代笔记为研究清史极重要之资料，前辈谢国桢、张舜徽先生均有著作，创开辟蹊径之功。来新夏先生继谢、张之后，裒辑之广，用力之勤，心得之多，蔚为大观。

此书之后附《清人笔记中社会经济史料辑录》，广征博引，收集了许多重要史料，可供阅览引用，给后来的研究者提供了便利。总之，来新夏先生的《清人笔记随录》一书不仅是清史研究者所必备，即使业余爱好，工作之暇，消遣翻阅，其中朝章国故、风土人情、奇人文士、隽语逸事，亦可以增长见识，以资谈助。是为序。

《考证学集林》序言*

祁龙威教授是我的同乡，同生长于江苏常熟，同受业于金鹤冲叔远先生门下，他稍长几岁，是我的学长。我们相交已四十多年，经常切磋学业，交流心得。他为人豪爽热情，常常操着浓重的常熟方言，抒发新见，议论风生，一座为之动容，我从中受益甚多。

龙威同志治中国近代史，尤致力于太平天国史，著作甚丰。他学识渊博，多才多艺，曾受过文字音韵学的训练，遍览古代经典，娴熟传统学术，尤精于考证。他青少年时代即在一个传统文化浓郁的环境中成长。我们的老师金叔远先生是邑中饱学宿儒，正直耿介，以教书为业，生活清贫，淡泊名利。1946 年夏，我去北京大学历史系学习的前夕，曾从金先生学《史记》两个月，学生只有我和何鼎新同学二人。金先生的教学方法很特殊，他要求我们每天用朱、蓝二色毛笔先圈点阅读《史记》若干页，第二天和我们讲解讨论。圈点阅读时，我只识其字句，知其大意，经讲解讨论，我才能深入理解篇中的精意，金老师就是这样引领学生们步入学术的殿堂。这两个月的学习，使我得益匪浅，可惜时间太短，未能得叔远先生真传。龙威学长在金先生门下，较我为早，时间也长得多，与叔远师关系密切，我很羡慕他长时间得到名师的传授，所以形成了深厚的学术根底。

还有，我常听龙威同志谈起他的表亲杨无恙先生。杨是常熟的名士，极有成就的诗人，龙威同志与他谊属近亲，从杨求学问业，故学问精进。我也认识无恙先生，那是 30 年代末，避日寇之难，

* 原载《扬州大学学报》，1998 年第 2 期。

迁居上海，与杨家住屋相邻，我还是初中一年级的小孩子，尚不识无恙先生的诗赋辞章，但我的父亲对无恙先生极为尊敬。杨家住地虽狭小，生活也不富裕，家中却经常高朋满座，常招集一批友人吟诗作画，虽在国难期间，也不废诗文会友，我不知道龙威同志曾否参加过无恙先生招集的此类雅聚。又龙威同志青年时代即与章太炎弟子王仲荦、朱季海等前辈论交，英年早慧，饫闻笃学之论。

龙威同志青少年时代在这样浓郁的文化氛围中成长，和这样有学问的师长亲友相交往，环境优越，得天独厚，耳濡目染，蕴深涵厚。再加上性喜文史，勤奋钻研，所以有非常扎实的国学基础。我阅读母校孝友中学校史前几班校友名单中，祁龙威的名字赫然在目，他是当年全校名列前茅的高才生。

这部《考证学集林》，是龙威同志运用考证方法研究历史的心血所萃。考证学是我国的传统学术，宋代司马光作《资治通鉴考异》，明代陈第作《毛诗古音考》，这些是早期的考证学著作。至清代，顾炎武、阎若璩、惠栋、戴震、钱大昕、王念孙、王引之将考证学发扬光大，成为清代学术的一大特色。龙威同志说："考证乃是占有史料的方法，包括收集史料、比较史料、归纳史料等过程，乃是历史研究者不可缺少的基本功之一。"历史是早已逝去的人物和事件，历史学家不能参与历史，也不能在实验室里复制历史场景，而只能通过史料去认识历史、研究历史。因此，占有史料是历史研究中最基本、最重要的一步，离开了大量并经过考核的确凿史料就谈不上再现历史的真实，谈不上恢复历史的本来面貌。

但是存留下来的史料，数量浩瀚，分散在各个地方，有档案、书籍、报刊、碑刻、实物等等，记载的内容多有分歧，真伪杂出，精粗并陈。一件事实、一个日期、一位人物，有时不同记载达十余种之多，前后矛盾，相互抵牾，莫衷一是，这就需要历史学家从多方面进行核实考证，辨其真假，正其讹误，补其脱漏，定其是非。考证工作是一项既繁难又琐屑的工作，但它是历史研究不可超越、不可缺少的重要环节，没有了考证，就没有了信史。

距今二百年前，清代乾嘉学派是我国考证学的集大成者。当时，考经证史，蔚然成风。阎若璩考伪《古文尚书》，推倒了儒家奉为权威的十六字心传；戴震考《水经注》，发明了判别经注混淆的义例，使原书豁然贯通；钱大昕考二十二史，订讹补缺，抉疑发覆，纠正了正史记载中的许多谬误；王念孙、王引之父子考古代经典“一字之证，博及万卷，折心解颐，他人百思不能到”（阮元：《王石臞先生墓志铭》）。乾嘉学派把考证学发展到高峰，对中国的传统文化做了清理和总结。

考证学运用人类理性的力量思考、核查、研究学术，强调实事求是，重视证据，无征不信。凡立一说，必多方搜集证据，包括本证与旁证，有了充足的证据，才敢下判断，无证存疑，孤证不立，遇有力之反证，则必修改成说。这种方法依靠逻辑的证明、理性的推导，归纳证据以寻求结论，不尚浮议，不涉虚诞，不盲从权威，不凭借主观感悟，与近代科学精神相接近，排斥蒙昧主义、宗教信仰和超自然的认知方式。近代著名学者梁启超、王国维、陈垣、陈寅恪、胡适等除接受西方学术的影响外，均广泛地吸收了乾嘉学派的研究成果与方法。马克思主义的历史学家同样也把考证看作历史研究的基本工作，运用考证和归纳的方法可以从辨别事实真伪、叙述历史过程过渡到揭示历史的规律。考证学的原则与唯物史观相通，郭沫若、范文澜、翦伯赞等历史学家也受到传统考证学的影响。

做考证工作要有两个条件：一是学问渊博，见多识广，能从各种文献和实物资料中搜罗爬梳，广征博引，寻找更多的证据。尤其要懂得小学，识字审音，乃能辨证经史。二是有科学头脑、逻辑训练，认真求证，严密推理，一丝不苟。下一判断，如老吏断狱，客观冷静，不杂成见，不带感情。龙威同志具有这两方面的优长，故而他运用考证方法治中国近代史，能得人所不能得，能见人所不能见，能言人所不能言。

由于中国近代史史料繁富，记载杂出，矛盾分歧之说极多，而做考证工作的同志极少，故龙威同志这部《考证学集林》实有筚路蓝缕、开辟榛莽之功。书中不仅考订史实，对辨别伪书做了很切实有益的工作，还总结考证学的原则，介绍考证学派和考证学家，为治考证者指点门径，提供知识，传授方法，这部书是对中国近代史和考证学的有力促进和重要贡献。今值《考证学集林》即将出版之际，聊缀数语，以表祝贺。

《清集簿录》序言*

1982年夏，为了解清代书籍、史料、档案的存佚、整理情况，中国人民大学清史研究所的四位同志到南方各省进行局部地区的调查。他们回到北京以后告诉我，听湖北省图书馆的同志介绍说：北京有一位同志，以业余时间研究清人诗文集，孜孜不倦，搜罗极广，伏案著录，已达十年。这个消息引起我极大的兴趣。经过打听、查找，终于找到了这位同志，他就是人民日报图书馆的柯愈春同志。

我对此很感兴趣，这是因为我治清史多年，接触了一些清人诗文集，知道其内容的丰富与可贵，对于清史以及中国文化遗产的研究甚有价值。清人诗文集，浩如烟海，分散庋藏各地，有些还是未印行过的稿本、抄本。随着时间的推移，这些可贵的书籍，不免水渍虫蚀，霉变损坏，正从人世间佚失。我十分希望对这笔浩瀚的文化遗产进行调查、摸底，以后进一步整理、辑录，但此项工程极大、非少数人、短时间所能蒇功，没有想到柯愈春同志单独一人，并以业余时间，已在从事这一工作，其坚韧不拔、勤奋刻苦的精神，实可令人敬佩。

以后，我和柯愈春同志多次晤谈，听他讲了编写过程中的困难和问题，并阅读了部分初稿。此书搜罗广博，编次有序，著录明晰，叙述扼要。我将他的部分初稿和其他同类书籍粗略地做了比较对照，柯愈春的成绩远远超过同类书籍。

我以前一直弄不清楚存留在世的清代文集究竟有多少。五十多年前，王重民先生编《清代文集篇目分类索引》仅收书428种；张

---

* 原载《文献》，1989年第1期。

舜徽先生著《清人文集别录》，收书670种，其自序称“所得寓目者，才一千一百余家”；郑振铎先生性好聚书，节衣缩食以至典物举债，竭力搜求，所得清人文集八百多种，并多次慨叹收藏清集艰难；陈乃乾先生从清人文集中录成《清代碑传文通检》一书，所见清人文集极多，他说：“南北各大图书馆所藏的清人文集，当在三千种以上”；徐世昌所辑二百卷本《晚晴簃诗汇》是迄今最宏富的清人诗选，收诗人6 100家，应是接触到了相当多的清人诗文集；孙殿起的《贩书偶记》与续编，著录清人文集约有四千种；《清史稿·艺文志》著录的别集1 685部，加上武作成的《清史稿艺文志补编》所收2 890部，两者合计为4 575部（其中尚应剔除辑录古人的散佚文集及重复著录者）；邓之诚先生去世前一年，撰成《清诗纪事初编》一书，据他本人所藏顺康时诗文集，著录作者六百人，所写介绍多有得之言。关于清集数量最多的记载，是东莞伦明，藏清人集子，几乎达到万种，不到三十年，都转卖散失（《周叔弢六十生日纪念集》）。这一记载是否确实，有待查考。外国人也早已注意到了清人文集的价值，七八十年前，日本有位藏书家搜集清代顺康以至嘉道时期的集子很多，有“清诗万卷楼”之称（叶德辉《藏书十约序》）。日本人西村元照于1972年编成《日本现存清人文集目录》，收录诗文别集2 650余家。

以前，已有不少人对清代文集进行收集或著录，而柯愈春同志的工作，自1972年正式开始，迄今已十八年，他寒暑无间，辛勤劳动，白天上班，夜深人静，或节日假期，别的同志正在休息游览，他却怀抱遍览清代别集的宏愿，独坐书城，目索手抄，著录存世的清人诗文集将及一万六千家，辑成《清集簿录》一书，所得远远超过了前人。他按作者生卒年代排列，其中有的一人数种、十数种以至数十种书，如按种数计算，现存清人诗文集不下数万种。真是浩瀚广博，洋洋大观，使我们得以探测清人别集的全貌，为学术研究提供可靠的线索和丰富的资料。

诗文集，亦即古代目录学中所称“别集”，是由个人的作品结集而成，通常包括论文、散文、游记、序跋、诗词，有时也包括奏疏、书信、公牍等等。一个人所著各种内容、各种体裁的作品几乎都可以纳入别集之内。马端临《文献通考》将别集析为诗集、歌词、奏议三门。乾隆年间修《四库全书》，馆臣以为“奏议皆关国政，宜与诏令并为一类，不宜别之于集”，于是移奏议入史部；又认为“歌词体卑而艺贱”，亦从别集类分出，而另立词曲类。

个人作品的结集，始于汉代，现存最早的《扬子雄集》《蔡中郎集》《诸葛亮集》《曹子建集》《嵇中散集》都是后人掇拾遗文补编，非作者自编或当时编成。自编诗文集始于江淹及萧衍父子，唐宋以后，编纂文集之风大盛。不少学者和藏书家也注意到了这类书籍的价值，有意识地收藏或著录前代及本朝人的诗文集。宋僧文莹收宋初至熙宁间文集二百余家；清初曹溶撰《静惕堂宋元人集书目》，载宋人自柳开以下一百八十家，元人自耶律楚材以下一百十五家之书。清初，黄宗羲、吕留良、吴之振、张自烈均注意收集宋明人文集，吴之振家产富裕，所得尤多，合吕留良所藏，刻成《宋诗钞》，收录诗人百余家作品，张自烈藏书三十万卷，其中明人文集很多。

诗文集之所以受到重视，正因为它有独特的价值。诗文集反映个人的思想、知识、行为以及所见、所闻、所感，上至军国大事，下至身边琐事，包含的内容很广泛，既是丰富的历史生活的记录，又是珍贵的文化遗产的宝藏。由于作者众多，他们的出身、地位、经历、职业、思想以及居住和活动地区不同，而诗文集中所收，或为文章，或为诗词，或为奏议，或为书信，所以内容的涵盖面十分宽广，涉及各个时代、各个地区社会历史、经济文化、民情土风以及许多人生活、思想的各个方面。

前人也有瞧不起文集的，认为文集的内容“参差庞杂”“后世应酬牵率之作，决科俳优之文，亦泛滥横裂而争附别集之名”（《文史通义·文集》），《四库全书总目提要》更认为除了少数人的文集，其余均可淘汰，因为“天地英华所聚，卓然不可磨灭者，一代不过数十人”，又认为“有明以后，篇章弥富，则删薙弥严”，理由是“阅时未久，珠砾并存”（《四库提要·别集序》），基于这种认识，四库所收明人别集只有二百部，而清人别集，除皇帝的御制诗文外只有四十部。

固然，文集数量很多，其价值高下各有不同，应做具体分析，但《四库全书》之所以“删薙弥严”是从卫道者的立场出发。在他们看来，天地间的圣贤就那么寥寥数人，天地间的道理也只有儒家经典上所说干巴巴的几条，其他的人物和言行都不关重要，没有传世的价值和必要。意见多了、思想活跃反而莫衷一是，有碍圣道，这是卫道者的逻辑。尤其是他们认为异端旁门的作品更是摒弃排斥，如一代才人汤显祖，被认为“才与学皆不逮”，风靡晚明文坛的公安派被认为“矜其小慧，破律而坏度”“相率而趋纤仄……论者比之诗妖”，思想界的怪杰李贽更是“狂悖乖谬，非圣无法……罪不容诛，其书可毁，其名亦不足以污简牍”（《四库全书总目提要》别集类和别史类，存目）。所以汤显祖的《玉茗堂集》、袁宏道的《袁中郎集》、谭元春的《谭友夏集》只列存目而不录其书，李贽的诗文则在存目里也找不到。四库馆臣们囿于时代的偏见，看不到在大量的诗文集中包含的珍贵思想和史料、丰富的民情和风俗以及人们真实的悲欢离合的感情。

更多的学者文士重视诗文集的价值，如顾炎武晚年，曾经自编诗集十二卷，诗中都有记述史事的自注，准备日后交给他的朋友王炜，他担心王炜不重视，亲自对他说：“此史也!”可惜这个本子没有传世（王炜《鸿逸堂稿》），现存的《亭林诗集》是顾炎武身后由他外甥徐乾学提供的。徐乾学是清朝显宦，对于涉及时事的原诗和自注，必多忌讳，当有大量删削。黄宗羲则说过“以诗补史之阙”，杜濬也提出“诗可正史之讹”。譬如清代顺康雍乾时代发生许多次科场案、文字狱，大批官吏、知识分子遭到杀害或流放，许多案件的始末，正史中很少涉及，在别集中却有详尽的叙述。又如民间疾苦，人们耳闻目睹、感受极深，写得很生动深刻，汪洪度的《菜人市》诗序说：“岁大饥，人卖身割肉于市，曰菜人。有客此乡者，赘某家，其妇忽持钱三千与夫，劝速归，已含泪而去。客不言，寻复踌躇，迹妇所往，已断手臂悬菜人市矣。向所持钱，乃以身售价助夫归途费者。”康雍间的诗人金埴描写监狱中的黑暗残酷，其《哀东狱》诗序中说："埴尝过山东州县，稔闻狱卒率以闸版拘囚人，子夜终夕不令转侧，罪之轻重勿论也。"如果将这些诗歌汇编成书，那将是反映社会弊端和下层生活的触目惊心的历史图幅。还有清代有很多官吏文人被流放到东北、新疆或其他边地，他们在艰苦的条件下，不废吟咏翰墨，将自己惊险坎坷的遭遇，哀怨悱恻的情感，奇特新鲜的见闻写成诗文，从中可以领略塞上雄浑壮阔的山林草泽，认识到人民和知识分子的深重苦难以及边疆地区的劳动和斗争生活。

诗文是一种很好的史料，可以证史、补史。如康熙时，郭琇参劾明珠、余国柱，这是当时的重要事件，但《清实录》内未载郭琇的劾疏。蒋良骐编的《东华录》，从郭的《华野集》中录出补入。又如郑成功坚持抗清斗争，清军造船备战，百姓苦于工役，吴嘉纪的《邻翁行》中写道："闻道沿江防敌兵，造船日夜声丁丁。工师困惫不得歇，张灯把炬波涛明。监使还嫌工弗速，如霜刀背鞭皮肉。肉烂肠饥死无数，抛却潮边饱鱼腹。"形象地描述了清廷对人民的役使和虐待。又沈德潜的祖父沈钦圻的集子内，载《秦良玉遗像诗》，诗中说："勤王兵残势穷蹙，子丧弟死一身独。连斩六贼力已殚，拔刀自刎身不辱。"秦良玉与张献忠战于四川，原来良玉是在"子丧弟死"的战场败境中自杀身亡的，与后修《明史》说她病死于家完全不同。沈钦圻与秦良玉是同时代人，他的说法应较可信。

清集同前代的别集一样，大部分已亡佚。《四库全书总目提要》集部总序中叙述历代别集亡佚的情况说："《隋》《唐志》所著录，《宋志》十不存一；《宋志》所著录，今又十不存一。"据柯愈春抄录方志所载清集书目，发现目前未见存世的，亦多至十之八九。清集大量亡佚，究其原因大约有三：一是自然淘汰。有名的诗人文士或有钱的达官贵人，他们的集子容易刻印。一般知识分子即使编写成集，很难刻印，故很多集子只有稿本、抄本，没有行世，便已亡佚。二是朝廷禁书。乾隆朝编修《四库全书》的同时，禁毁大批书籍，种数几乎与四库所收书相等，其中大量是"国初人伪妄诗文"。有些诗文集，朝廷并未禁毁，但作者的后人恐内容有违碍，惧怕招祸，自行焚书毁板。三是毁于兵燹。清中叶以后，战争频仍，如川楚白莲教起义、太平天国农民革命、各地少数民族起义，还有历次的帝国主义侵华战争，社会动乱达一个半世纪，战争中被毁的书籍也不在少数。

将清代文集中有价值的部分钩稽辑录，分类编次，提供利用，这是古籍整理的一项任务。郑振铎先生在《清代文集目序》中早就谈道："专治一经一史或一专门之学者，其亦必将有取于斯无疑也。辑序跋，则可自成一书；辑碑传，则可补缪、闵诸集；收诂经之文，则可成一弘伟之诂经文钞；录论史之作，则可集为史学史之资料。大抵竹头木屑，无不有用。"实际上这一工作早就有人在做，魏源为贺长龄编《皇朝经世文编》，所辑均清人文章。当代如钱仲联主编《清诗纪事》、谭其骧主编《清人文集地理类汇编》、张玉兴编《清代东北流人诗选注》，都是从清人的诗文集中搜寻和甄选材料，分门别类，录编成书的。

柯愈春同志半生精力尽萃于《清集簿录》一书，这是一项巨大而有意义的工程。还有一点值得提到，他从方志艺文、公私藏书目录、清人笔记日记及诗话等书中录出大量清人别集，并全面调查我国各地图书馆所藏的清集，在进行这番追踪寻迹、比勘核对的工作后，大体弄清了清代诗文集存佚情况和庋藏地点。这种方法在《隋书·经籍志》中已开其端，柯愈春将其运用于此书，不但便于我们寻踪利用，也使我们对清集现存的情况有所了解，因而增加了本书的学术价值。

《清集簿录》中叙述多而议论少。作者谨慎立言，本来没有什么不对。但本书还有一个引导读者利用清集的任务，如能对书籍的源流、内容、形式，作者的经历、思想做更详细、准确的分析、介绍，那就更好了。当然，这样的要求，工作量就要大大增加。只有柯愈春一个人，而且业余从事于此，条件又有许多限制，仅将清代别集眼过手摹一遍就需要艰巨的劳动和坚毅的恒心。《清集簿录》已为进一步的整理、利用打下良好的基础。我相信：在这一基础上，柯愈春同志和其他学者们将会继续前进，为发掘清代诗文集这一丰富珍贵的历史文化宝藏做出贡献。

《中华明清珍档指南》序言*

档案是历史正在进行过程中形成的各种文书，事后归档存贮，以便印证稽查。因此，它是历史活动的直接记录。我国古代十分重视档案的保管、整理和利用，许多杰出的学者都曾做过档案工作，或曾博览档案，故能博闻多识、著书立论。老子曾为周室柱下史，柱下史是周朝管理图书档案的官吏。孔子观百二十国宝书，“宝书”应是各国的史书与档案。司马迁为太史公，遍览汉皇家所存的国籍档册，撰成《史记》。班固为兰台令，作《汉书》，兰台也是存贮图书档案的机构。唐代设史馆，规定政府的重要档案要录送史馆存贮。清修《明史》，下令征集散失的明朝档案。可见档案与学术密不可分，档案是历史研究中最重要、最珍贵的第一手资料。

在造纸术发明之前，我国的古代文字刻写在龟甲兽骨、青铜铸器、缣帛竹木等载体之上。近代考古发掘得到大量甲骨文、钟鼎文、帛书、简牍，实即我国远古时代之档案，这些古代文字深埋土中数千年，幸未损毁而重新出土，是国家的稀世珍宝。

我国在地面上留存的纸质档案，时间较早、数量最丰富的应推明清档案，而尤以清代档案为数最多。这些档案时间已久，历经沧桑，屡逢劫难，播迁流散，至今保存幸尚完好。它是我国历史文化遗产的重要部分，具有很高的历史价值、文物价值和应用价值。今天，海内外学术工作者均深知明清档案的重要性，负笈而来中国第一历史档案馆阅读者络绎不绝。

但明清档案数量庞大，种类繁复，立卷众多，内容浩瀚，存世总数达 2 000 余万件，中国第一历史档案馆庋藏 1 000 万件，其余分

---

* 原载秦国经：《中华明清珍档指南》，北京，人民出版社，1996。

散在台湾、辽宁、吉林、黑龙江、四川、西藏等全国各地，而且种类繁多、名称各异。存世最多的是中央机构的官文书，有皇帝颁发的诏、诰、敕、谕、旨、朱批、廷寄、字寄、电旨，有大臣上呈的题、奏、表、笺、单以及各衙署往来的各种文书。清廷编纂的实录、方略、起居注、玉牒、舆图、档册等，内容涉及政治、经济、军事、民族、宗教、外交、文化、教育，以及天文、气象、环境、物产、水利、灾荒、地震、园林建筑、饮食服饰、医药卫生、宫廷礼仪、风俗民情等。明清档案是了解近五百年中国历史和中国社会最为巨大的信息库。

面对如此巨大而复杂的明清档案，初入档案馆，如果无人指引，将如坠入五里雾中，茫然不识门径，不知道怎样去查找所需的资料。秦国经同志的《中华明清珍档指南》介绍了有关明清档案的详细知识，帮助读者了解和利用档案，是开启和利用明清档案宝库的一把钥匙。就像国经同志在本书初版绪言中所说："我写这本书的目的，是把我对明清档案的研究和业务工作的经验公之于世，以便中外利用者更好地了解和查用明清档案；同时能促进全国各档案馆之间，特别是海峡两岸的档案业务和资料的交流，从而更好地管好用好明清档案，以期明清档案事业得到进一步发展，希望明清档案学这一专门学科更快地成长。"

《中华明清珍档指南》全面而系统地介绍了明清档案的形成、演变、数量、内容、类别、存贮与价值，逐个介绍了第一历史档案馆所存军机处、内阁、宫中、内务府、宗人府等重要的档案全宗以及分散在全国各地的各类档案，阐述了档案管理的各个工作环节，包括收集、保管、修复、统计、整理、编目、鉴定、开放、出版、缩微，并展望了档案的现代化管理和全国档案目录中心的建立等，原原本本，昭彰详明，条理清晰，言简意赅，内容切实而有用，嘉惠学人，诚非鲜浅。所以，本书 1994 年由人民出版社初版之后，不胫而走，销售一空，受到读者的热烈欢迎。

我和国经同志相识已久。1960 年国经同志毕业于中国人民大学档案系，长期从事档案工作，毕生精力奉献于明清档案事业。他勤勤恳恳，孜孜矻矻，长年累月地阅读、整理、研究，积累深厚，根基扎实、知识广博。这部著作是他长年探索之所得、毕生心血的结晶，也是科学地总结档案工作经验的优秀之作。

我是研究清史的，我自己以及我的同事和学生们经常去档案馆，得到国经同志的接待和指引，受益甚多。既敬佩国经同志的扎实知识和勤奋精神，又感谢他长期的帮助和指引，故在本书再版之际，略缀数语，以为序言。

《清代学术与文化》序言*

清代的学术文化涵盖面宽广，博大精深，流派纷呈，内容极为丰富多彩。它像一条汹涌奔腾的江河，汇百川细流，扩万顷洪波，浩浩渺渺，气象万千。有清一代的学者们，深入钻研，求真务实，在众多的领域中创造了光辉灿烂的成果，充实了我国的思想宝库。研究清代的学术文化是一项很有意义，但又艰难繁重的工作，因为清代载籍之富，学者之众，流派之多，领域之广，业绩之丰，为前世所罕见。而遗留存世的注疏、论说、考证、文集、札说浩如烟海，难以计数，超过其他朝代何啻十倍、数十倍。如何发掘、利用、研究和弘扬清代的学术文化，撷其精粹，以利于当前之文化转轨，建设社会主义精神文明，这是摆在我们面前的重大任务。

王俊义和黄爱平同志，是与我合作多年的同事和学生。他们从事清代学术文化研究已有多年，投入极大的力量，治学勤奋，成绩卓越，颇多创见。我读过他们的许多著作、论文，得益匪浅。这本《清代学术与文化》，上起明清之际，下迄鸦片战争，对清代学术文化的发展与演变，清代学术文化领域的重要方面和重大事件，清代各个时期、各个流派的主要代表人物，特别是对乾嘉学派的萌生、发展、成就、特色、蜕变、衰落，乃至今文经学的兴起，都做了翔实而具有创造性的阐明，原原本本，条理清晰，资料丰富，分析深刻，堪称学术史上的一部力作。

乾嘉学派是清代学术文化的主流，有其重要而独特的地位。过去的研究者对之批评较多，苛求太甚。实际上，历史上的每个学派均有其时代所决定的成就与局限。乾嘉学派由于所处的社会政治环

---

* 原载王俊义、黄爱平：《清代学术与文化》，沈阳，辽宁教育出版社，1993。

境，把自己的注意力贯注于古代典籍与文字上，进行具体的、孤立的研究，因而不少学者带有偏颇琐屑、脱离现实、在书本中讨生活、缺少整体观念的重大缺陷。但是，他们在自己的专业领域内勤奋不懈，铢积寸累，积百余年之功，成果极为丰厚。他们为整理、研究中国的古典文化做出了不朽的贡献，其业绩不容低估。

任何学派和学人研究自己的专业，都必须在很长时间内专心于一个狭窄的领域，全神贯注，不事旁骛，这样才可能取得光辉的成绩。因此，科学家摆脱世务，相对地离开现实，排除外来的干扰，这是必要而无可厚非的。科学有一定的独立精神和长远的价值取向，科学家埋头研究工作，不直接从事政治活动，也不一定时刻挂念学术文化的短期功利。诚然，清代学术文化在研究古代典籍方面达到了繁荣的高峰，而在自然科学、现实社会的研究方面大大落后于当时的西方国家，人们往往因此而责备乾嘉学派。其实，对专家学者们的评价应当看其在专业领域中贡献的大小，而不能把整个科学文化畸形和落后的责任加到他们的身上。问题不在于专家学者们群集于古代典籍的诠释与研究，问题在于专制统治下的文化趋向和血腥的文字狱关闭了其他领域的研究大门。中国当时的政治制度和文化传统不能形成发展自然科学和现实研究的强有力机制。

至于所谓“孤立研究”，即是把研究对象的多方面联系与变化暂时舍弃，致力于静止的个别研究，这当然不是全面的认识。但是为了探索事物的本质，钩隐发微，取得更深入的知识，这种个别的研究也是必需的，如果不做分析的个别研究，就难有综合的整体认识。在某种意义上说，乾嘉学派的某些缺陷，不仅有时代的原因，而且恰恰构成为这一学派的研究特色，又是学派得以保存发展和取得重大成就的条件。

乾嘉学派在当时的条件下做出了巨大的贡献。他们对古籍中的文字、音韵、训诂、史事、典章制度做了缜密的注疏和考证，纠正并补充了古籍中的讹传、谬误、脱漏，拂拭去了长时期封积的历史尘垢，使之晦而复明，恢复本来的面目，使后人得以在更加科学的意义上理解、继承、发扬中华的传统文明。他们求真求实的研究精神是很可贵的。他们广搜证据，归纳推理的研究方法和近代科学研究的方法有相通之处。乾嘉学派在18世纪和19世纪初曾经“如日中天”，名家辈出，盛行于中国。现在虽然已经风流云散了，但它却深深地影响了我国近代学术文化的成长与发展。重新研究和评价这一学派是极为重要的，这将是对我国学术界昨天和前天的回顾和总结。看看一百多年来，中国的学术文化如何走出封建的樊笼，面对西方文化的挑战，进入一个中西交流、冲突撞击、吸收融合、变化创新的新时代。

乾嘉学派和中国历史上的其他许多学派一样，他们的业绩是长存的。后代人们将会不断地研究他们，重新认识、重新评价，接受其学术遗产和研究工作的经验教训，在他们已经达到的基础上，为弘扬中华的传统文化而努力前进。就此而论，王俊义与黄爱平著的《清代学术与文化》，对乾嘉学派及清代学术文化有关问题的分析和论述，可谓是有益的探索。我预祝他们百尺竿头再接再厉，在清代学术文化领域的研究中，陆续有新的成果问世。

《汉宋之间：翁方纲学术思想研究》序*

乾嘉之际，文人荟萃，通儒辈出，是清代学术发展的高峰期，而且这一时期高寿的学者不少，翁方纲就是其中之一。翁方纲一生勤于读书，笔耕不辍，在经学、诗学、金石学、目录学、书画学等方面留下了大量著作。但以往对他重视不够，《清史稿》甚至没有他的传，对他的研究也大多集中在以"肌理说"为标志的诗学和金石学等方面，至于其经学等方面的成就，关注的人更少。这是因为：一方面翁氏的著述刊刻不多，流传不广，而且主要集中在诗学和金石学方面；另一方面他的大量著述都是稿本、抄本，而且辗转流散于海内外各地，尤其是其《四库纂修提要稿》和经学手稿长期以来不为人所知，只是近些年来整理出版后才渐渐为大家熟悉。

这本《汉宋之间：翁方纲学术思想研究》，首先是翁方纲一生学术成就和学术思想的全景图。翁方纲是个经学家，他著有《群经附记》，对考据汉学的批评较多，偏重于维护程朱理学派的经学路子。反对宋明以来疑经的风气，主张以阙疑、谨慎的态度看待古经，批评考据汉学过于"征实"的弊病，主张谨慎使用"诸经互证"和"通例"的方法，这些都是他的特色。翁方纲是个书法家，他和刘墉、铁保、永瑆号称清中期"四大书家"，主张以金石证书法，学唐碑不遗余力，是晚清碑学风气的开创者之一。翁方纲又是乾嘉时期北方诗坛的盟主，倡导肌理诗，主张诗文同源，以学为诗，是晚清宋诗运动的先驱者。翁方纲又是一个目录学家，作为纂修官参与了《四库全书》的校勘以及《四库全书总目》的撰写，所撰《四库纂修提要稿》不仅是纪昀《四库全书总目》的重要基础，而且是保存至

---

* 原载《北京日报》，2015年1月5日。

今篇幅最大的一部提要稿。

这本书也可以看作对乾嘉时代士大夫思想的一个解剖。任何一个时代的学术都不会凭空出现，都是当时政治、经济、文化等综合条件下的产物，乾嘉之际的汉宋之争也不例外。考据汉学在乾隆时期已经如日中天，“家家许郑，人人贾马”，就是对当时情形的形象描述。当时一个偌大的京城，竟然很难买到常见的理学书籍。朝鲜使臣柳得恭拜访纪昀后，请他帮忙在京城购买《朱子语类》以及明代薛瑄的《读书录》等理学书籍，纪昀却说，京城这些年来流行畅销的是《尔雅》《说文》一类的书，至于理学著作在书坊间很少有了，不易买到。无独有偶，礼亲王昭梿在北京书肆购买理学书籍时也遇到了同样的情形。

不过，考据汉学的后来发展，越来越偏离了清初顾炎武等人所开启的初衷，日益沉浸在文字音韵、训诂考证中，这些做学问的方法虽然富于理性的精神，但所关注的问题和讨论的对象，往往局限于经解典籍中，很少涉及现实问题。在一定程度上，它和明末理学的毛病一样，也流于空疏和无用。到了乾隆朝末期和嘉庆朝，考据汉学的弊端日益凸显，再加上当时社会矛盾斗争日趋激烈，各种危机接二连三，因此考据汉学越来越受到一些有识之士的批评。自清初以来长期被压抑的程朱理学也乘机抬头，于是批评考据，主张宋学，或者主张汉宋兼采的声音越来越大。

翁方纲的学术思想就是当时的一种反映，他以程朱为尊，反对专言汉学，主张考据之学以义理为宗，提出“博综马郑，勿畔程朱”。不过，这时与清初理学发展的条件又不同了，身处汉学熏染的环境中，翁方纲已经不习惯像清初理学诸儒那样大胆谈论义理、探求心性了。他虽然明确指出了考据汉学的弊病，但似乎对于改进的方向仍没有突破，拿出来的东西还是宋明理学的那套陈旧说辞，甚至反对义理创新。这一特点的确反映了乾嘉之际整个社会的总体思想面貌，也是当时那个时代的局限所致。

这本书对翁方纲学术态度和风格的探讨，也可以看作乾嘉时代士人精神面貌的一个缩微。无论是翁方纲研究《易》《古文尚书》

的态度，还是他根柢经传、不以性情为诗的文学思想；无论是他主张“阙疑、慎言”的治经座右铭，还是他中规中矩的书学风格，都反映了当时士人中间普遍谨慎保守、噤若寒蝉的精神面貌。当然，乾嘉时代也有思想的火花，也有锋芒毕露的叛逆者。比如，戴震大胆批评理学家所标榜的“理”，痛斥“后儒以理杀人”；曹雪芹创作《红楼梦》，揭示封建大家族的衰败没落，以大观园的爱情表达个性解放的需求；袁枚呼吁“性灵”，招收女弟子，也是对个性解放的追求。此外，还有汪中、郑板桥等人。但这些学者之间基本没有来往，极个别的思想火花没有形成思想潮流，反而遭受到很多正统士人的批判。因此，从当时士人的整体精神面貌上来看，是沉寂的，保守的，即使要表达批评思想也是隐晦的，曲折的。不要说一般的士人是这样，就连勤政求治的嘉庆帝都只希望自己做个守成之君，面对新的社会危机时也只是修修补补而已。

学术研究需要大处着眼，小处入手。刘仲华此书虽然只是对翁方纲个人学术思想的探讨，却为我们了解清代乾嘉时期社会精英的思想状况和精神面貌，提供了细致入微的图景。

评《儒学地域化的近代形态》*

杨念群同志的《儒学地域化的近代形态》一书，是多年来钻研的成果，可以说是心血浇灌的一部力作。现在的书比原来博士论文改观了，无论从思想的探索、力度的开掘，还是从方法的选取、文字的修饰看，都有很大提高。今天我不是作为导师，而是作为一个普通读者来谈的。作为一个普通读者，我很赞赏这本书。我觉得这本书摒弃了一般思想史光写人物、光写事件、讲故事、单线条叙述的框架，构筑起区域文化这样一个模式来解释学术的发展，分析近代三个知识群体，应该说很成功。构架新颖，旁征博引，论述得非常精彩，在学术史上别开生面，读起来跟传统思想史很不一样。但这本书一下子不容易看懂，要反复去体会。也许是因为引进的东西较多，这是个优点，但也可能是个弱点，不够明白晓畅、深入浅出，我感觉到可能有这个问题。但是引进国外理论方法我是赞成的，中国长期以来在各个领域不了解国外的情况，今后学术发展一定要借鉴外国，吸收它们的东西。

这本书分析的中心意思有三个：儒家的三个学术群体，即广东、湖南、江浙。广东学术群体简单说起来是些理想型的思想家，这些思想家神秘色彩、浪漫色彩浓厚，善于构筑思想体系，像洪秀全、康有为和孙中山，确实是这个样子；湖南是事功型，重实际，经世致用，如曾国藩、左宗棠，后来的黄兴等；江浙学术群体思想严密，带些科学色彩、实证色彩，像顾炎武、戴震，一直到王国维。当然还有四川、福建，但影响没那么大，主要是这三个群体。这样的分析从更深的层次上、更细的方面来理解近代儒学，是这本书的新

---

* 原载《语冰集》，南宁，广西人民出版社，1999。

东西。

儒学本来是非常庞大的整体，时间、空间跨度很大。时间上从先秦儒学到汉代、唐代、宋明、清代，都不一样；从空间上谈，宋明理学分为濂、洛、关、闽等多个区域，所以研究儒学一方面要把握它的整体，既然同是儒家，就有共性。另一方面先秦不同西汉，西汉不同宋明，时间上要分开来；空间上，近代儒学三个群体确实有不同侧重点、不同色彩，同作为儒学，既有共性，又有特色，儒学研究笼统地讲儒学，恐怕是粗线条的。更细的分析要从不同的空间、时间、各个派别入手，所以区域文化的研究非常重要。因为中国这么大，它的各个区域文化就是不一样，既有它的共性，又有它的特点，所以杨念群同志提出三个学术集团、知识群体，阐述得很精彩。

为什么具有特色？这一点还可以继续探讨。广东出大思想家，江浙出实证派，湖南重事功，恐怕这就是探讨文化跟社会生活的关系，文化的地理环境跟人民处境、生活方式、心理、风气之间的关系。文化一方面继承传统，一方面从生活中汲取营养，生活本身影响到文化特色。我觉得这个问题还可以继续研究。杨念群讲了这三处区域性文化，我就想到三处区域性文化的互动关系，这里涉及北京文化。北京文化能不能算一种区域文化？因为它是五朝帝都，是政治中心，也是文化中心，应该说三处区域性文化都离不开北京。北京地区本身大学者不一定很多，但北京文化不可小看，因为各地方文化要成为显学，必须到北京，从北京再反馈到各地，才能形成全国性影响。像乾嘉学派，属江浙皖人，但他们的文化怎么能成为显学？那个地方虽是全国的发达地区，但只是局部地区。乾隆年间江浙皖士人大都到北京来做官，又在北京搞了个《四库全书》，把这些人网罗来，北京就成为一个文化最发达的地区。其实都是苏皖人在搞，后来又影响到全国，最终依靠北京的政权力量，文化才能影响全国。这本书里如果要展开讲的话，我觉得还可以加上北京。北京有什么特色？它是文化集中区，把区域文化吸收进来，最后又辐射出去。这是统一国家的一个特点，不是分散的国家，不光有三处区域性文化，还有一个统治性文化中心。例如广东的岭南文化，一直没什么影响，后来是康、梁到北京公车上书，搞戊戌变法，《新学伪经考》《孔子改制考》都进京了。清初岭南不是很重要，湖湘学发达也是在曾国藩、左宗棠做了大官，在北京居中枢地位以后。所以要成为显学，必须通过北京，通过中央政府，这也是中国学术文化跟中央政权的关系。

作为一个普通读者，我很欣赏这本书，但我也要挑刺。虽然我们是师生，但在学术上可以有不同的意见，有争论、辩论。第一个是你讲"王者之儒"和"教化之儒"，"王者之儒"为统治阶级服务，"教化之儒"主要承担教育、归化职能，这成为儒学知识分子的双重形态，统治和教化的功能是儒学的两个功能。我感到在漫长的封建社会里，更重要的是官方意识形态，"王者之儒"色彩非常鲜明。大体上说来儒学都是"王者之儒"，除了极少数异端分子之外，差别仅在于和官方的紧密性和疏离性、直接性和间接性，中国封建社会不存在一种单纯的"教化之儒"，这是中国儒学的弱点。在中国封建专制体制下，任何学说都是笼罩在专制王朝的阴影之下，没有或很少有自己的独立性。除了少数人讲讲异端思想以外，儒学本质上是专制王朝的工具，这样说不是要抹杀儒学里面精华的东西，但它本质上是这样。所以把宋明理学说成是"教化之儒"，教育功能当然是有的，但这个教育功能服从统治的需要。统治阶级为了统治，必须要进行教化，但这种教化是社会伦理的教化，对引进外部知识的教化没有发展，所以说宋明理学是"教化之儒"、复兴运动，反叛了两汉"王者之儒"而维护了先秦"教化之儒"，这个命题，我觉得不完全能接受。与其这样，不如说宋明理学是另一种形式的"王者之儒"，我看宋明理学是王者之儒，只是与两汉形式有区别。

第二个问题是关于时务学堂，我提点不同意见。这本书里用一个整章来讲，说明把它当作重点。戊戌变法时期，办时务学堂，湖南人请梁启超等到长沙教书，湖南大哗，攻击他们无君无父，这场争论我认为是新与旧的斗争。念群也承认是新旧之争，但比较强调广东、湖南地域之争。地域色彩当然不能说没有，把广东人请到湖南讲学，湖南人很丢面子，可能有地域性因素，但根本性质还是新旧之争。杨度跟梁启超的争论，主要是梁不尊重杨度的老师王闿运。王闿运是今文经派，梁也是，但梁不提王，杨度很不服气，如果说有地域之争，还不如说这个因素比较直接。当时杨度的思想可能跟叶德辉他们差不多，当然后来不一样了，留学之后思想开通多了。每场学术争论，都有很多东西，总是很复杂，决不会是单纯的新旧之争，必然夹杂着各种地域性的差异，学派的差异，个人之间恩怨、利害关系。但基本性质上，一个是夹杂着今古文学派争论，康、梁是今文派，叶、王你说是湖湘代表，我说他们学风接近江浙，搞朴学，所以甚至可以说是江浙跟广东之争；一个夹杂着程朱与陆王之争，湖南是程朱，广东比较倾向王学，你强调广东注重个人主观意志，包括谭嗣同、龚自珍，都讲佛学与王学，正因为维新派力量的软弱，才要呼唤个人意志。念群讲时务学堂是地域性差异的一个鲜明例证，我觉得不一定是这样。学风差异不会弄出这样的轩然大波，如果志同道合，风格上的差异就比较容易妥协、相互容纳，但如果是在根本观点、根本利害关系上不同的话，那就势不两立。如果这场争论只是地域之争，王、叶、杨因是湖南人而跟梁启超发生很大争论，同样是湖南人，谭嗣同、唐才常、皮锡瑞是跟梁启超走的，赞赏梁启超，所以本质上不是地域之争。地域性差异我不是说绝对排斥，但这很轻微，与其说王、叶代表湖南，还不如说谭、唐更代表湖南，讲实际，讲事功。这是学术上的问题，可以继续研究，我希望念群同志在各方面进行更深入研究，能以更有力证据来说服我。

这里还有些硬伤的地方，比如第224页，你讲吴县乾隆元年至六十年出了372名进士，215名举人，这个说法一看就不对，因为进士本身都是举人，进士怎么会比举人多呢？第275页有“《永乐大典》的缮写”，“缮写”应是“辑佚”之误。

《甲午战争与近代中国和世界》序言*

今年是中日甲午战争100周年，全国许多地方都在纪念它，因为，这场战争是中国近代历史的里程碑。1994年9月，在山东省威海市举行了“甲午战争100周年国际学术讨论会”，海内外100多位专家学者光临会议，提交论文，进行了热烈的讨论。这本论文集收集了会议上的文章，反映了近年来对中日甲午战争研究的新成果，表达了今天海内外人士对这场战争的认识和反思。

甲午战争对中国和日本影响极为巨大，意义极为深远。中国战败，割让台湾，赔款银二亿三千万两，主权尽失，创巨痛深。战后，帝国主义在中国划分势力范围，中国面临亡国灭种的危险。在极其严峻的形势下，中国人民不甘心被奴役、被凌辱。他们奔走呼号，奋起抗争，爱国主义浪潮迅速高涨。甲午战争中，有许多将领士兵战斗不屈，为国捐躯，如邓世昌、左宝贵、林永升、丁汝昌、刘步蟾等；《马关条约》谈判时，全国各阶层反对妥协投降，主张继续抵抗，康有为和在北京应试的举人们发动了有名的“公车上书”，接着展开了戊戌维新运动。伟大的民主主义革命家孙中山则在1894年于檀香山组织了革命团体兴中会，为十多年后推翻清朝专制政府的辛亥革命运动做了准备；台湾人民长期坚持反对日本占领的斗争，勇敢坚强，不屈不挠。甲午战争以后，爱国主义成为时代的主旋律，许多先进的中国人为国家的独立、民族的复兴艰难探索，殚智竭虑，前仆后继，英勇献身。正是这种爱国主义的觉醒成为全民族在困难中的精神支持，鼓舞他们努力奋斗，阻止了帝国主义瓜分中国，推

---

* 原载戚其章、王如绘主编：《甲午战争与近代中国和世界》，北京，人民出版社，1995。

动了中国近代历史的前进。

中日甲午战争留下的历史教训是异常深刻的。“落后就要挨打”，在弱肉强食的帝国主义世界里，中国是个弱者，没有强大的经济与国防，因此就受欺侮。甲午战争失败以后，割地赔款，任人宰割，元气大伤，一蹶不振，难以集中力量发展经济和军事，更加失去自卫防御的能力。落后就要挨打，挨打了就更加落后。半殖民地半封建的旧中国陷入这一历史怪圈之中而难以解脱。故随甲午战争之后，有帝国主义划分势力范围，有 1900 年的八国联军，有 1904 年日俄在中国东北作战和英军对西藏的入侵，有 1915 年日本逼胁签订二十一条，有 1931 年的九一八事变、1937 年的卢沟桥事变。尤其是日本帝国主义屡次得利，野心更大，步步进逼，气焰嚣张。在帝国主义的侵略下，中国人民历尽艰险，饱经苦难。

回顾百年历史，更加激发起我们奋发努力、加快步伐建设社会主义的决心和信心。只有政治稳定、经济繁荣、文化昌盛、军事强大，中国才能免遭欺凌，才能告慰甲午战争以来无数为国为民流血牺牲的先烈们！

中国人民要永远记住中日甲午战争！牢记这场战争给中华民族带来的苦难与屈辱，缅怀为中国的独立、进步而艰苦战斗、英勇献身的人们，珍惜并弘扬在国难临头的时刻全国激发出的爱国主义精神，并且和日本以及世界各国人民友好合作，相互尊重，维护世界和平，清除军国主义余毒，使侵略战争的悲剧不再重演。

《翁同龢传》序言*

翁同龢是晚清政坛上的重要人物，甲午战争中坚持抗日，反对投降，戊戌运动中力图自强，促进变法，他对国家和民族做过有益的贡献。翁同龢出身官宦家庭，父兄都是朝廷大臣。他早年受传统的儒家教育，饱读经史，娴熟诗文，尤擅书法。他生活的时代几乎和中国近代史相始终。第一次鸦片战争爆发时，他已 11 岁，为躲避入侵长江的英军而逃往苏州灵岩山。太平天国战争时期，他寓居北京。咸丰六年（1856）27 岁时春风得意，高中状元。同治四年（1865）36 岁时，在弘德殿行走，授读同治帝。光绪二年（1876）47 岁时，在毓庆宫行走，授读光绪帝。仕途经历，一帆风顺，两朝帝师，屡任学官，回翔于刑部、工部、户部衙门，更入值军机、总署，参与中枢决策。甲午战争中是主战派的领袖，戊戌变法时是维新改变的倡导者。他忠于光绪，反对侵略，引荐康、梁，支持改革，因而得罪于顽固派，为慈禧太后所不容。光绪二十四年（1898），他 69 岁，百日维新刚刚开始，被开缺回籍，驱逐出京。维新运动失败后，他被追论罪责“着即革职，永不叙用，交地方官严加管束”。此后，在常熟虞山下结庐隐居。光绪三十年（1904）75 岁时抑郁以终。

翁同龢长期在北京担任要职，处在晚清政治旋涡的中心。从他的一生遭际，可以看出当时的中国，危机四伏，险象环生，瓜分豆剖之祸迫在眉睫。也可以看出当时风云变幻，政潮汹涌，守旧与革新两派的激烈较量。翁同龢忠君爱国，蒿目时艰，苦心焦虑，力图改革，拒降主战，变法维新，反映了仁人志士们为了拯救国家危亡而在荆棘遍布的道路上，艰难探索，奋斗行进。翁同龢作为一个统

---

* 原载谢俊美：《翁同龢传》，北京，中华书局，1994。

治权贵，清室大臣，自有其历史的和阶级的局限。但他那种忧国爱民，坚持变革，力抗逆流，不避艰险，以天下为己任的精神和襟怀是值得景仰的。就以他个人的操守而言，他为官 40 多年，状元宰相，两朝帝师，位极人臣，尊荣无比，任户部尚书，主管全国财政十余年，开缺回乡后竟两袖清风，囊无余资，晚年生活，尚须亲友和门生接济，甚至典卖字画度日，其道德操守、清廉作风，也是值得称赞的。

翁同龢一生中经历了许多重大事件，有的是他亲自交涉办理，参与决策，有的是他耳闻目睹，洞悉原委。时间跨度很长，涉及领域宽广。所以，他的传记实际上是从一个侧面反映了晚清历史的几乎全过程。尤其难得的是，他坚持每天写日记，从 1858 年至 1904 年病死以前，长达 47 年之久，无有间断。其中所载，军国大事、外交交涉、政治经济、文化教育、宫闱秘事、社会风情、治学论文、品评书画、朋僚交游、家庭生活，以及刑部的审理狱讼、工部的陵寝工程、户部的度支奏销，包罗极广，巨细无遗。翁同龢日记的突出优点是：叙事真切准确，言简意赅，得其要领。他记录了近代史上很多重大事件、重要人物和典章制度，大多是他亲身经历、参与、熟悉的，而且当时立即记录，不是得之于传闻，也不是多年以后的追忆，不像其他人的日记和回忆录往往有传讹失实或记忆错误。因此，他的日记有很高的历史价值，为近代史研究者所重视。日记所载可以和档案相印证，其时间、地点、事实确凿无误，却又不像档案那种官样文章，多所讳饰。

到现在为止，像翁同龢这样一位近代史上的重要人物，尚无一本详细的传记。他的日记虽早已影印，却还没有一本较完整的《翁同龢集》，这不能不说是近代史研究中的重要空白。对翁同龢的研究，困难比较大。第一，史学界尚无人对翁做过深入、系统的研究，仅发表过一些零散短文，缺乏可资借鉴的研究成果，从观点到资料，几乎都要从头做到。第二，翁同龢生活的时间长，经历和处理过许多重大事件，交往的人员很多，侍讲帷幄，知识渊博，诗文书画，无所不能。研究他，必须熟知晚清历史的全过程，必须有广博的知识基础。第三，翁同龢的作品和有关他的资料，分散庋藏在全国和海外的图书馆、档案馆和翁氏后裔手中，收集颇为不易。第四，翁同龢日记是了解他一生思想和活动的最重要的书籍，全书篇幅浩瀚，内容丰富。很久以前，商务印书馆即以草书真迹，影印行世。但草书影印本，辨认困难，不易卒读，研究者咸视为畏途。谢俊美同志开始进行研究时，还找不到楷书排印本。

谢俊美同志深知这项研究工作的意义，在困难面前，他没有退却，而以坚强的毅力，加倍的勤奋，全身心地投入这项研究。他告诉我说：1981 年，当他确定这一研究课题，借到了一部《翁文恭公日记》影印本，打开第一页，心就凉了，纸上龙飞凤舞的草书字迹，句子读不通，字也不认识。他开始怀疑自己是否有能力从事此项研究，有些同志也劝他换一个研究题目。他反复权衡，经过思想斗争。他想：翁同龢是一位重要的历史人物，总会有人去研究，要研究就必须克服识别草书的困难，如果别人能够克服困难，我为什么就不能够呢？"世上无难事，只怕有心人"。做学问更应从难、从严，才能有进步，才能有创新。谢俊美同志就是在这样的信念下，没有回头，孜孜不倦、信心十足地干下去。为了看懂草书，他专门学习《草书汇》，读《说文解字》，向人请教，揣摩着翁同龢的用笔习惯和书写风格，逐字逐句啃读日记，反复读了 20 遍，按照日记里提到的人和事，查阅有关资料，做了大量的卡片和笔记。翁同龢在其日记中提到由他手拟、修改，或单衔，或与他人连衔的奏折就不下一百五六十件，这些折件无疑是研究翁氏从政活动的重要史料。翁氏还提及曾与他书信往来的朋僚、门生、亲属有 200 多人，这些书信也是反映翁氏各个时期思想和活动的第一手资料。为了查找这些资料，谢俊美同志利用寒暑假，跑遍北京、上海、常熟、苏州、南京、长沙、广州等地的大小图书馆、档案馆、博物馆。由于经济拮据，生活上不得不因陋就简，有时借住在亲友家、学校里，有时寄身于小客店，饿了啃冷馒头、干面包，渴了喝凉开水。当查阅到一些有用的资料时，心中有股说不出的高兴，补偿了生活上的艰辛和劳累。他钻研了整整 10 年之久，全神贯注在研究工作上，几乎没有节假日，也没有星期天，甚至旧历除夕，大年初一，都在努力工作。他勤奋从事，编辑了除翁氏日记、诗稿之外，以奏稿、函稿为主要内容的近百万字的《翁同龢集》，撰写了这部50万字的《翁同龢传》，反复修改，四易其稿，卒底于成。当我阅读这部手稿时，深深感到他见识之深邃，搜罗之丰富，撰写之严谨，用力之勤苦。在我跟前映现出一位中年历史学家伏案书写、无间寒暑、刻苦钻研、孜孜以赴的感人形象。谢俊美同志把自己的智慧、精力、青春无保留地奉献，完成了一项艰巨而有意义的研究工作。

这部《翁同龢传》，将来会有历史学家来做全面的评价。我读后的印象是：作者广泛搜集了翁氏和其他人的日记、奏疏、文稿、诗词，旁征博引，言之有据，史料极为丰富、可信。全书按时间为序展开了传主一生的活动，把传主放在时代的潮流和特定的背景下进行考察，实事求是地对翁同龢的一生活动和历史功绩做了评价。书中不仅对传主的政治经历、思想发展、学术和书法成就做了深入剖析，而且涉及许多重大的政治事件、战争交涉、党派纷争、宫廷仪注、官场情态、朋僚交往、家庭生活，以至翁同龢个人的性格、嗜好、爱情经历等等，做了具体的描述，写得既深入又生动，有血有肉，娓娓动听，趣味盎然。把丰富繁杂的史料融化在自己的行文中，把科学性和可读性很好地结合起来，故内容充实、分析透彻而行文流畅，无烦琐堆砌之弊。我对谢俊美同志十年来的辛勤劳动表示敬佩和感谢，也为他完成了这部有特色、有价值的著作而表示庆贺。

评《中国近代史资料丛刊》*

中国史学会主编的《中国近代史资料丛刊》(以下简称《丛刊》),从1951年到现在,已经出版了九种(《鸦片战争》、《太平天国》、《捻军》、《回民起义》、《中法战争》、《中日战争》、《戊戌变法》、《义和团》和《辛亥革命》),共约两千万字。这是一桩大规模的史料整理工作。《丛刊》的出版对于近代史的教学和科学研究工作起了巨大的推动作用。

提供史实,积累材料,对于历史科学具有非常重要的意义。历史研究的任务是要用马克思主义的立场、观点和方法,来分析具体历史过程,从错综复杂的史实中间揭露社会生活和阶级斗争的发展规律。历史工作者首先必须用历史唯物主义来武装自己,以免被纷乱浩繁的史料所俘虏。同时,历史工作者又必须掌握确切而丰富的史料。只有对大量史料进行了综合和分析,才有可能洞察历史的真实过程,才有可能对客观历史进行科学的概括,正像马克思所说:"研究必须搜集丰富的材料,分析它的不同的发展形态,并探寻出这各种形态的内部联系。不先完成这种工作,便不能对于现实的运动,有适当的说明。"(《资本论》第二版跋)

但是,历史工作者在掌握近代史资料方面却存在着许多困难。近代史资料十分丰富,其数量大概要以百亿千亿字计。人们常用"汗牛充栋"来形容中国古代史书的丰富,可是由于近代文化发达和时代较近的关系,保留下来的近代史资料的数量还要远超过古代史书。研究工作者限于精力,实不能一一涉猎。并且,近代史资料又很分散、杂乱,没有经过大规模的整理工作,许多珍贵史料,秽积

---

* 原载《人民日报》,1959年4月11日。

尘封，埋藏在纸堆里，不为人所闻知。这是妨碍近代史研究工作进一步开展的重要因素。

《丛刊》的出版，在很大程度上解决了近代史资料缺乏的问题，有助于教学和研究工作的开展。《丛刊》具有以下几个优点：第一，编者们遵循着统一的方针，以阶级斗争作为线索，提供了有关近代革命运动的大量资料。尽管由于资料来源的限制，《丛刊》中还只能录入许多反动方面的记载，但是通过序言、书目解题、按语、编排方法以至像《辛亥革命》中从零散资料汇辑的“人民反清斗争”专栏，都可以看出编者们的政治倾向性。

第二，《丛刊》编辑方法大体上采用了类书的编辑方法，即把近代历史分成若干重大事件，合则成为丛刊，分则成为专辑，每个专辑又按照事件的发展区分成相互联系的若干类目，各种史料分别按照其内容而系于不同的类目之中。这种编辑方法虽然有时不免要把一本完整著作割裂开来，但是从利用史料的角度来看，为了驾驭大量不同内容的资料，使之绳联珠贯、条目分明，按类编纂的方法是必要的。

第三，《丛刊》的编者们在搜集、选择、摘录、标点、校勘方面进行了辛勤的劳动。仅据《义和团》的编者说，他们涉猎了三百多种史料，而仅仅选录了四十八种，由此即可见整理工作的艰巨性。特别是许多史料因经过官方的删改和因印刷抄写的模糊讹错，缺陷甚多，编者们多方觅求各种本子进行校勘，或者直接从档案中抽补，这种工作对于史料的利用和研究是非常有益的。

第四，编者们对于曾经大量印行过的资料，一般不再选录，因此，《丛刊》中所收集的很多是未经刊刻的抄本、流传很少的印本和原始档案。单是这些稀见本的刊行，对于研究工作者就是一种很大的鼓舞。在反动统治时代，这种稀见资料或者掌握在少数人手中，或者埋藏在旧纸堆中，广大群众和一般历史工作者根本没有见到的机会；只有在人民当家做主的新中国，只有在党和国家的大力支持以及许多藏书家的思想觉悟逐步提高的今天，这些珍贵资料才会被整理出来和公之于世，成为全体人民的共同财产。

由于《丛刊》一方面搜集了丰富和珍贵的资料，并进行了校勘，所以它具有较高的研究价值；另一方面，它又经过初步的选择和一定的编排，具有一定的政治倾向性和条理性，也可以作为教学上一般参考之用。

当然，《丛刊》的编辑工作也还有值得商榷的地方。在总的体例方面，《丛刊》很重视每次革命高潮和战争的史料，这是正确的，可是它对于革命低潮时期的史料却完全忽略了。大家都知道，阶级斗争是经常存在的，但是只有在特定的时间内才会形成革命高潮和武装冲突。近代史上的革命和战争虽然特别高昂和频繁，但是它们也总不能代替历史发展的全局。拿帝国主义侵略中国的历史来说，一方面固然有鸦片战争、中法战争、中日战争、八国联军等公开的武装侵略。另一方面即使在和平年代，帝国主义也通过了各种外交手段，逐步地把侵略势力渗入中国，中国人民也相应地有无数自发的、地区性的反抗斗争。因此，从帝国主义侵略中国的整个过程说来，各种外交交涉和人民反洋教的史料就是不可缺少的。可惜《丛刊》在这些方面没有提供什么东西。类似的情况还可以举出不少，如各种制度的演变、人民的生活状况、秘密会党、边疆地区的开发、少数民族的社会情况、帝国主义划分势力范围等方面的资料，都还需要加以补充。

《丛刊》在具体的编选方面也有可以商榷的地方。多数专辑都是按照史料的内容来分类，可是，《太平天国》专辑却主要按照资料的来源分类（分成革命方面记载、清方记载、外人记载等），《戊戌变法》专辑虽然考虑了史料内容，但是偏重于史料的形式（分成专著、上谕、奏议、书牍等），《捻军》专辑的分类也过于笼统。以上三个专辑，在同一类目之下，收录的内容太庞杂，读者翻检不便。并且，各辑编选的资料也有遗漏、重复或冗长的毛病。例如，《太平天国》中所收录的大多是清方私人记载，又偏重在很晚才开辟的江浙战场方面，而有关太平天国的主要战场——安徽、江西、湖北方面的资料却反而很少，这样就不可能反映太平天国的全貌。又如，有关上海小刀会资料更是越出了该辑的范围，应该和福建、两广的天地会、小刀会另编专辑。《捻军》中对于奏议一概不录，这也是值得考虑的。由于只选地方性资料而连最重要的奏议也完全摈弃了，这就使这一辑资料显得很零散。《中法战争》和《中日战争》两辑中的外交档案，既然是经过了选录的，那就不妨精益求精，而像现在那样经过选录以后的档案，仍有一百二十多万字，易使读者望而生畏。《丛刊》基本上接近于类书的性质，不能过分求全求备；至于档案的全部刊布，应该另属专书。此外，《中日战争》中缺少各阶层反对签订《马关条约》的专栏，《戊戌变法》完全不录重要的学术著作，《义和团》的资料完全集中在北京、直隶、山东，而对于其他各省的反帝斗争（特别是东北）未予重视，《辛亥革命》中缺少 1905 年的反美斗争和各地的收回路权矿权运动，在《民报》与《新民丛报》的论战中也未适当著录反对派的言论和活动，等等。这些缺点，作为一个系统的资料集来说是应该尽量避免的。

最后，有些资料所附的“书目解题”，很能引起人们的兴趣。“书目解题”内介绍了大量未被录入《丛刊》的资料，使读者的视野豁然开朗，了解到有关专题目前资料的大体情况，这是非常有意义的。可惜这些“书目解题”还只是平铺直叙的介绍，很少有高瞻远瞩的评论，而且介绍也大多太简略。为了提高史料整理工作的质量，根据马克思主义的原则，对资料进行全面的介绍和评论，从当时的社会关系中阐明资料的来源、性质和价值，这不失为今后资料工作的一个方向。二百年前编纂《四库全书》的时候，曾经产生了一部巨大的《四库全书总目提要》，成为后代学者寻求知识的津梁。随着新中国文化事业的日益繁荣和各种典籍整理出版工作的不断开展，一部用马克思主义编写的古籍提要显然也是十分需要的。我希望今后推广和发扬“书目解题”的形式，逐步为编写一本新型的古籍提要准备条件。

《太平天国史论文选》前言*

太平天国革命是中国人民反对本国封建压迫和外国资本主义侵略的伟大革命，是中国历史上单纯农民战争发展的最高峰。这场革命运动规模浩大，时间持久，影响深远，斗争的烽火燃遍了长江上下，大河南北。在太平天国革命的推动下，全国各地的各族人民奋起开展抗清斗争，形成了中国和世界农民战争史上无与伦比的宏伟高潮。太平天国革命没有先进阶级、先进政党的领导，农民阶级孤军奋战，因此革命被中外反动势力的强大联盟所绞杀。千百万农民革命的英雄，为了民族的独立和解放、国家的繁荣和富强而勇敢战斗，坚强不屈，他们的鲜血浇灌了中国的大地，培育着世世代代的革命新苗。一百年来，人民的革命斗争连绵不断，一浪高过一浪。革命火种，世代传续，从来没有熄灭，直到在中国共产党领导下的人民革命的伟大胜利。太平天国革命是中国人民革命史上的高大丰碑，它为中国反帝反封建革命的彻底胜利做了准备。太平天国革命可歌可泣的战斗事迹将永远铭记在子孙后代的心中。当我们迈步前进，在中国实现社会主义现代化的时候，将不会忘记一百年来人民革命，包括太平天国革命的丰功伟绩和经验教训，将会从中汲取鼓舞我们继续前进的精神力量。

在太平天国革命失败以后的一百多年内，太平天国史的研究迅速地发展，成为我国历史学的一个重要分支。中国的反动统治者和外国的侵略者站在反革命立场上，编纂了大量史籍、传记，诬蔑和诋毁太平天国革命，宣扬清朝的“中兴”战绩，散布历史唯心主义。

---

* 原载北京太平天国历史研究会编：《太平天国史论文选（1949—1978 年）》，北京，三联书店，1981。末署 1979 年 5 月。

但是，革命的人民也从太平天国的历史中受到了教育，增长了革命智慧，坚定了革命意志，加强了革命决心。一些尊重事实、忠于科学的历史学家以自己长期的辛勤劳动把太平天国的研究工作推向前进，老一辈历史学家做出了有价值的研究成果，这是值得我们学习和继承的宝贵财富。

马克思列宁主义、毛泽东思想在历史学领域中的传播和运用，使得太平天国革命的研究工作进入一个崭新的阶段，特别是新中国成立以来的三十年，太平天国史的研究迅速发展，获得了可喜的成果。解放以来，我国出版了许多有关太平天国的著作和资料集，发表了大量的文章，对太平天国的全过程和各个方面进行了比较深入的研究，开展了多次学术讨论。

我们的研究工作者曾经对太平天国革命的性质展开了讨论，研究了引起这次革命的矛盾的性质，革命的任务、后果，革命的打击目标和革命的动力，批判了反动的唯心主义谬论，肯定了太平天国革命的历史作用和历史地位。

研究工作者对于太平天国的革命农民如何向西方学习给予一定的注意，研究了农民革命思想的内容和形式，研究了它产生的社会原因和思想渊源，特别是研究了洪秀全的许多作品以及《天朝田亩制度》《资政新篇》等重要革命文献，对于农民革命的纲领、政策的制定和实施也做了多方面的探讨。

研究工作者又着重研究了太平天国和资本主义各国的关系，揭露了外国侵略者初则虚伪中立、继而又绞杀革命的罪恶，描绘、歌颂和分析了太平天国的英雄们反对外国侵略的英勇斗争。

研究工作者对太平天国的军事制度、战略战术和一些重大战役作了一定的研究，探讨了定都天京、西征、北伐以及东进苏杭、保卫安庆、防卫天京的利弊得失，使我们对于太平天国革命战争各个阶段的发展有了较为清楚的认识。

研究工作者还研究了太平天国革命时期发生在全国各地区的各族人民抗清起义，如天地会、小刀会、金钱会、白莲教、捻军以及回族、苗族、壮族、维吾尔族、彝族等的抗清起义，指明了它们的共同点和各自的特殊性，探究了它们和太平天国革命的关系，使我们对于近代历史上第一次革命高潮有了更加全面、更加完整的理解。

研究工作者也研究了太平天国革命和其他起义斗争中涌现出来的领袖人物，力图用马列主义观点对这些农民革命的领袖做出评价，指明他们的功过是非，并由此而展开了不同意见的热烈讨论。

研究工作者分析了太平天国革命失败的原因，指出了单纯农民战争所难以解决的思想上、组织上、政治上、军事上的一系列问题，从而说明只有掌握了马列主义、毛泽东思想的中国无产阶级，才能够领导中国革命走向彻底胜利。

研究工作者对有关太平天国的史料做了大量的搜集、整理、考订、注释工作，大批革命文献和重要资料陆续公布，改变了资料短缺的局面，打破了资料垄断的恶习。又对伪造的和记载失实的史料做了鉴别和订正，弄清了很多重要史实和细节，使我们的研究工作建立在更加牢固、更加真实的基础之上。历史资料是历史研究的基础和先行，没有丰富的事实材料，就不可能有科学研究和科学概括。我们在太平天国史研究方面取得的巨大成果中凝聚着很多长期埋头资料工作的研究人员的辛勤劳动。

三十年来，太平天国史研究工作繁荣昌盛，蔚为大观，这是全体研究工作者在党的领导下，在毛泽东思想指引下所取得的胜利。研究工作者遵循实事求是和百家争鸣的方针，踏实钻研，勤奋工作，团结一致，开展讨论，取长补短，相互学习，共同提高，使得从前很薄弱的太平天国史研究发展成为我们历史学的一个重要、繁荣的分支。

在林彪、“四人帮”横行的时期，太平天国史研究也受到重大摧残，许多研究人员受到了迫害，有价值的著作、论文被诬蔑为毒草，研究和资料工作陷于停顿，“四人帮”制造的儒法斗争反动理论以及指桑骂槐的影射史学泛滥成灾。在粉碎了“四人帮”以后，历史学界在党的领导下，开展了对“四人帮”反动史学观点的批判，收到了很大成绩。目前，“四人帮”的流毒正在进一步肃清，太平天国史的研究已初步活跃起来，各项工作有所进展，各种不同的学术观点正在进行讨论。实事求是、踏实钻研、生动活泼、民主讨论的好风气正在逐步形成。

今后，我们一定要坚持马列主义、毛泽东思想，它是研究工作者的强大思想武器，“工欲善其事，必先利其器”。建国以来，太平天国史的研究所以有比较重大的进展，获得可喜的成果，关键就在于研究工作者认真地学习了马克思列宁主义、毛泽东思想，并努力把这一科学理论运用于研究工作。林彪、“四人帮”对我国各项工作的破坏就是从思想理论入手，歪曲毛泽东思想的精神实质，用“左”的词句来颠倒是非，蛊惑人心，败坏思想理论的名声。我们要彻底肃清林彪、“四人帮”的流毒，把研究工作搞上去，就一定要完整、准确地理解和掌握马列主义、毛泽东思想的体系，用马列主义、毛泽东思想占领太平天国史研究的阵地，决不能在理论学习和理论研究方面放松努力。过去，千千万万的学问家，虽然孜孜不倦，勤奋一生，但是，由于没有正确理论的指导，他们的科学成就大大地受到限制，只能够搜集、积累片段的资料，描写历史过程的个别方面，而不能认识历史的规律和本质，有的人甚至在错误的理论影响下，走入歧途，得出了完全错误的历史论断。我们提倡科学理论与历史实际相结合，实事求是，解放思想，冲破禁区，追求真理，这是提高我们学术水平的唯一途径。反对从概念出发，反对从一成不变的框框出发，反对只搞个别词句的引证，正确地理解和运用马列主义、毛泽东思想，将给太平天国史的研究开辟更加广阔的前途。如果忽视了这一点，我们便会被淹没在变幻、复杂的历史现象中，茫然无所措手足，失去分辨是非真假的能力。现在，太平天国史研究中，在很多问题上存在着不同意见，众说纷纭，争论热烈，这是好事，应当欢迎各种意见都发表出来，自由讨论。但在不少问题上，大家掌握的史料基本相同，只是在看法上很不一致，这里就存在着理论水平高下的差别，思想方法正确与否的差别。当然，真理越辩越明，但真理只能有一个，谁肯努力学习和运用马列主义、毛泽东思想，谁就能够较早、较快地接近真理。

今后，我们还要重视历史资料，在资料工作方面下功夫。过去，历史学界在太平天国史资料的搜集、整理、考订、出版方面做了大量工作，但是还有许多工作要继续做。历史研究要实事求是，一切从事实出发。只有在丰富的资料基础上，去粗取精、去伪存真，由此及彼、由表及里地鉴别、考释、分析、综合，才能取得有价值的成果。历史材料之于历史研究，犹如空气之于人一样。没有真实可靠的事实材料，历史研究就不复存在。我们反对脱离历史事实的空谈，更反对歪曲和伪造历史。说话写文章都要言之有据，有了充足的材料根据，才能有科学的概括，才谈得上言之成理，才是实事求是。太平天国史的资料是十分丰富的，我们通过已公布的资料对于太平天国革命的全过程和许多重大问题已能认识其梗概，但还有不少事实过程和重要细节因缺乏资料而尚不能做出判断。已公布的资料有的记述含糊，难知真相；有的相互矛盾，莫衷一是；也有的故意歪曲了事实。这就需要我们一方面大力挖掘、搜集新材料，一方面对已公布的资料进一步鉴别、考订、评述和做索引工作，以便研究工作者的查阅和利用。尚未公布的资料，我们已知的即有清政府的大批档案，从统治阶级方面反映了太平天国的整个过程，现在基本上整理就绪，但尚未出版，还有分散在各地的重要文物和资料，如四川巴县档案中有石达开的新资料，地方志内有太平军和其他起义军政治和军事活动的大量记载，许多文集、诗集、笔记、日记中也有不少资料，还有民间流传的口碑传说。外文资料有各国的外交文件，外交人员及传教士的记述以及像《北华捷报》等外文报刊中有关太平天国的资料，也应整理选译。资料工作是一项复杂、细致的工作，需要付出长期艰辛的劳动，做好这项工作，才能使太平天国史的研究更加深入，才能使我们的学术水平不断地提高。

今天，全党工作的重点已经转移到社会主义现代化建设上来，太平天国史的研究工作者应该坚决贯彻党的“双百”方针，解放思想，开动机器，发奋努力，和全国科学战线以及其他各条战线上的同志们一起，加强团结，携手前进，在历史研究的领域中取得更加丰硕的成果，为实现四个现代化贡献力量。

《近代中国灾荒纪年》序言*

中国是以农立国的农业社会，自给自足的小农经济占主导地位。农民群众胼手胝足，辛勤劳动，养育了众多的人口，支撑了庞大的上层建筑，创造了悠久的中华民族的文明。长期以来，土地、气候、水文是农业生产的关键因素，在很大程度上决定人们生活的温饱，社会秩序的稳定，王朝统治的延续。风调雨顺，五谷丰登，这是人们普遍和最高的祈愿。但是，当生产和科学尚不发达的时候，人们并不能掌握自然的规律。大自然既仿佛像宽宏慈爱的母亲，使生命萌动，万物滋长，赐予人们以雨露和阳光；又仿佛是个喜怒无常的统治者，君临于芸芸众生之上，经常鞭挞惩罚他们，水旱风霜虫雹等自然灾害轮番地降落到他们的头上。有时大雨如注，尽成泽国；有时亢旱连年，赤地千里。亿万人民在死亡线上奋斗着、挣扎着，面对巨大的灾难，无望地泣告和抗争。小农经济既顽强，又脆弱。从总体来说，它经历了几千年的风风雨雨，在频繁的灾害和战乱中崩塌，又在废墟上按照原来的模样很快再生，屹立如故。从一家一户的农民家庭来说，却极其缺乏抗灾自救的能力，一遇水旱，几乎束手待毙。读一读这部《近代中国灾荒纪年》，可以看到我们的祖辈是在多么悲惨的环境中生活和斗争，经受着多么巨大的不幸和灾难。中国的政治史，表面上看缤纷陆离，变幻无穷，众多的人物在历史舞台上演出种种活剧，但在历史的最深层正是流淌着同一不变的小农经济的潜流，广大的人民过着同样辛酸凄惨的生活。因此，要理解中国历史，理解我们祖先的生存发展和欢乐悲痛，就必须理解大自然是如何对待他们的，是宽宏地赐予，还是残忍地剥夺。可以说，

---

* 原载《近代中国灾荒纪年》，长沙，湖南教育出版社，1990。

自然灾害史是探索历代人民生活、政治变迁和社会发展极其重要的深层因素。

即使在生产力大大发展了的今天，自然灾害仍严重地威胁着人类，现在中国和全世界每年因自然灾害而损失的生命财产难以数计。并且，我们越来越认识到：自然灾害不仅仅是自然的恶作剧，在很大程度上也是人类自己造成的。天灾人祸互为因果，这一方面是指频繁的战争、腐败的政治足以引发天灾，或加深灾害的程度；另一方面也指人类对自然界贪婪无度的索取，破坏了生态平衡，因而发生灾害，遭到大自然的报复。生产和科学越是进步，人类控制和改变自然的能力越是增强，破坏自然生态的后果也变得日益严重起来。今天，尽管抗灾救灾的能力大大加强了，但是，由于过度开垦、采伐，工业布局的不合理以及经济建设中的短期行为，已使自然生态严重恶化，水土流失，森林减少，土地沙化碱化，大气、河流污染，水资源匮缺。960余万平方公里的祖国大地，过分沉重地负载着十亿以上的人口。回顾历史上自然灾害给我们祖国和民族造成的疮痍，展望将来正在迫近我们的更大灾害的阴影，真使我们触目惊心。我们必须爱惜和保护自身赖以生存的环境，学会和自然环境协调相处。人类向自然索取应当有一个限度，而且必须继之以补偿，不断保持生态平衡，使大自然永远成为适于人类栖息的乐土。因此，整治国土、改善环境、治理污染、保护生态是我们“四化”大业的题中应有之义，也是使我们和子孙后代免遭更大自然灾害的头等重要的战略措施。从这个角度考虑，近代灾荒史的研究不仅对理解过去的历史十分重要，而且对今天的建设和未来的生活也很有意义。

值得注意的是，具有重要意义的自然灾害史的研究非常薄弱。新中国成立四十年以来，中国近代史的研究取得了很大成就，有关政治、经济、军事、文化各方面的著作、论文、资料大量发表刊行，却没有一部能够全面、系统地反映近代中国自然灾害情况的著作问世，已有的自然灾害年表一类的资料书，或失之于粗略，或仅反映局部地区的情形，或仅搜集了某种自然灾害（如地震）的发生，这是中国近代史研究中重要的一片空白。中国人民大学的李文海、林敦奎、宫明、周源等同志于1985年组成了“近代中国灾荒研究”课题组。由于前人没有留下这方面的系统资料，他们的工作不得不从头做起，从搜集和整理资料入手。他们同心协力，辛勤工作，不避寒暑，查阅了大量的官方文书、文集、笔记、书信、日记、地方志、碑文以及报纸杂志，尤其是查阅了清宫档案，摘录了历年各省督抚等官员就各地灾情向清朝政府的报告，共搜集、整理数以百万字计的有关资料，并在此基础上详加考订甄选，条析缕分，编写成这部《近代中国灾荒纪年》，交湖南教育出版社出版。此书采取传统的编年体形式，对历年全国发生的各类重大的自然灾害分别省区予以说明，尽可能将各地自然灾害发生的时间、地点、受灾的范围和程度加以详细介绍，而且对灾区人民的生活状况、清政府救荒措施及其弊端予以说明。翻阅此书，近代史上自然灾害的概貌和受灾地区的具体情况可以大致了然。我相信：中国近代史研究的同行们，各地正在编志修史的同志们，从事农业、水利、气象、地震、病虫害研究的专家们，以及致力于国土整治、防止环境污染、保护生态平衡的专家们，将此书置于案头，或则阅读，或则检索，都将从中获得有益的知识和信息。

当然，中国幅员广大，地域辽阔，各个地方的自然条件千差万别，每年发生的自然灾害层出不穷，作者不可能将所有资料搜检无遗。而且历次灾荒的发生、蔓延、后果，各种防灾救荒措施的得失，灾荒与政治的互为影响等等，也有待于更细致的研究、剖析。《近代中国灾荒纪年》是作者对灾荒问题研究第一阶段的成果。他们在已经取得的成绩的基础上，还在进一步搜集资料，进行深入分析，编写《中国近代灾荒史》，全面地揭示严重危害人类的灾荒现象的各种规律。我期待并祝愿，在不久的将来，作者将把这些更新、更有深度的研究成果奉献给读者。

《近代文史名著选译丛书》序言*

从 1840 年鸦片战争到 1919 年五四运动的旧民主主义革命时期，通常称作“近代”。祖国的这段历史既坎坷、崎岖，又光辉、悲壮。说它坎坷、崎岖，因为自从外国资本主义打开中国的大门之后，中国不断受侵略，被欺凌，割地赔款、丧权辱国，国家濒于豆剖瓜分的灭亡危机；中国社会贫穷、落后、黑暗、腐败，人民群众遭受深重的苦难。这是一段伤心、屈辱的历史。说它光辉、悲壮，因为哪里有压迫，哪里就有反抗。在帝国主义侵略下，中国人民逐渐觉醒，起而抗争，投身战斗，探索救国救民的真理，爱国主义精神高度发扬，许多志士仁人为祖国的独立、民族的复兴贡献了自己的生命，在近代历史上谱写了一曲又一曲英勇慷慨、气壮山河的乐章。

八十年，在历史长河中只是很短暂的一段，但中国近代的八十年却丰富、曲折得多。它的蕴涵、它的光彩、它的意义，比得过任何历史时代，比得过国破家亡的乱世凄凉，也比得过威烈壮丽的盛世辉煌。

文学是时代抒发的心声，时代决定了文笔的内容、形式和意义。中国近代文学的突出特点就是爱国主义的昂扬，成为时代的主旋律，正气磅礴，充塞表里。你在阅读这套丛书时，必能感受到作者的忧患之感、经世之志、愤悱之情，正是这种爱国精神使中华民族得以支撑过艰难岁月，迎来了新生。对于今天的青年人来说已得不到一百年前那种举步维艰、风雨如磐的切身感受。但读读这些文章诗词也可以体会到我们先辈面对的巨大灾难，体会到他们的思想感情与希望追求。一部中国近代史可以描绘出八十年中国的大概历程，而

---

* 原载《近代文史名著选译丛书》，成都，巴蜀书社，1997。

阅读这些名人名家撰写的名著还可以带引你进入那个刚刚逝去的时代，聆听他们的心声，体察他们的喜怒哀乐与所思所求，更深刻地认知我们国家和民族走过的这段路程。

诚然，由于本套丛书所选文章作者们的阶级地位、生活经历、个人性格、艺术修养不尽相同，他们的作品也必然会深深地打上时代和阶级的烙印。比如像曾国藩、李鸿章、左宗棠、胡林翼、彭玉麟等所谓“中兴名臣”，就是为维护清朝封建统治，在镇压农民起义的过程中步入他们事业巅峰期的。而在抵御外来侵略中，除左宗棠、彭玉麟等少数人尚能“锋颖凛凛”向敌外，往往奉行“曲全邻好”的妥协政策。译注者们在选文时充分注意到了这一点，因而着眼于挖掘他们诗文中的积极因素，对其负面影响相信读者会自己去鉴别的。

近代的文章是从古代文章演变来的。但其体裁之多样，风格之变异，描摹之宽广，情感之激越，已非古代文章所能比拟。中国近代，反帝反封建的浪潮奔腾澎湃，中西文化，冲突交融，百川汇海，恣肆汪洋，变化万状，蔚为大观，传统的价值观、历史观、审美观都在嬗变，这样一个新旧交替、承前启后的时代，必定勇于创新、富于创新。从当时的文章诗词中显示了时代的精神，时代的闪光。我们既看到了对蕴蓄丰厚的传统文化的继承，又看到了对现代文化新领域、新路径的开辟。名家辈出，百舸争流，风格各异、精彩纷呈：龚自珍的瑰丽、魏源的务实、章太炎的古奥、林则徐的赤诚、孙中山的宏伟、康有为的骜远、梁启超的清隽、谭嗣同的犀利、秋瑾的激昂、严复的卓远以及曾国藩的通博、左宗棠的雄浑、李鸿章的时新。八十年短短的历史画廊中挤立着如许众多的人物，我们聆听其心声，品评其论说，如闻其声，如见其形。至于这套丛书中的实业文、法制文、报刊文、外交使节文、海军海防文、科学家文都已超轶了中国古代文体的范围，是中国文学史上的新事物，而游记、笔记、序跋、日记之类的古老文体，也注入了新内容，充满了爱国忧时、经世致用的光彩。我相信：近代的文史名著是可以传之后世的精神财富，是我们建设社会主义新文化必须继承的取之不尽的宝藏。

编译《近代文史名著选译丛书》，我们希望能比较全面地展示一百多年前的文史优秀成果。由于作品众多、内容丰富、体裁多样，选文难度较大。我们从不同的视角进行了选编，既从著名人物入手，如选编了康有为、梁启超的诗文，孙中山的文章；或者几人合编一册，如严复、林纾合编，黄兴、宋教仁、朱执信合编，龚自珍、魏源合编，黄遵宪、丘逢甲合编；也有以人物群体合编，如戊戌六君子、辛亥烈士、晚清词人、近代科学家等；又有以事件为中心，把反映近代史上某个重大事件的诗文汇集在一起，如鸦片战争、太平天国、中法和中日战争等等；还有以文章的体裁、流派、类别汇编成册，如笔记文、游记文、序跋文、报刊文、桐城派文等等。我们的想法是尽量搜集近代八十年优秀的代表作，反映这个时代文学的丰富多样。但这样选录，内容较为庞杂，各种文章不免发生交错，因此我们基本上按照作者的年代、写作时间排列，力求避免重复选录。

编译过程中，我感到欣慰的是组织了一个团结和睦、认真负责又具有权威性的编委会。这个编委会集中了十几位在京的著名文史专家，同时还包括巴蜀书社三位经验丰富的高级编审人员，可谓群贤毕聚，人才荟萃。编委们不仅学识渊博，而且责任心强，工作十分努力，对编辑这套丛书采取了非常严肃的态度。我们在选题确定后，约请了京内外数十位研究有素的作者编选、注释，并译成白话。译注者们兢兢业业，数易其稿，付出了艰辛的劳动。每部初稿完成后都要经过几位编委认真审读，再经全体讨论，确定采录与否，并提出修改意见，真是一典之原，反复查核，一名之立，旬日踟蹰，个中甘苦，唯亲历者知之。然后又经过巴蜀书社编审先生们的字斟句酌、反复推敲，才奉献于读者面前。编选和翻译古籍是一项艰难繁重的工作，这部丛书必定还会有缺点和错误，但我与编委们共同工作了一段时间，为他们认真负责的精神所感动，也从他们那里学习到了许多新知识。

《中国近代社会思潮》序言*

前年，吴雁南教授和我谈起他正和许多位中国近代史专家、思想史专家合作，编写一部《中国近代社会思潮》，篇幅较长，规模宏大，时间跨度从晚清到新中国成立之前的半个多世纪。时隔两年，现在这部多达 4 卷、200 余万字的皇皇巨著已经杀青，即将由湖南教育出版社正式出版了。参与工作的主编和撰稿人中很多是我的老友或新交，我由衷地为他们取得的成绩感到鼓舞、欣喜。

从晚清以来半个多世纪的中国，正处在帝国主义和封建主义的压迫下，国家穷困落后，战乱频仍，外国侵略，军阀肆虐，亡国之祸，迫在眉睫，人民生活在水深火热之中。在国家和民族生死存亡的关头，先进人士奋起抗争，探索救亡的道路，长期以来，这种努力一直在执着地、不懈地进行着。而反动落后之势力亦粉墨登场，旋起旋灭。伴随着派系和人物的活动，思想领域中亦波涛翻滚，急流飞溅，阴晴明晦，潮起潮落，种种“主义”和“主张”前推后拥，此起彼伏，千姿百态，目不暇接。当时的人们或者从刚刚传来中国的西方文明中寻找救国的真理，或者从尚未退出舞台的传统文化中觅取济时的药方。改良主义、立宪主义、国粹主义、复古主义、无政府主义、自由主义、实验主义、国家主义、法西斯主义……各种各样的主义名目繁多，匆促上阵，曾几何时，又仓皇退潮，像走马灯似的，“你方唱罢我登场”。这部著作中，对半个多世纪内匆匆来去的各种思潮进行了详尽的介绍和极有见地的分析，使我们了解当时中国思想界主义之繁多、思想之纷杂，正反映了苦难中的中国社会的紊乱、彷徨、无序。但是，历史的行进有着确定的方向，先进

---

* 原载《贵州社会科学》，1997 年第 3 期。

志士的不懈探索，使中国前途上出现了希望的光辉。这就是上个世纪之交孙中山先生倡导的三民主义思潮和中国共产党成立以后出现的科学社会主义思潮，这是历史的主流、时代的强音。中国同盟会、中国国民党、中国共产党先后站在时代潮流的前头，带领人民群众，昂首阔步地前进。

一种有生命力的思潮的形成、传播，不仅仅是某些杰出人物的创造和引导，还有深厚的社会基础和长远的历史传承。中国在半个多世纪内出现了这样多的“主义”和“主张”，偏偏只有孙中山倡导的三民主义和共产党的社会主义成为人民信奉的指针，这决非偶然。这部著作告诉我们：20 世纪初的三民主义和后来的新民主主义、社会主义怎样产生？它们借鉴了什么样的先行思想？又在中国的社会实践、革命运动中汲取了什么营养？它们何以会被 20 世纪的中国人所接受而成为人民群众行动的指针。一种思潮，并不会无缘无故地产生，也不会无缘无故地流行。它总是以一定的经济和政治为基础，反映着某个阶级、某个集团的利益，代表着向上的、前进的或者倒退的、落后的趋势。认真辨析各种思潮的背景、渊源、性质、内容，就能正确地判断它的作用、意义和发展前途。思潮是从社会的物质生活中派生的，但这一点并不妨碍思潮具有超前的引导作用，它一旦产生，将对社会产生巨大的反馈力量，人们将以他们倾向或信奉的“主义”“主张”指导当前的行动。思潮对历史的发展具有重大的牵引作用。观察和研究某个社会中的主流思潮，将能预见这个社会进一步发展的大致轮廓。

各种思潮的同时并存和前后相继都伴随着激烈的斗争。我们看到这半个多世纪内，有革命和立宪之争、共和和复辟之争、尊孔和反孔之争、问题和主义之争、科学和玄学之争、本位文化与西方文化之争、社会史社会性质之争，等等。我们应该在这些眼花缭乱的争论中把握住观察的方向和方法，找出隐伏在这种思想斗争之下的深层内涵。在各种思潮的反复较量和长期斗争中，社会主义思潮脱颖而出，赢得了广泛而热烈的认同。其原因在于只有社会主义思潮最符合中国的国情，最适应历史之潮流，故而被广大群众所接受，成为时代的主导思潮。主观的思想，当它获得客观历史进程强有力的支持时，这种思想才能不胫而走，迅速发展，广泛传播。

当然，20世纪众多的思潮和主张中并非只有对立的方面，也有着彼此呼应、相互影响的同一方面。例如“教育救国”“实业救国”“科学救国”。如果天真地以为可以用之来避免革命、拯救国家，那当然是空想而不切合实际的。但曾经服膺这种主张的人怀抱强烈的救国爱民的愿望，切切实实为社会办了许多实事，还有不少人因他们原来主张的碰壁进而走向社会主义。这些主张中也包含了与社会主义可以相通的某些具体思想，对于一切社会思潮中所包含的积极、合理的成分，应予肯定。

人们习惯于回顾刚刚走过的艰辛路程，以总结经验，增长智慧。现在，已临近20世纪之末，回顾20世纪前半叶存在于中国社会中的各种思潮，探析其发生、发展及其内容、意义，辨析其精华和糟粕，是一项非常重要的工作，这将对当前建设社会主义精神文明起着有益的推动作用。

我国近代会党史研究的新成果*

——评《中国近代会党史研究》

会党问题是中国近代史上的一个重大问题，也是历史研究工作中的一个薄弱环节。新中国成立以来，也发表了不少文章，往往是探讨某个时期（如太平天国与辛亥革命时期）、某些地区（如两广、两湖、四川）或某些问题（如会党的源流、会党起义、会党与资产阶级革命派的关系），还没有人对会党史进行全面、深入的研究，也没有出版过内容比较系统、论述比较全面的会党史著作。因此，会党史上的许多空白点长期无人问津。蔡少卿对会党发展的全过程进行了比较深入的研究，写出了《中国近代会党史研究》一书，对许多重大问题做了分析阐述。这样，不仅填补了许多空白点，而且将中国会党演变的过程勾画出一个比较完整清晰的脉络和轮廓。本书15篇论文的内容编排即构成一个发展系统：第一篇是综论性的文章，介绍近代秘密结社的主要系统，论证了他们在组织、信仰、成员和地区分布等方面的不同，对会党产生的社会起源、会党的性质和作用做了分析论述；第二篇阐述天地会起源，其创始人和时间、地点，对传统的说法进行辩驳；第三篇详细研究了天地会首次发动的大规模起义，即台湾的林爽文起义；第四篇分析了天地会在清嘉庆、道光年间的发展特点和传播情况；第五篇至第七篇阐述太平天国起义时期的会党活动，对太平天国起义各阶段与南方会党、教门的关系做了具体的考察和论证，并对太平天国史上长期有争论的天地会首领洪大全的身份，提出了自己的看法；第八篇至第十篇论述哥老会的源流及其反抗斗争，作者对哥老会与啯噜、江湖会、天地会的关

---

* 原载《光明日报》，1987年9月16日。

系做了细致的分析，指出 19 世纪 60 年代以后，哥老会势力在长江流域兴起，是会党史上一个重要变化，又论述了哥老会与长江流域教案的关系；第十一、十二篇主要论述辛亥革命时期会党与资产阶级各派势力的关系，具体介绍了资产阶级革命党人联络会党的活动及其经验教训，肯定了会党在辛亥革命中的历史作用；第十三篇介绍民国初年的会党；第十四篇系统阐述新民主主义革命时期会党与工农运动的关系，以及中国共产党在各个时期对会党的政策方针；第十五篇研究南洋华侨中的秘密会党。这 15 篇论文，分则一题一事可以单独成篇，合则前后相关，首尾贯串，构成比较完整的系统。其中有不少是研究的空白点或薄弱环节，既无前人的成果，材料也难于发掘。蔡少卿经过长期努力，攻克了难关，将中国会党史的线索清楚地整理出来，写成这部著作。无疑，这是一项很有意义的开创性工作。

会党由于长期流传，处于秘密状态，外人不深知其内情，又缺乏自身的第一手资料，因此很多问题暧昧不明，众说纷纭，真假难分。这部著作在深入研究的基础上，对一系列重要问题提出了自己的见解，如关于天地会起源、哥老会的源流、会党的性质和社会功能、会党史的分期、林爽文起义在会党史上的地位和影响、会党和教门之间的融合渗透、洪大全其人、太平天国与斋教的关系、哥老会与长江教案的关系、自立军起义与会党的关系、辛亥革命后资产阶级革命派对会党态度的改变、中国共产党对会党的政策和工作等等。有不少问题是发人所未发，言人所未言，引起了国内外学术界的重视。当然，这些重要问题的论述未必已经全面、已经完善，但毕竟提供了讨论和进一步研究的基础。

蔡少卿撰写这部著作，付出了大量劳动。早在 20 世纪 60 年代初，他就深入中央档案馆的明清部（即现在的中国第一历史档案馆），阅读了农民运动类秘密结社项的大量档案。在这部著作中，他还利用了第二历史档案馆和台湾出版的档案资料。据我所知，蔡少卿是最早利用我国的档案对秘密会党进行长时期系统研究的一位学者。此外，他又收集、阅读了文集、笔记、地方志、报刊、回忆录、外文资料，进行了社会调查，例如：他曾对嘉庆、道光时广东、广西、福建三省 81 个会党案件做了仔细的统计，概括出 19 世纪前期会党传播和发展的特点；又如作者研究中国共产党对帮会做工作时，不但引用了李立三、邓子恢、何长工、冯仲云、陈奇涵等革命前辈的回忆，还亲自拜访过李立三，在安源煤矿的老工人中进行社会调查。正是掌握了丰富的第一手材料，才能摆脱会党本身流传的一些神话传说的影响，把研究工作建立在科学的基础之上。

可以看出，作者的研究努力运用了马克思列宁主义的观点和方法，将会党问题和中国的经济政治状况、人口增长、社会结构等联系起来考察，使得会党这一主题放在半殖民地半封建中国的大的历史背景之中。这样，就可以使人们更清楚地理解秘密会社的产生、发展、影响、作用。作者进行分析论证时，比较注意将宏观研究与微观考察的方法结合起来，如作者在考察哥老会的源流时，一方面从中国社会变化的宏观角度提出教门与会党走向融合的论断，另一方面又从微观的角度具体分析教门与会党的相互渗透和影响，这样就更有说服力量。此外作者十分关心国外同行专家以及台湾学者在会党研究方面的成果，从中汲取营养和借鉴。

当然，本书也存在一些不足之处，例如：作者对会党的研究比较集中于天地会、哥老会组织，而对小刀会、青帮等其他支派没有专题论述；另外，本书对专题论述比较深入，但对会党发展史的全面论述就显得单薄。

慷慨悲壮的历史画卷*

1977年，有一位老同志给我送来了一部手稿，约90万字，装订成厚厚实实的十大册，誊写工整，字迹秀丽，这是一个青年的处女作——《星星草》的第四稿。当时，我还不认识作者凌力同志。因为这是一部描写捻军的历史小说，所以那位老同志要我从历史学的角度给这部小说提些意见。说实在的，开始我并不打算从头到尾读完这么一部大作品，只想抽读若干章节。但是，读了几章以后，我却被作品吸引了，很快读下去，几天之内就读完了全书。

这部作品所写的捻军起义是近代史上一场轰轰烈烈的农民战争，是太平天国革命战争的继续。当太平天国革命失败以后，农民革命的烈火并没有很快熄灭，太平军的余部和原来在皖北作战的捻军结合在一起，在杰出领袖赖文光、张宗禹、任化邦等率领下，迎着枪林弹雨，继续战斗在黄淮流域的广大地区。全国范围的农民大革命已经进入退潮，革命和反革命力量的对比悬殊。可是，捻军战斗得那样英勇、那样机智、那样有声有色。他们击毙了骄横不可一世的僧格林沁，打败了凶狠狡诈的曾国藩，牵着李鸿章、左宗棠等一大批湘淮军将领东奔西跑，把各地清军打得团团乱转。捻军最后虽然失败了，但是，捻军英雄们坚强不屈的精神和光辉战绩将永远彪炳史册。

我过去读过一些捻军的史料，很喜爱其中的人物、故事，还讲过课，写过文章，但只停留在史事梗概的一般叙述上。读了《星星草》，一个个的捻军英雄形象在我脑际浮现，变得有血有肉，栩栩如

* 原载凌力：《星星草》，上、下卷，北京，北京出版社，1980—1981。

生，使我得以共享他们喜怒悲欢的感情；我原先知道的故事梗概，充实了具体细节和生活气息，显得生动而丰满；史事有了发展、起伏、转折；各种场面千变万化，错综复杂，像一幅色彩绚丽、气魄宏伟的历史画卷展现在眼前。

凌力是一位年仅三十几岁的女同志，原来是学习无线电控制工程的。她花费了十年时间创作这部长篇历史小说。写历史小说不但要有文学修养，掌握文艺创作的规律，还要懂得历史，掌握丰富的史料。作者的思想感情要深入到已经流逝了的那个时代中去，熟悉当时的人物、故事、社会风俗、山川地理、语言服饰等等。作者必须通过大量地搜集、研究史料来间接地了解和体验过去的生活，因此，创作历史小说需要长期、艰苦的准备。“十年辛苦不寻常”，凌力同志从1968年开始泛读史料，做准备工作，1970年选定了以捻军为题材，进行写作。十年以来，这部作品大修大改，共有七次，积稿逾数百万字。这部历史小说所达到的思想水平和艺术水平，读者自会做出公允的评价。凌力同志坚定而勇敢地走过了漫长崎岖的道路，用自己的才华和心血浇灌了《星星草》，把它奉献于社会主义祖国的文艺花坛上。她的勤奋努力、锲而不舍、坚韧不拔的精神是十分难能可贵的。

1968年，林彪、“四人帮”已窃夺了党和国家的部分权力，把社会主义新中国推入血泊之中。大批革命干部和知识分子惨遭迫害，文化学术界万马齐喑，一片萧条。亿万青年失去了学习和工作的权利，他们有的被卷进大规模武斗，有的彷徨消沉，无书可读，无事可做。人民对于这场突如其来的反革命夺权和文化浩劫缺乏思想准备。那时，凌力同志还是个从大学毕业不久的青年，入世未深，经验不足。她的家庭和其他革命家庭一样遭到了冲击。她看到人民的生活遇到挫折和不幸。她像所有正直善良的人一样感到迷惑、苦闷，尝到了世态炎凉，思想感情遭到巨大的压抑。当时的许多单位，两派对立，武斗严重，工作停顿，不能上班。可是她并没有沮丧绝望，并没有被逆境所压倒，也不随波逐流。她多次谈到写作《星星草》的动机：“我当时对形势不理解、不满意，感到困惑、郁闷、不平。但是，我有一个强烈的愿望：不论在什么环境中，都要为人民做点事。这是一个共产党员的天职。正常的工作不能进行了，做什么呢？我同情当时被打倒的大批的革命干部，为他们鸣不平，想讴歌在逆境中坚持斗争的英雄。我从小喜爱文学和历史，于是决定创作一部历史小说，并且选择了太平天国革命失败后，在革命低潮时期坚持战斗的捻军。我喜爱他们'誓同生死，万苦不辞'的团结不屈的精神，希望反映他们可歌可泣、英勇悲壮的斗争。"这就是长篇历史小说《星星草》的创作由来。

青年人富于理想，而重要的是能不能把理想付诸实现。当时，凌力同志写作的条件十分困难，既无书籍，又无指导，没有写作经验，缺乏可以磋商的同志，一切都要孤身只影地从头做起。更难的是没有可以安心创作的环境和气氛。在"四人帮"统治下，创作这样的历史小说，明明是触犯"四人帮"的文艺帮规的，可以想见作者在创作过程中遇到了多少艰难和挫折。这部长篇小说第一稿的一部分，是作者在下放干校时写的。每天劳动以后，夜深人静，伙伴们已入梦乡，但是作者忍受着疲劳困乏，在一盏油灯下顽强地写作。"要为人民做点事"这一坚定的信念，在她身上唤起了无穷的力量，推动着她克服千难万阻，坚持不懈地学习、探索、写作、前进。

在这个时期，我们所熟悉、敬爱的老作家们被迫放下了笔，有的还被迫害致死。"四人帮"要全部消灭文学艺术。但是，他们是不能得逞的。你看，我们那些有理想、有抱负、有才华，像凌力同志那样的青年们，在困难的环境中，顶住压力，拿起了笔，自觉地继承着老一辈作家的事业，十多年来，勤奋努力，默默无闻，埋头苦干着！

"江山代有才人出"，在扫除了林彪、"四人帮"之后，我们的文化事业复苏了，逐渐地生机盎然，文艺园地上新芽萌生，鲜苞怒放，嫩叶扶疏。《星星草》，这个作者十年劳动的成果也得以公开出版。

"要为人民做点事"，这句话一直回荡在我的脑海中，它是过去凌力同志处逆境而坚持工作的力量源泉；今后还将鼓舞着她继续前进，创作出更多更好的作品来。这句平凡而简单的话，表达了作者的革命情操和理想。在此，除了向读者推荐这部作品之外，我还愿以作者这种一心扑在事业上的革命精神，与在各条战线上为早日实现祖国的四个现代化而奋斗的同志们共勉！

《山海集》序言*

《山海集》是郭毅生教授文章的结集，包括四个部分，即：北美风光篇、白山黑水篇、近代中国篇、人物书评篇。集里面的文章，反映了毅生同志研究的心力所萃及平生的行踪所至。我和毅生同志相交 43 年，经常谈论学术，得切磋之益，深佩其资质敏慧，富于开拓创新，治学勤奋，锲而不舍，为人正直坦荡，待友真挚热情。他是我国著名的太平天国史专家，又长期研究东北的历史地理，他的研究成果深得罗尔纲、谭其骧等前辈学者的激赏。收集在这本书中的文章，有一些我多年以前曾经读过，有很多则是近期才得拜读。

郭毅生教授在长期研究中形成了自己独特而优良的治学风格。他既擅长理论分析，勤于思索，又博学多闻，重视史料考证，能把科学的历史观和具体的史事研究有机地结合起来。故而他的文章高屋建瓴，能开拓新境，发他人所未发，而又丰满扎实，论证精详，极有说服力。记得 40 年前，读他的早期有关太平天国革命性质和《天朝田亩制度》等文章，当时他英年奋发，风华正茂，笔锋凌厉，如江海澎湃，突破前人研究的藩篱，新意甚多。那时我也在研究太平天国史，对太平天国定都天京后的战略抉择，蓄疑在胸，未得正解。读了他所写的《太平军克南京时全军人数考》，证实了当时太平军并无百万之众，故而它只能守护天京，偏师北伐。久蓄的疑团，遂涣然冰释，由于读他的文章，深受启发，故而 40 年后的今天，印象还十分鲜明。

毅生同志写过许多考证文章，显示他治学的功底和广博的学养。他研究历史地理，非考证无以明其地望所在，故毅生同志穷年累月，

---

* 原载郭毅生：《山海集》，北京，中国地图出版社，1996。

孜孜不懈，进行了艰难的搜集与爬梳。记得十年动乱期间，别人正在批判，打派仗，毅生同志却专心致志于学问，黄卷青灯，从事东北历史地理的考证。我当时颇留意于清初的中俄关系史，需要了解中俄边境的历史地理。他送给我许多东北的地理资料，每次见面，总是谈论他正在进行的考证工作。他非常热爱和关切自己的研究工作，一事之疑，求索徘徊，一地之明，踌躇满志。回想当年我们之间高谈阔论，滔滔不绝，兴趣盎然，沉浸在学问的喜悦之中，丢掉了尘世的烦恼，完全忘记了自己还是被监督、受审查的身份。

毅生同志的考证工作很有成绩。如明初奴儿干都司城址何在？事关中俄疆域的领辖，以往的学者言之而未能确证。在本集所收《历史的见证》一文中，作者娴熟史料，广征博引，运用明代《实录》、元代“站赤”资料、《永宁寺碑文》以及晚清学者曹廷杰的实地考察，确切指明奴儿干都司城在黑龙江下游特林附近的具体地望，论证有力，遂成信谳。《中国历史地图集》即以此说定位制图。

又如辽代东京道的通州城，关系到渤海国的扶余府和汉魏的扶余王城之所在，十分重要。但资料奇缺，日本人津田、箭内亘、和田清皆以为无考。毅生同志锐意钻研，别出蹊径，从辽、金、宋往来使节的“行程录”中，从元、明的驿站地名中，钩沉索隐，排比对勘，终于找出其相应位置，并确证它即为今四平市西之“一面城”古城址。此研究成果亦为历史地理学家所认同。

中国古代学者从来重视对实地的踏勘调查。司马迁游历名山大川而撰《史记》；赵明诚踏遍黄淮各地而著《金石录》；杜甫所谓读万卷书、行万里路；近代学者杨守敬搜书于东瀛；曹廷杰访碑于黑龙江。毅生同志仰慕前贤，继承这种优良传统，为著书立说而奔走各地，曾经三访黑龙江、四下苏浙、五次出入广西金田村；又深入滇黔，探索夜郎、大理之遗迹；西出玉门，瞻仰敦煌，沿丘处机、左宗棠所行路线，深入流沙，横越绝漠，追踪阿古柏之史事。这不是一般的旅游观光，而是做实地的学术考察，寻碣扪碑，投宿荒村，极为辛苦。如他参与《中国历史地图集》东北部分的编绘工作，为了解决元、明“站赤”的所在，曾不惮劳瘁，从开原、铁岭辗转水陆，沿松花江而下，到中俄交界之伯力附近，勘明其里程、形势，编绘入《中国历史地图集》。该书所以获得学术界的推崇，正是因为在谭其骧教授的领导下，有一批像郭毅生同志那样的学者进行了艰苦不倦的工作。

郭毅生教授在太平天国史研究中也发扬了实地勘察的优势和特点，他曾主编过《太平天国历史地图集》。对太平军的进军路线、战场态势、文物史迹做了详尽深入的研究。其勘查之广泛，搜集之宏富，考订之精审，令人叹服。太平天国史上著名的地点：花县之官禄㘵、桂平县的金田村、紫荆山、永安州、蓑衣渡、半壁山、三河镇、九洑洲，以及苏浙皖的许多县市镇村，毅生同志均一一亲历，在该处踏勘测绘、拍摄照片、制成草图、访求文物史籍。他所写文章、所绘地图多得于第一手考察，故信实而有征。

毅生同志一生勤奋，著述甚丰。《山海集》一书反映了他在中国近代史和历史地理学方面卓越的研究成绩，又给后学者留下了可作楷模的治学风范和严肃认真的工作精神。

《中国资本主义的历史命运》序言*

经过长期的研究和讨论，学术界对中国资本主义萌芽的认识越来越深入、具体了，而丝织业则是研究者注意的焦点。在历史上，苏州的丝织业极为发达，产生过“账房”的组织，它所采取的“账房放料，机工代织”的生产经营方式，一直被视为中国明清时代资本主义萌芽的典型形态，受到国内外学者的普遍注意。长期以来，言人人殊，议论纷纭，歧见屡出，真有点像刘知几所说的“物有恒准，而鉴无定识”了。以往就这个问题展开的讨论，曾经给人以有益的启迪，但是由于缺乏必要的材料和具体的说明，难免有“雾失楼台，月迷津渡”之感，误解疏漏之处，屡见不鲜。而且，以往的研究局限于鸦片战争以前，至于苏州丝织业“账房”在近代如何发展？怎样演化？它是否走向兴盛？为何开始衰落？何时最终消失？造成这些结果的原因又是什么？这一切，迄今人们都还不甚了了，几乎可以说是一片空白。这个领域中研究工作的进展自然会引起大家的兴趣。

多年来，王翔同志一直在对苏州丝织业“账房”盛衰兴亡的历史过程和基本规律进行着不懈的研究和探讨。他在发掘和整理苏州档案馆藏大量第一手历史档案资料的基础上，改变了以往人们研究“账房”时的那种静态分析的方法，把苏州丝织业“账房”这一研究对象放在普遍联系和发展变化中考察，对之进行动态的分析，从而把握它所呈现出来的事物总体性的特征；也就是说，不是把“账房”当成一种凝固不变的事物，而是把它看作一种发展演化的过程，力求对“账房”孕育、萌生、发展、嬗变、衰落、消亡的历史全程做

---

* 原载王翔：《中国资本主义的历史命运》，南京，江苏教育出版社，1992。

出尽可能科学的阐述，对“账房”在各个不同历史阶段中的形态、特征、性质以及所以造成的原因做出尽可能准确的描绘，以体现出中国资本主义萌芽发展的必然趋势和历史规律，体现出近代中国经济的客观环境和生长特征。显然，这对于清醒地认识我国的国情，对于推进当前的社会主义现代化建设，也能够提供一些值得借鉴的历史经验。王翔同志用马克思主义理论分析丰富的资料，通过对苏州丝织业“账房”的研究，对中国资本主义萌芽的孕育和成长，对中国资本主义的产生、发展和消亡，对旧中国的社会经济结构等重要学术理论问题，比较系统地提出了自己的一些新看法，得出了一些新结论。这对于民族文化的积累和学术探讨的深入，无疑是很有裨益的。

西方哲学家把 20 世纪称为“分析的时代”，不管这种提法是否恰当，他们不满足于停留在已有的对整体的朦胧认识，要求对事物做具体入微的分析，以此来丰富对整体的认识，这种具体分析的方法，对于克服习惯于普遍一般，不愿意冥索细推、深入剖析的思想方法是很有帮助的。当然，从事具体研究并不是画地为牢，埋头于琐碎的考证，而是要通过典型解剖来反映全局，通过个别来说明一般。共性总是存在于个性之中的。在某种意义上，对苏州丝织业“账房”的研究就具备着这种功能：它是人们公认的中国资本主义萌芽的典型形态；它在鸦片战争之前和以后的发展变化很具代表性；它的历史发展过程比较完整，积累下来的材料比较充分。可以说它是中国资本主义萌芽一种很具典型性的发展演化道路。我想，正是基于上述考虑，作者才把书名定为《中国资本主义的历史命运》的吧。

王翔同志是一位脚踏实地、勤奋治学的青年学者。他谦逊好学，刻苦自励，学业上精研锐进，这部《中国资本主义的历史命运》，便是他几年来锲而不舍、辛勤耕耘的结果。我祝贺他的这部新作的问世，同时殷切地期望王翔同志百尺竿头，继续前进，写出更多更好的作品。

《湖湘文化传统与湖南维新运动》序言*

1894年的中日甲午战争中，中国战败，割让台湾，赔款白银2亿两，主权尽失，国势一蹶不振，给予人们重大的刺激。为什么庞大且搞了30年洋务的中国竟败在日本这个新兴小国之手？这不能不引起人们深入的思考。中国有一句老话："穷则变，变则通，通则久。"有志之士感到了进一步实行变革的必要性、迫切性。于是，中国大地上要求变法维新的浪潮勃然兴起，1898年产生了以康有为为首的戊戌变法运动。

戊戌变法运动虽然只有一百零三天，时间很短，如昙花一现，但它的影响是极其深远的。维新志士们奔走呼号，要求变法自强，期望国家和民族的振兴。在他们的推动下，清朝廷发布谕旨，实施新政，练新军，变科举，奖留学，开办京师大学堂，设立农、工、商局，一系列变法措施相继推出。变法维新因守旧派的破坏而告失败，但它确曾震动当时，令人耳目一新。人们盼望着能够更改旧制度、旧规章，摆脱死气沉沉的停滞生活，使中国自立自强，能与列强平等共存于世界。

中国是个大国，凡是全国性的政治思想运动必有地区的活动做其基础、为之先行，戊戌变法运动中，广东和湖南的知识界最为活跃。广东是中国与西方国家最早接触和交往的地区，西学传播最早，风气先开，故有康有为、梁启超及万木草堂的弟子们，执戊戌变法运动之牛耳。而湖南自太平天国以后，显耀于世，人才辈出。特别是湖湘文化，博大精深，渊源有自，教育和启发了一大批维新志士。丁平一女士的《湖湘文化传统与湖南维新运动》即是研究戊戌变法

* 原载丁平一：《湖湘文化传统与湖南维新运动》，长沙，湖南人民出版社，1998。

时期湖南的维新运动及其与文化传统的关系。全书资料丰富，结构谨严，分析深入，颇有新意，是一部优秀的学术著作。从来的戊戌变法专著中对于地区的情况涉及很少，丁平一女士补充了这一薄弱环节。她用全书绝大部分篇幅研究湖南的维新运动，透彻地剖析了湖南省的士风民气、官绅各界、维新精英，缕述了这里在戊戌变法前夕和变法期间的新政措施，诸如设学堂，办教育，创报刊，举办近代的矿业、交通业、邮电业、机电业、轻工业以及开办算学会、南学会，设课吏馆、保卫局等，并对维新运动中各个利益集团的分野，新旧两派的激烈斗争做了深入的分析，原原本本地介绍了湖南维新运动的全过程及其来龙去脉，大大地加深了人们对整个戊戌变法运动的认识。

丁平一女士还分析了源远流长的湖湘文化与湖南维新运动的关系。书中指出：湖湘文化的精髓在于爱国主义、变革精神、经世致用、敢为天下先等。湖南的青年知识分子在这种文化氛围中受熏陶培养，脱颖而出，产生了像谭嗣同、唐才常、熊希龄、樊锥、易鼐、毕永年、秦力山、皮锡瑞、蔡锷等一大批理想远大、见识卓越、勇敢坚毅、求新务实的维新志士，推动了全国和湖南维新运动的前进。

文化传统是某个地区的人民群众在实践活动中创造和积累的文明成果，凝集为特定的风气和精神。它形成于过去，积淀在历史的长河之中，却又存活在现实里，支配和影响着现实生活。人们都离不开传统，都要在某种文化传统的基础上，进行今天的活动，创造今天的历史。当时的湖南为什么能得风气之先，在戊戌变法运动中扮演重要的角色，这和湖湘文化的传统有着密切的关系。正是这种优秀的文化传统较早地唤醒了他们的觉悟，使他们更加关心政治、关心国家的命运，使他们更多地投身于经世致用的教育和实业活动中。丁平一女士比较圆满地诠释了湖南在近代政治和思想运动中为什么占有突出的地位。

1998 年正当戊戌变法 100 周年，我很高兴读到这部书，并愿意推荐给读者。

序《谭嗣同与晚清士人交往研究》*

谭嗣同是中国近代杰出的爱国主义者。他生于1865年（同治四年），比孙中山大一岁，比康有为小七岁。这时正是太平天国革命失败后一年——外国列强加紧侵略，清政府被迫赔款割地，丧失主权，中国逐步沦为半殖民地半封建社会。特别是中日甲午战争以后，中国面临列强瓜分的危险，中国人民掀起了爱国主义的热潮，希望挽救中国，振兴民族。谭嗣同怀抱对国家、对民族的热爱之心，痛恨帝国主义的侵略。他继承了中国知识分子的优良传统，"以天下为己任""先天下之忧而忧"，努力探索救国救民的真理。为了救亡图存，必须维新变法，必须反对封建主义。他猛烈批判封建君主专制和封建纲常伦理，指出"二千年来之政，秦政也，皆大盗也；二千年来之学，荀学也，皆乡愿也"。认为"君臣一伦，尤为黑暗否塞，无复人理"，控诉"数千年三纲五常之惨祸酷毒"，号召人们奋起"冲决网罗，扫荡桎梏"。他是大无畏的战士，是中国近代的先知先觉，其思想言论在当时沉沉黑夜中放射出耀眼光芒，照亮了后人继续前进的道路。

谭嗣同又是一位博学多才、知识丰富、中西贯通的学者和先进的思想家。他早年熟读儒家经典和诸子百家，学习考据注疏，"心好沉博绝丽之文"，喜爱历史兵法，骑马击剑，讲霸王经世之学。他的老家在湖南浏阳，生长在北京，几次到大西北，到过江南，游历全国各地，读万卷书，行万里路，关心国家大事和民生疾苦。后来又钻研明末清初思想家王船山的学说，努力学习西方的数学和自然科学，由此形成了内容广博、中西兼采的知识体系。这一点正是中国

* 原载《湖南大学学报》（社会科学版），2005年第2期。

近代先进知识分子的特点。当时正是西方文化进入中国、中西文化冲突和交流的时代，谭嗣同对西方文化采取了开放的态度，他大量阅读译书，如饥似渴，好学深思，努力吸收西学来建构自己的思想体系。他可说是当时阅读译著、引用西学最多的思想家之一，《仁学》这本书就是中西兼采的著作。因为当时处在向西方学习的早期，谭嗣同所学杂博而不专精，显示出不成熟的特点，这是不能苛求的。谭嗣同虽然否定荀学和程朱理学，但他并不反对孔子，认为孔子是春秋时代诸家之一，孔子和各家都有贡献，但孔子的学说被后儒所歪曲。可见他虽是很激进的思想家，但对中国的固有文化还能抱分析的态度，并不是全部否定。

谭嗣同是一位政治改革家，实干家。坐而言，起而行，言行一致。他热情投身于维新运动之中，风尘仆仆，到处奔走，与其他维新志士一起创办了许多学会（算学社、湖南强学分会、测量学会、农学会、不缠足会、南学会、延年会、群萌学会等）、学堂（时务学堂、女学堂、致用学堂）、报纸（《湘学报》《矿学报》《湘报》），还办公司，开矿山。在短短的几年中，做了很多实事、好事。他把全部精力、时间都贡献给社会，谋求社会的进步。1898 年，谭嗣同被保举晋京，参与百日维新。当顽固派发动政变时，谭嗣同毫不畏惧，拒绝出走避难。他说："各国变法，无不从流血而成。今日中国未闻有因变法而流血者，此国之所以不昌也。有之，请自嗣同始!"他的狱中题壁诗"我自横刀向天笑，去留肝胆两昆仑"成为千古传诵的绝唱。谭嗣同是为救国救民，为中国的独立、繁荣、富强而流血牺牲的伟大人物，他的爱国牺牲精神值得继承和发扬。

像谭嗣同这样的重要历史人物，总是会不断引起人们研究的兴趣。在建国以来很长一段时期内，谭嗣同一直是近代史研究的热点之一。很多专家学者都撰写过这方面的文章和著作，据不完全统计，到 1998 年谭氏就义 100 周年之际，已经发表的有关学术文章有 200 多篇，专著 10 余部，经中华书局第三次修订的《谭嗣同全集》也已出版发行。对于历史人物研究来说，这是一个不小的数字。它一方面表明人们对谭嗣同的热情始终未减，另一方面也说明学术界对此已经投入了较大的力量，谭嗣同研究早已不是一块未被开垦的处女地，而是一个屡经耕耘、收获颇丰的学术园地了。在这样的条件下进行谭嗣同研究，就要求研究者在充分吸取、借鉴前人成果的基础上推陈出新，调整研究的视角，开拓研究领域，发掘新的资料，寻找新的突破口，这是一项难度很大的任务。

贾维同志是中国社会科学院近代史研究所副研究员，他的家庭与浏阳谭氏有历史渊源关系，因而有志于从事谭嗣同研究。他在中国人民大学清史研究所攻读博士学位期间，选择了《谭嗣同与晚清士人群体交往研究》作为自己的论文题目。后来又在博士论文的基础上，经过多次修改和补充，成为今天摆在大家面前的这部学术专著。作者广泛搜集了谭嗣同及其师友，以及谭氏家族的各种资料，如日记、信件、文稿、诗词、族谱、县志等，为此他曾三赴长沙、四赴浏阳，走访了湖南、湖北、南京、上海等地的图书馆和档案馆，查阅了大量资料。如《瓣姜函稿》《瓣姜文稿》《刘人熙日记》《谭氏家书》等资料都未曾刊行，其中不少是在本书中首次使用的。又如谭嗣同的父亲、湖北巡抚谭继洵的资料，以往很少有人注意，作者也专门花了一番功夫加以整理。作者还利用在湖南浏阳的社会关系，采访了有关的当事人，对当年谭氏家庭的状况做了一些调查了解，非常难能可贵。所以这本书史料丰富，做到了言之有据，信而有征。

全书以谭嗣同及其师友作为研究对象，将谭氏放在与其师友的关系中加以考察，以谭氏本人经历为线索，叙述了其在不同时期的交往活动，探讨了这一交往的历史背景和影响。书中不仅对谭嗣同的家世、早年生活、思想发展、政治活动和学术成就做了详细叙述，而且涉及刘人熙、欧阳中鹄、唐才常、汪康年、陈三立、夏曾佑、康有为、梁启超、宋恕、黄遵宪、熊希龄等一大批晚清著名知识分子，对他们与谭嗣同的交往关系进行了深入分析。作者在书中还对谭嗣同与湖湘文化的关系，以及在维新运动中的作用等问题进行了探讨，并提出了自己的看法。谭嗣同及其师友是一个新的研究课题，它填补了以往谭嗣同研究的空白，为谭嗣同研究增添了新的成果。

《谭嗣同与晚清士人交往研究》一书已由湖南大学出版社列入“湖湘文化研究系列”丛书，并已出版发行。我向贾维同志表示祝贺，并将本书推荐给广大读者。

《梁启超评传》序言*

当吴廷嘉同志把她的新作《梁启超评传》放在我的书桌上，我惊讶得说不出话来，我不知道她什么时候以及怎样完成了这部新作。因为，近几年来，她家庭不幸，与她相爱至深的沈大德同志过早地离开了人世。她自己又病魔缠身，经常住在医院里，去年即住院三次，时间达八个月，甚至医院发出了病危的通知，身体上和精神上承受了巨大的打击和磨难，已心力交瘁。在这种情况下能够从病床上爬起来，恢复健康，就很不容易了。谁会料想到：短短时间内，她又完成了这部学术专著，真可谓“生命之奇迹”，在她身上似乎有一股永不枯竭的活力，一颗永不会被征服的心灵。

吴廷嘉就是这样一个人。开朗、达观、活跃、坚强执着的个性，天真无邪的童心，充沛旺盛的精力，诚恳炽烈的热情，对人坦率真挚，可与深谈，可共患难；对事业和学问，孜孜追求，坚持不懈，她富有思考和论辩的才华，很早之前，我曾听过她在数万人大会上的一次公开辩论，舌战群英，滔滔雄辩，真有千军辟易之概。她不知疲倦地工作，想要做和正在做的事情多得不可胜计，除了搞研究、写文章之外，又要扶植某个社会团体，支持某种高雅艺术，组织某个讨论会、研究会，或者苦心筹划，为边远地区乡镇企业的发展献计献策，或者千里奔波，为某个地区的旅游文化进行调查和规划。小而至于帮助同志，抚养和教育孩子；调解家庭纠纷；带着温馨的心，风尘仆仆去看望和慰问在外地遭到了不幸的朋友。我每次见到她，总要劝她保重身体，缩短战线，严格控制活动的范围，有时提高声音，表现了我的忧虑和责备。她总是笑笑，好像理解了我的规

---

* 原载沈大德、吴廷嘉：《梁启超评传》，南昌，百花洲文艺出版社，1996。

劝但又无可奈何地委婉拒绝。追求事业，帮助别人是她人生中的最大乐趣，她永远在无休止地奔波、忙碌，却无暇休息几天，将养自己的身体，照料自己的家庭。她富有强烈的社会责任感，又极其珍视友谊，为别人考虑、做事，把生命献给别人而对自己却少所顾惜。

只要稍稍翻阅此书，就会知道吴廷嘉写作此书花费了多少时间，投入了多大的才思和精力。尤其是她病躯怯弱、事务冗忙之余，真是用自己的心血滴成了这部学术新著。梁启超是近代中国的杰出人物，政治上推进变法维新，开辟一代新风，学术上涉足多种学科，构建近代学术理论的体系，成为知识界的启蒙大师和精神领袖。梁启超一生的著作丰富，《饮冰室合集》，皇皇巨著，篇幅浩瀚，而要深入研究他的学术活动和学术成就，更需要广博的知识和各方面的深湛修养。过去，学术界研究梁启超都重在他的政治活动和宣传工作，对学术方面并无系统的专著。而且，梁启超在政治上遭到不公正的贬抑，这也不能不影响对他学术成就的评价。吴廷嘉有鉴于此，发大宏愿，奋大毅力，决定撰写此书。她很早以前，曾经精心钻研过《饮冰室合集》，也深入探讨过康有为、谭嗣同、章太炎、王国维等人的思想。积累甚丰，酝酿已久，故发之也疾。加上她才思敏捷，勤奋努力，在病体稍愈之后能够迅速而高质量地完成这部新作，为学术界填补了重要的空白。这也许就是我刚刚看到书稿，感到惊讶而不解的原因。

吴廷嘉的《梁启超评传》，以时序为经，以学科为纬，系统地研究了传主的全部学术活动。梁启超生活在封建社会走向近代的过渡时期。他的学术具有承前启后、继往开来的作用和性质。梁启超的古学极有根底，故而是传统学术当之无愧的继承者、诠释者，又如饥似渴地学习和吸取西学，勇于进取，开拓新知，故能成为中国近代学术的奠基人。他的研究范围极为广泛，最有成就的当推历史学、思想史、历史研究法，旁及政治学、经济学、财政学、法学、新闻学、教育学、佛学、诸子学、目录学、文艺、诗歌小说等等。他的学术精髓在于继旧开新，沟通中西，为近代学术扫清道路，奠筑基石，其筚路蓝缕之功，不可泯灭，而草创伊始，大辂椎轮，涉猎广泛，难期折中至当，故不免有浅尝辄止之诮。诚如吴廷嘉所指出："虽时有粗浅的印记，但却决非一概粗浅，而有他人难以企及的、非常深刻的一面。"梁启超的思想学说"哺育了戊戌以来几代人的成长，其中包括后来的革命党和更为其后的共产党前驱"。

吴廷嘉一方面以史学家的冷静和严峻态度，剖析梁启超的学术活动，区分其精华和糟粕，指出其成就和局限，另一方面又全身心投入研究，不仅用理智去思索，而且用感情去体验，故而行文跌宕生姿，笔锋常挟风雷。她高度评价和讴歌梁启超的学术贡献，对这位政治上和学术上的巨人一赞三叹，充满崇敬之情。她把梁启超放在大的时代背景中，作为中国近代知识分子的典型代表，既怀抱爱国救民、淑世济人的情怀，矢志不渝，百折不回，又受时代的局限，徘徊踯躅，惆怅迷惘，上下求索，随时流变。吴廷嘉既用科学的态度去观察他、分析他，又用心灵和感情去接近他、理解他。应该说，这样做是非常必要的，你不在心灵上和感情上去接近和理解知识分子，你就很难研究他，认知他，正确地评价他。

当前，文化研究仍是研究的热点。梁启超在研究传统文化，尤其是撷取古代文化精华，创造性地构筑近代学术殿堂方面做出了不可磨灭的成绩。他的著作、学说理应受到学术界的重视。牛顿说过：由于他站在巨人的肩膀上，故能取得物理学上的光辉成就。我国也有自己的文化巨人，梁启超就是其中的一位。我们应当继承他的思想遗产，去创造新时代的学术文化。从这个意义上说，吴廷嘉的研究工作十分重要，她大病初愈，不辞劳瘁，全力以赴，锲而不舍，给学术界带来可贵的成果，我怀着感谢和敬佩之心，读完了她用心血滴写的这部著作。

投身革命　调适佛儒*

——荐《黄宗仰传论：出世入世间》

近代中国的历史舞台风起云涌，忧国忧民的仁人志士前赴后继，他们为时代精神所感召，为民族救亡而奔走，为崇高理想而奋斗，为这段悲壮而又激昂的岁月书写了一篇篇不朽的史诗。

被梁启超誉为“我国佛教界中第一流人物”，身后唯一荣膺民国政府褒典的乌目山爱国僧人黄宗仰，虽身居世外，却殷忧国事，以佛学为纽带，投身辛亥革命，在20世纪初的中国政坛上留下了浓墨重彩的一笔。

黄宗仰生活的年代，正是世纪之交中华民族面临被瓜分危机的存亡之秋。面对数千年来未有之变局，面对由此而引发的社会思潮的涤荡，黄宗仰与同时代的许多有识之士一样，经历了始则对清廷抱有幻想，继而同情维新运动，最终拥护共和政体的人生征程。特别在1903年前后，由拒俄运动及苏报案而起的清末革命浪潮中，黄宗仰为革命奔走呼号，实现了其政治思想的跨越。民国初年，在围绕国会选举与宋教仁案的复杂政潮中，他频频发言，针砭时弊，显示出一名民主主义政论家的政治良知与爱国热忱。

古城常熟，人杰地灵，是为江南人文渊薮。生于斯、长于斯的黄宗仰，深受故乡人文气息之熏陶，自幼聪慧好学，胸怀大志，剃度为僧后更是钻研释氏内典，旁及中西政治学说。在近代社会的特殊思想环境中，他的佛学思想并未止于前人之成就，而是紧跟时代脚步，力图契合现实社会，增进国民道德；力求改造、革新传统佛教，调适佛儒关系；力倡以唯心唯识为正宗的佛教义理。清末民初

---

* 原载沈潜：《黄宗仰传论：出世入世间》，上海，上海人民出版社，2008。

佛学的复兴，成为处在上升时期的中国资产阶级的思想理论之缩影。

沈潜先生积十年之功，将黄宗仰当年散见于清末民初各种报刊上的诸篇诗文辑录出版，名之曰《宗仰上人集》。在此基础上，又倾十年心血，撰写完成这部《黄宗仰传论》，通过多维度勾勒黄宗仰不同历史时期的生命轨迹及其思想概貌，努力填补辛亥革命史及近代中国佛学史在此方面的研究空白。该作知人论世，史论结合，不仅公正客观地全面再现了黄宗仰独特的心路历程，而且着重剖析了他以出世精神做入世事业的矛盾纠结，及其对于清末民初佛学复兴思潮的影响。作者独立思考，见解不俗，治学严谨，是一位功底深厚，极具潜力的青年历史学者。该作思路清晰，史料充实，行文流畅，是一部融学术性与可读性于一体的人物传记。

胡华与《中国新民主主义革命史》*

《中国新民主主义革命史》一书在新中国诞生 60 周年之际，第十五次出版了。作者是我早年的导师、著名的马克思主义历史学家、教育家胡华教授（1921—1987）。为此，我感到由衷的高兴。这本书历经 60 年的风风雨雨，至今依然像宝石一样熠熠生辉。

《中国新民主主义革命史》最初是作为教材，问世于 20 世纪 40 年代末。1948 年 8 月，以陕北公学为前身的晋察冀华北联合大学和晋冀鲁豫的北方大学合并，建立了华北大学。当时的主要任务就是配合解放全中国，为迅速建立的各级新生的人民政权培训大量急需的干部。在此形势下，华北大学出版了一本由胡华编写的教材，名为《中国近代革命史讲话初稿》，该书就是《中国新民主主义革命史》的雏形。

早在 1940 年 1 月毛泽东的《新民主主义论》发表后，深入抗日敌后办学的华北联大就把这篇著作列为中国革命问题课的主要教材。为帮助学生理解新民主主义革命的理论，毕业于陕北公学的胡华，在成仿吾、江隆基、何干之等前辈的指导下，于当年 4 月开始讲授“中国近代革命运动史”。那时，他才 19 岁。当他钻研了毛泽东的《新民主主义论》后，《中国新民主主义革命史》一书的指导思想就已初步形成了。

胡华备课、著书的资料，是用生命保存下来的。1939 年 9 月，华北联大师生从延安赴晋察冀抗日根据地，征途 3 000 多里，跋山涉水，历尽艰辛。当跨越同蒲铁路的敌人封锁线时，大家背着背包（内有被子、衣服、书籍等）冒着生命危险趁着夜色急行军，一口气

---

* 原载胡华：《中国新民主主义革命史》，北京，中国青年出版社，2009。

就是140里。经历过那次行军的丁一岚同志（中国国际广播电台原台长，邓拓夫人）曾回忆说："在跑步行军时，背包越背越重，喘气都很困难，许多师生在途中痛心地扔掉了一些书。胡华告诉我，当时他也跑得气喘吁吁，但是他咬着牙坚持背着三十多本成仿吾校长与何干之同志在延安送给他的关于革命理论的书，有的还有毛主席亲笔签名。他一本也没有扔。在那种紧张的情况下，他内心的斗争，我是十分理解的。对一个研究学问的人来说，'书'是他生命的一部分。那些沉重的、宝贵的书，始终紧贴在胡华的背上一起过了敌人的封锁线。"（《他骤然离开了我们》，见《胡华纪念文集》，北京，中国人民大学出版社，1997）

1948年4月，党中央在对华北大学的有关决定中，规定要开设"中共党史课"，胡华担任了中共党史教学组组长。由于华大的学生大部分来自国民党统治区，他们对中国革命的历史了解很少，因此讲授新民主主义革命理论的时候，常常要结合着历史来讲，才能收到更好的效果。后来历史部分越讲越多，便把这门课程改为"新民主主义革命的理论和历史"。从此，新民主主义革命史作为最重要的政治理论课程之一，就成了一门专门的学科。胡华一边给华北大学全校上课，一边负责编写教材，这部教材从开始的《中国近代革命史》逐渐形成为《中国新民主主义革命史》。

当时写作条件十分艰苦，"稿纸"是边区自造的黄色土纸，墨水（蘸水笔用）则是用紫色颜料配制的。作为胡华的学生并伴随他近半个世纪的彭明教授曾这样讲述：在刚解放的河北正定城胜利街一座民房里，"没有电灯，也没有煤油灯。只有一只漆黑的小铁碗盛着为数不多的菜籽油；几支灯芯草轮流地燃起一缕缕摇曳不定的灯光。灯光下，一位不满27岁的青年正在用一支蘸水的钢笔（还需不时地更换笔尖）奋笔疾书。时值三伏天，他还需不时地抽出一只手来拍打叮在腿上的蚊蝇。已是深夜了，他站起来伸伸手脚，继续伏在案上，这就是我所见到的胡华在1948年夏秋写作《中国新民主主义革命史》时的情景……"（《科学研究的艰苦岁月》，见《胡华纪念文集》）

1948年10月，我作为热血青年（北大学生，因参加学运而被反动当局通缉）从国民党统治下的北平进入解放区，就读华北大学。华大是一座革命的熔炉，锻炼、培养青年知识分子以迎接即将来临的全国胜利。学校分成四个部，我所在的一部是政治部，对青年知识分子进行短期培训。胡华是华北大学一部最年轻的教师，给我们讲授新民主主义革命史。我虽然是北京大学史学系的学生，热爱历史专业，读过一些通史和专门史，却从来没有听说过中国共产党的历史。党如何诞生、如何成长、如何奋斗、如何历经挫折走向胜利，我毫无所知。第一次从胡华那里听到这些知识，了解当代最重要的历史发展，犹如发现了一个新世界，对共产党的崇敬之心油然而生，革命的信念更加坚定。

那时，知识青年成群结队投奔革命阵营，华大的学生激增，几天之内就新编一个班，我被编在第十七班。上课是在广场上，成千人坐着小马扎听课。华北大学的教师们都富有革命经验，学识广博，口才雄辩。胡华是很突出的一位，他的课程内容丰富、条理清晰、语言生动，分析史实精辟而深刻，讲课带着充沛的革命感情。当他讲到死难的烈士，淋漓尽致地刻画了可歌可泣的斗争情节，真实地反映了爱国爱党的浩然正气和甘冒斧钺的刚烈精神。每至激动处，他往往声泪俱下，满座动容，成千青年的心灵被课程内容深深打动。我听了他的课，从心底为这位只有 27 岁的革命老师所折服。那期间，他还担任着第十一班的班主任。苏星（原中央党校副校长、《求是》杂志主编）当时在第十一班做胡华的助手，他回忆："胡华讲新民主主义革命史，内容丰富，很受同学欢迎……听了胡华老师的讲课，使我们看到了新中国的未来。"（《回忆华北大学政治十一班》，载《百年潮》，2007 年第 5 期）

1948 年底，我在华北大学一部学习结业，留校工作，恰好分配到一部政治研究室中国革命史组当研究生，导师就是胡华老师。我还清楚地记得与其他人一同第一次谒见导师时的情景：在昏暗矮小的住房里，他正披着一件旧羊皮大衣，伏案疾书，整理革命史讲稿。他停下笔来，和蔼地询问我们的姓名、年龄、经历，跟我们说研究革命史的重要性，热情地勉励我们。能够和这样一位年轻而博学的导师朝夕相处，随时请教，我心中非常高兴。

此后三年间，我一直跟随胡华老师学习和工作。当时他正忙着写作和修改《中国新民主主义革命史（初稿）》一书，十分重视收集更丰富的史料，设法寻觅各种书籍、报刊。他又拜访会见了许多党史事件的亲历者，进行口述记录。当时在他的指导下，我们通过抄录、分类、归纳、精选，后来编辑成《中国新民主主义革命史参考资料》，由商务印书馆出版，主编是胡华，编辑是彦奇和我两人。书中收录的党的各个时期重要文件和许多文章，全是胡华个人收藏和从各处借来的，当时都是难得的珍贵资料。

胡华勤奋谦虚，严谨治学，对学生亲切和蔼，爱护备至。我们在他身边，深受他的影响。我的第一本处女作《中国抗战史演义》就是在他悉心指导和帮助下出版的。回忆我自己的治学道路，十分庆幸遇到这样一位良师。

新中国诞生，以华北大学为基础的中国人民大学在北京建校。此间，全国掀起了学习革命史的热潮。胡华在许多高校和单位讲课、做报告，听过他课的人不下几十万人。同时，他参加了全国政协学习委员会的工作，在周恩来、李维汉、徐冰等同志领导下，组织、指导有关民主人士的理论学习。他还忙着出版书籍，为报刊写文章，并在北京人民广播电台连续向全国进行学习新民主主义革命史的播讲。其学科建树影响之广、效益之大是难以估量的。胡华不愧是革命队伍中杰出的教育家、宣传家。

胡华编写的《中国新民主主义革命史（初稿）》一书，经周恩来、吴玉章和胡乔木、田家英、王惠德、邓拓、胡绳、叶蠖生、何干之等有关领导及学术界专家提出意见修改后，于1950年3月由全国新华书店及人民出版社出版。这本书系统而简明地总结了中国共产党把马克思主义中国化的历史过程，是新中国第一本用马列主义、毛泽东思想编写的中国现代革命史。它很快成了全国干部、青年和高等院校学生学习中共党史的基本教材。该书在“文化大革命”以前印了13版，发行230多万册，除了中文版、日文版和朝鲜文版外，还用哈萨克、维吾尔等少数民族文字印刷发行。

1950年4月20日，《人民日报》发表了一篇题为《评〈中国新民主主义革命史（初稿）〉》（唐天健）的文章，把胡华在这本书中以人民为历史主人、以党领导中国革命30年光辉历史为叙述主体的科学观点做了概括的介绍："首先，是把共产党所领导的人民大革命当作现代史的主流来处理的，这就符合了客观历史的真实。比如五四运动，许多人总是把它单纯地看作新文化运动或爱国运动，这本书把它写成是'新民主主义革命的开端'，是'反帝国主义的运动，又是反封建的运动'。""抗日民族解放战争是共产党领导着人民解放军及广大人民进行的，在若干历史小册子及历史教科书中，也都抹杀了这个铁一般的历史事实……这本书却按照事实而将战争中的艰苦斗争与战争后的荣誉归之于人民……""其次，是关于近30年来的中国革命为中国共产党所领导的问题……编者在这本书里介绍了认识这个问题的科学观点，强调是依靠了理论与政策的正确。从鸦片战争到中国共产党成立以前的80年中，中国人民曾经进行了无数次的求解放斗争，但是只有到共产党成立以后才明确地指出了中国革命的任务是反帝与反封建，从此以后，中国的革命运动才得到了正确的理论指导。这本书中，在历史发展的关键问题上，对于经过毛泽东同志在不同的历史条件下发挥了的革命理论在革命指导上所起的作用，作了比较清楚的指点……"

该文也就"初稿"提出了一些修改意见，连同各方面的反映意见，胡华始终虚心地接受并进行考订，在后来屡屡再版时认真地进行过多次修订。《中国新民主主义革命史》从初版到第13版，一直称为"初稿"。这是因为，书虽然出版了，但作者始终认为，这本"应急之作"有待于听取各界读者的指正，不断补充修订。这足见胡华老师谦虚治学的态度。由于该书是为新中国诞生而作，在海内外有十分广泛的影响，北京图书馆曾把这本书的手稿征集在国家的珍本文库中。

中国人民大学原党委书记张腾霄评价《中国新民主主义革命史》一书说："许多读者通过《中国新民主主义革命史》的学习，脑子里存在的问题逐步得到了回答，认识到中国新民主主义革命的胜利是必然的，是遵循中国历史和革命的规律前进的。”他赞扬说：“胡华一方面是‘桃李满天下’，在革命和建设时期，他教的学生奋战在全国各个战线上。孔夫子学生三千，贤者七十二，哲人十二……胡华的学生大大超过了三千，其中不少是国家重要的领导干部，为革命和建设作出了重要的贡献；一方面是多产作家，在华北联大时期，他就在教学过程中，发表了不少有关党史方面的文章，特别是解放以后，发表了不少的专著，既有普及方面的著作，为广大群众学习党史提供了方便，又有专门党史方面的探讨，许多党史方面的事端、疑难，经过胡华的探索，还它历史的原来面目，极大地提高了党史的科学水平。”（《献身革命事业，深治党史科学》，见《胡华纪念文集》）正因为如此，曾任中共中央党史研究室副主任的著名历史学家李新同志称胡华为“中国新民主主义革命史和中共党史学科的奠基人之一”（《他的一生很有价值》，见《胡华纪念文集》）。

我后来从事了清史研究，虽然与胡华不能朝夕相处，但我们作为近邻，常在一起促膝谈心。“文化大革命”中，我们一起遭受过造反派的冲击，挤在一间“牛棚”里；在江西“五七”干校，我们还曾同在养猪班当过“猪倌”……师生情谊，历久而弥深，我始终感激他对我的培育之情。

1981 年，中国青年出版社应改革开放新时期青年学习中国现代革命史的需要，再版了《中国新民主主义革命史》一书。我了解到，这是经胡华按照党的十一届三中全会和六中全会的精神，以新的研究成果再次亲自补充、修订过的。1983 年又进行了第二次印刷，共 10 万余册。

2009 年，经中共中央党史研究室专家们的修订，中国青年出版社重新出版胡华的《中国新民主主义革命史》，这是具有切合历史和时代意义的。在纪念党的十一届三中全会召开 30 周年大会上，时任总书记的胡锦涛同志在讲话中谈到：中国共产党领导的新民主主义革命和社会主义革命推翻了帝国主义、封建主义、官僚资本主义在中国的统治，建立了新中国，确立了社会主义制度，为当代中国一切发展进步奠定了根本政治前提和制度基础。胡锦涛同志还指出：

把学习中国革命史与推进马克思主义的中国化紧密结合起来；把学习中国革命史与加强理想信念教育紧密结合起来；把学习中国革命史与加强党的先进性建设紧密结合起来。

对于今天的读者，特别是青年读者来说，有机会读到该书，来了解什么是中国新民主主义革命，了解中国人民为什么在灾难深重的旧中国选择了中国共产党，了解中国共产党如何领导中国人民完成新民主主义革命建立了新中国，是十分有益的。我认为，该书既有厚重的学术深度又具有简明革命历史读本的特点，是普及新民主主义革命史知识的好书，中国青年出版社的再版是非常必要、非常及时的。

中国留学教育的光辉道路*

自1840年鸦片战争以后，中国的国门被西方列强用炮火打开，中国社会逐渐沦为半殖民地半封建社会。先进的志士仁人谋求救国救民之方，他们逐渐懂得要挽救中国的衰弱，必须“师夷之长技以制夷”，也就是要学习西方文明的长处，才能够抵抗西方国家的侵略。怎样学习西方文明的长处？办法是“请进来”和“派出去”。“请进来”，就是聘请西方的专家、学者、工程师来中国讲学、指导、当顾问，传授西方文明。“派出去”，就是派遣留学生到外国去学习自然科学和社会科学知识。一个半世纪来，中国留学生络绎不绝，负笈海外，蔚为时代的潮流。几十万莘莘学子怀着拳拳报国的赤子之心，背井离乡，远走世界各地。出国学习的目的是救国，学成归国的志愿是参加祖国的革命和建设事业。他们勤劳奋斗，刻苦努力，寒窗攻读，切磋学业，没有辜负祖国和人民的期望，汲取了先进的科学知识，归国以后成为中国革命的先锋和建设的栋梁，对近代中国的历史起了巨大的推进作用。一个半世纪以来中国的留学教育，经历了一条爱国主义的光辉道路。

中国古代也有为数不多的出国留学生，如东晋法显、唐代玄奘，他们历尽千辛万苦，到印度学习佛学，取回佛经，在中印文化交流史上做出了贡献。而近代以来，随着交通条件的发展，到海外去求学的青年则随年俱增，先后出现了若干次浪潮。若按时间顺序可将留学生分成十大批。

近代以来，最早到外国留学的要推广东人容闳。他于1847年去美国。在耶鲁大学学习，1854年回国。曾去游说太平天国的领袖，

---

* 原载《建国初期留学生归国纪事》，北京，中国文史出版社，1999。此文为序言。

但未受重用。又投曾国藩幕下，时曾国藩正在筹办洋务，准备开设兵工厂，因此派容闳到国外购买机器。1870 年，容闳向曾国藩建议派遣留学生，曾国藩及李鸿章采纳了他的建议。从 1872 年（同治十一年）起，清政府以官费分期派遣留学生 120 名赴美国学习，这是中国大批派遣留学生的开始。清政府所以要大批派遣留学生，就因为开办洋务需要有了解外国情况、懂得科学知识的人才。这第一批留美学生中后来有许多知名人物，其中如著名的铁路工程师詹天佑、中华民国第一任内阁总理唐绍仪、清末外务部尚书梁敦彦、驻美公使梁诚、清华学堂监督唐国安，以及在中法马尾海战和中日黄海大战中为国捐躯的宋文翙、邝咏钟等八位海军将领。

洋务运动后期，重点转向海军建设，制造和购买军舰，建设军港，设立水师学堂。光绪年间，曾派遣近百人去英、法、德等国学习，这是清政府派遣的第二批留学生。伟大的民主革命家孙中山也在此时期去檀香山自费留学。这批选派赴欧学习的留学生回国后成为中国新建北洋海军的骨干力量，如思想家、翻译家严复曾任北洋水师学堂总办；魏瀚、陈兆翱在马尾船厂当造船工程师；刘步蟾、林泰曾、林永升、黄建勉等担任北洋各舰的舰长，后在与日本的海战中舍生忘死，壮烈牺牲；还有后来曾任海军部长的萨镇冰、刘冠雄、李鼎新等人。

历史进入了 20 世纪，外国的侵略日益加紧，中国的苦难更加深重，国势垂亡，民穷财尽。清朝政府的媚外卖国和腐败无能已暴露无遗。中国人民寻求从根本上拯救中国之道，先进知识分子纷纷走上了反对清政府的革命道路。这时留学日本的风气很盛行，因为日本学习西方有成效，而且离中国较近、费用低廉。去日本最多时每年达一万多人。他们有的是官派，但多数为自费，主要学习政治、法律、军事，以短期速成班为主，也有入普通科和高等科，而入大学的仅占 1%。民主革命思想首先在留日学生中传播。1905 年孙中山在东京成立中国同盟会，标举“驱除鞑虏，恢复中华，建立民国，平均地权”的宗旨，宣传革命思想，组织反清起义。同盟会的重要人物大多是留日学生，如黄兴、宋教仁、胡汉民、廖仲恺、秋瑾、徐锡麟、吴玉章等。同时和稍后在日本留学的还有鲁迅、陈独秀、李大钊、郭沫若等。这些可算为第三批出国留学生。1911 年在同盟会的领导下，推翻了清政府，建立了中华民国。

义和团运动之后，帝国主义勒索中国赔款达四亿五千万两（白银）之巨。至 1908 年美国将抵赔的余款退还中国，规定此款供培养中国留美学生，每年选派数十人赴美学习，这就是“庚款留学”的开始。庚款是指庚子年（1900 年）因义和团运动对帝国主义国家的赔款。用庚款留美的学生的产生和第三批留日学生完全不同，留美学生的选拔都经过严格的考试。为在国内进行预备学习，建立了清华学堂（清华大学的前身），曾设立了中等科和高等科。学生赴美后所学专业大多是理工农医等自然科学，后来才有学习人文科学的。多数学生进入大学本科获得学士学位，有些人攻读硕士、博士学位。他们勤奋学习，成绩优秀，考试经常名列前茅，深得美国各大学教师的赞扬。这第四批留学生后来成为中国近代科学的奠基人，其中有自然科学方面的地质学家李四光（留英）、化学家侯德榜、气象学家竺可桢、生物学家吴先骕、桥梁学家茅以升、建筑学家梁思成、物理学家周培源和叶企孙等，还有人文科学方面的文学家胡适、语言学家赵元任、教育家梅贻琦、经济学家马寅初等。这个时期的留欧官费生王宠惠，留美官费生王正廷、颜惠庆、顾维钧等以后曾在民国政府中担任要职。

1918 年第一次世界大战结束，在中国青年和知识分子中掀起了赴法勤工俭学的热潮。他们为寻求救国的真理而步出国门，到法国学习，至 1920 年人数达到 1 600 人。这是中国近代史上的第五批留学生。他们既非官费，也非家庭出资，而是一面学习，一面做工，勤工俭学，自力更生。他们大多数进入普通中学，有些进入职工学校，虽生活清贫，工作劳累，但他们坚持学习，勤奋努力，成绩十分优异。这批青年人中很多接受了马克思主义，成为中国第一代共产党人，其中有周恩来、邓小平、蔡和森、陈毅、李富春、聂荣臻、李立三等。此时的留法学生中还有不少人成为著名科学家，如严济慈、陆惟一（鼎恒）、童第周等。

1917 年十月革命以后，很多中国知识青年前往他们向往的社会主义国家苏联去学习，这形成了近代的第六批留学生。1921 年莫斯科成立东方大学，设立中国班，最早在这里学习的有刘少奇、任弼时、萧劲光等。后来又有从法国转来的赵世炎、王若飞、陈延年、聂荣臻、李富春等。1925 年东方大学改名为中山大学，大批中共党员来此学习，成为培养中国革命干部的摇篮。中山大学以政治、历史为主要课程，学生们学习马列主义、中国革命史、俄国革命史、社会发展史、军事和俄语等课程，学制两年。在这里学习过的有张闻天、王稼祥、王明、博古、杨尚昆、伍修权、乌兰夫等。还有一部分国民党员如蒋经国、谷正纲、康泽等也在这里学习过。中山大学自开办至 1930 年，共培养了中国留学生 600 人。

在二三十年代，中国政府又向西方国家派出留学生，每年有 100 人左右，到南京政府时期逐年增多，最多时每年达到 1 000 多人，其中有中央政府选派的，也有地方政府选派的。此外，庚款留学的范围也扩大了，除美国庚款外，英国和法国等也先后退还部分庚款支持留学。在抗日战争时期，虽然条件非常艰苦，但选派留学生出国没有中断。抗战以前和抗战中出国留学的学生有钱学森、王淦昌、钱伟长、钱三强、费孝通、钱锺书、夏坚白、戴文赛、唐敖庆、王佐良、李国豪、张维、王大珩、李赋宁、杨周翰等。这批留学生回国的时间先后不一。特别是第二次世界大战爆发后，全球交通中断，不少人在国外停留了较长时间，战争结束后才回到祖国。他们回国后，分别成为原子物理学、力学、化学、航空航天、天文学、语言文学、社会学等专业领域的学科带头人。后来荣获诺贝尔物理学奖的杨振宁、李政道也是在这个时期出国学习的。这一段时间出国的可称第七批留学生。

抗日战争胜利前后，又兴起了一次留学高潮，当时制定了《自费留学生派遣办法》，使得不少学生和学者得以自费到美国和欧洲去学习和进修。从抗战末期到全国解放，出国的超过 3 000 人，可称为近代史上第八批留学生。在全国解放前后，有千余人响应新中国的号召，或已学成，或中断学习和进修，返回祖国参加建设，其中有严东生、邓稼先、朱光亚、邹承鲁、侯祥麟等。但不久朝鲜战事爆发，美国对华态度日趋敌对，美国政府在无理阻挠准备回国的物理学家钱学森、赵忠尧等出境后，又对要求回国的理工科学生均予以限制，一时，滞留在美国的中国学生有四五千万人之多。从 1954 年至 1956 年，100 多位中国学生同美国政府进行了长达两年多的斗争。经我国政府与美方交涉，他们才得以离开美国，胜利回到祖国。这次行动在我国海外留学生的历史上写下了光辉的一页。第八批留学生中以学理工专业的居多，回国后在教育、科研及生产部门都起了骨干作用，尤其是在 60 年代和 80 年代两次全国科学规划工作中起了关键作用，如张文裕、郭永怀、师昌绪、陈能宽、林兰英、汪德昭、吴仲华、李恒德、徐光宪、郑哲敏等。他们中很多人被选为中国科学院或中国工程院院士。由于种种原因，这批留学生的情况一直鲜为人知，《建国初期留学生归国纪事》一书的出版，可以说在这方面填补了历史的空白。

中国的第九批留学生是在 40 年代末至 60 年代中派出的。中华人民共和国成立以后，不再派留学生往欧美和日本，而只派往苏联和东欧国家，这是建国初期国家政策向苏联一边倒的反映。1951 年派出了 375 名留学生，以后每年增加，到 1959 年为止，共选送了 1.6 万人，1960 年后因中苏关系紧张才停止选送。这批留学生中很多人后来成为党和国家的主要领导人以及在各条战线上进行现代化建设的骨干力量，其中包括江泽民、李鹏、李铁映、邹家华、宋健、周光召、王梓坤、冯康、谷超豪、郝柏林等。

60 年代中期到 70 年代中期，国家经历了十年动乱，一切文教事业陷于停顿，直到 1978 年十一届三中全会以后，拨乱反正，实行改革开放的政策，才恢复向西方国家派遣留学生。出国学生主要有两大类，一类是国家公费派遣，另一类是个人自费留学。公费派遣的多为具有一定工作经验的人员，他们以访问学者身份到国外去进修提高；自费学生则普遍地依靠国外大学的奖学金，个人再靠打工补助生活。自改革开放 20 年来，出国的留学生已超过 30 万人，求学地点遍布世界 100 多个国家，这第十批留学生，是规模最大的一批，其数目超过前九批的总和。近几年有很多留学生和访问学者已经回国，他们在改革开放的大好形势下，得到较好的工作条件，得以充分发挥他们的专长，为祖国建设贡献力量。

一个半世纪以来，中国派往国外的留学生有一突出特点，即当时哪个国家先进，就到哪里去，那一时期不先进的国家就很少有学生去了。留学生们经历了漫长曲折的道路，随国内外形势的变化，留学的时间长短、学习的专业侧重以及回国后发挥作用的机会都不相同，但总的说来，中国近代留学生是社会革命中冲锋陷阵的先锋，是国家建设中承担重任的栋梁。留学生中绝大部分人是爱国的，他们有理想、有知识、有能力、有干劲，他们回国后忘我工作，鞠躬尽瘁，为拯救祖国、复兴民族，做出了巨大贡献，许多人还牺牲了生命。他们对祖国一片丹心，忠诚不渝，经历了探索真理、自强不息、艰苦卓绝的爱国主义光辉道路，永远值得后人学习和崇敬。

《中国近现代教育家系统研究》序言*

一部中国近代史是中国人民反对帝国主义侵略和封建主义压迫的英勇奋斗史，是中华民族为救亡御侮、自强图存而艰难探索的历史。延续几千年的中国古代文明，在近代中西方文化冲突与汇合的汹涌浪潮中，逐渐向现代文明转换。文化的变革和政治斗争同时开始，是同一历史过程的不同方面。文化思想的巨变，可以向上追溯到鸦片战争以后林则徐、魏源、冯桂芬等人倡导的“师夷之长技以制夷”，下经洋务运动、戊戌维新、辛亥革命以至五四新文化运动，中国传统文化遭受到史无前例的巨大冲击，不断地退却、变化、更新、转换。近代民主主义和社会主义的文明体系逐渐孕育、成长，文化价值取向重新定位，人们的人生观、历史观、世界观发生根本变化。旧文明体系的核心，是其独特的伦理价值。在相当长的时间内，人们把这种传统的价值当作立国之本，但在应付西方的挑战中，又不得不承认和接受西方文化的价值，特别是其科技价值。由此产生了所谓“中学为体，西学为用”，也产生了中学与西学、旧学与新学的对立。在近代史上很长一段时间内，人们的文化价值取向折中于“中体西用”的互补价值。到了五四运动时，文化战线上的斗争趋于激烈，有些人主张抛弃古董，“全盘西化”，而另有些人主张读经复古，保存“国粹”。这两种主张都走向片面和极端，只有马克思主义者实事求是，根据国情，从革命救亡和现代化的需要出发，逐渐开辟了一条批判继承和融合吸收的正确道路，有力地领导和推动了新文化的发展，创造出具有民族特色、科学内容和大众化形式的新民主主义和社会主义的文化。

---

* 原载宋恩荣主编：《中国近现代教育家系统研究》，沈阳，辽宁教育出版社，1994。

文化的现代化转移，在理论与实践方面，较为显著而富于成效者，教育应是其一。如洋务运动，尽管在主观意旨上是为了巩固封建统治，而在军事、外交上又遭到了失败。然而，教育方面却尚有若干成就，同文馆、方言馆、船政学堂、水师学堂的设立，留美、留欧学生的派遣，西方书籍的翻译，实开风气之先。此后，百日维新中，康、梁在教育方面的建议，京师大学堂的创设；1903 年张之洞等所拟“癸卯学制”的颁行；1905 年科举考试的废止；各地设立学堂，提倡出洋留学。民国成立以后，南京临时政府颁布教育改革令，促进和完善了新学制，蔡元培对北京大学的改造都具有重要的意义，标志着旧民主主义革命时期的文化教育在崎岖的路程上奋力前进。

五四运动以后，随着新民主主义革命的深入，教育的体制、方向发生了重大变化，局面为之一新。最重要的是马克思主义者将革命和教育结合起来，以工农大众为教育的对象，以革命救亡为教育的内容。在马克思主义者的领导和组织下，发生了勤工俭学运动，又有了工人学校、农民运动讲习所以及抗战时期的抗大、陕北公学、华北联大等崭新的教育形式。社会上则有一批有识之士和学界巨子以极大的热情，发宏愿，筹巨款，在全国创办了各级各类学校。各种教育思潮云蒸霞蔚，有平民教育思潮、工读教育思潮、乡村教育思潮、科学教育思潮、职业教育思潮、生活教育思潮、普及教育思潮等等。在众多的教育思潮中，既有高举马克思主义旗帜的革命家，如李大钊、陈独秀、恽代英、杨贤江、毛泽东、吴玉章、徐特立、成仿吾等，又有许多进步的、爱国的教育家如梁启超、蔡元培、陶行知、黄炎培、梁漱溟、晏阳初、蒋梦麟、张伯苓、梅贻琦、雷沛鸿、舒新城等。应该指出：在近代，曾经有一些“教育救国论者”，他们企图不经过革命、单纯依靠教育手段去改造旧中国，这是不切实际的幻想。但他们在各自实践的领域对教育事业做出了这样或那样的贡献，或者继承和弘扬中国传统文化中的优秀遗产，或者介绍西方的科学技术、民主思想、公民意识，他们在传播知识、提高民族文化素质、培养革命和建设人才、推动社会进步方面的功绩是不能埋没的。在近代中国，从民主主义革命走向社会主义是历史的必由之路，是使中国独立、繁荣、富强的前提，而教育则与革命相辅而行。它是启迪心智、消除愚昧、获致知识、振奋精神的不可缺少的手段。教育促进了革命，而革命又为教育开辟了新局面。

中央教育科学研究所的宋恩荣同志，对中国教育史素有研究，学识丰富，见解深刻。他组织了有关的专家、学者，对近百年的著名教育家及教育思想进行了有计划的、有系统的研究，拟组织进行“中国近现代教育家系列研究”这一大型课题。这无疑是一件很有价值的工作。一个半世纪以来中国的教育思想和实践，急待研究、总结，提高到理论的认识。当前，社会主义现代化建设正在热火朝天地进行，教育的地位和作用愈益受到重视。人们认识到：经济和文化教育犹如社会发展的两翼。经济建设，如果没有文化教育的同步前进是不可能成功的。宋恩荣等同志对近现代教育史的系列研究，可以为今天社会主义的教育改革和教育发展，提供宝贵的历史借鉴。我诚恳地希望：从事这一系列研究的专家、学者们牢牢地掌握马克思主义理论，搜集丰富的史料，进行总结概括，在分析评判各种教育思想和教育家时，能深入探究其社会环境、思想渊源、教育宗旨和人物特点，在错综复杂的现象中揭示其主流和本质。既有科学的实事求是的历史感，又有强烈的“古为今用”的现实感。既要在学术上不囿于成说，大胆创新，探索求真；又要密切联系实际，将研究成果与当前的教育实践相结合，为建设有中国特色的社会主义教育事业服务，使研究工作保持充沛的活力和蓬勃的生机。

近代开发西部的历史足迹*

——读《西部开发历史回顾》

西部大开发是党中央面对新世纪提出的重大战略决策，是富国利民、振兴中华的根本举措，引起了全国和全世界的密切关注。为配合中央决策，全国政协文史资料委员会编辑出版了《西部开发历史回顾》一书。该书追溯了从晚清以来中国各族人民胼手胝足建设西部地区的历史，展现了广大人民群众战天斗地、建设边陲、开发西部的壮丽画卷。读者可以从中吸取经验和教训，得到教益和鼓舞。

中国近代的西部开发是反抗帝国主义侵略的爱国主义行动。洋务运动时，大批洋货在中国泛滥倾销，有识之士为挽回利权，设厂抵制。始于 1878 年的兰州织呢局，1886 年的贵州青溪铁厂，1904 年的云南个旧锡矿，都是在这一历史背景下开设的。但由于旧中国经济处在帝国主义控制之下，西部的工农业举步维艰。中国近代开发西部的第一个高潮是在抗日战争期间。当时日本大举入侵中国，占领了中国沿海和东部、中部广大地区，上海等地的工厂企业大规模迁移到内地，内迁工厂达 644 家，机器设备 12 万吨，技术工人 25 000 名，从而在西部地区建立起抵抗日本侵略的经济基地。

开发西部的第二次高潮是在建国以后，特别是 1964 年后。当时帝国主义和霸权主义对我国进行战争威胁，形势剑拔弩张，我国不能不提高警惕，进行战备，建设三线。当年的大三线均在西部地区，国家进行大量投资，至 20 世纪 70 年代末，形成固定资产值 1 400 亿元。大批工厂和工人的又一次内迁，改变了西部地区工业落后、交通闭塞的状况。历史地看，由于帝国主义侵略中国都从蚕食边疆开

---

* 原载《求是》，2002 年第 9 期。

始，所以抵抗外来侵略，先必加强边防，建设边疆。尽管今天西部地区经济文化仍然相对落后，但比一百年前，情况已大大改观，这是中国人民在爱国主义精神的鼓舞下艰苦奋斗的结果。

这本书对广大职工开发西部的拼搏精神有着非常生动而详尽的记述，读后令人感动，深受鼓舞。如水源不继，要从几十里外轮流挑水；没有新鲜蔬菜，长期用盐巴咸菜就食；有时粮食断绝，只得挖掘野菜充饥；冬日有时温度低到零下 30 摄氏度，仍然居住在单薄而漏风的帐篷里；夏天炎热，蚊虻叮咬，劳动时用泥浆涂满全身……种种艰辛，难以想象。正是在这种极为困难的条件下，广大职工凭着劳动的双手，创造了许多人间奇迹。例如，原 22 兵团的战士，在新疆玛纳斯的一片荒滩上，营造良田 400 万亩，修建河渠 12 500 公里，建造了塞外的花果园。建国初期，四川省 15 万军民在全国人民的支援下，利用晚清时期留下的轧钢机器，轧制钢轨，建成 505 公里的成渝铁路，结束了四川省无铁路的历史。地质勘探工作者五进柴达木盆地，含辛茹苦，风餐露宿，探明了大片宜农宜牧土地、河流湖泊以及石油、钾、镁等矿藏。中央领导毛泽东、周恩来、邓小平等，则是高瞻远瞩、统揽全局，为西部建设呕心沥血、殚精竭虑。可以说，在西部开发中，全国人民发扬了上下同心、团结协作、艰苦奋斗的精神。这种精神值得后人学习、继承和发扬，它是在新的世纪实施西部大开发不可缺少的精神财富。

历史表明，只有建立起社会主义制度，人民当家做主，才有可能、有力量大规模地开发建设西部。在旧中国，或是清朝的腐败统治，列强侵凌，国家危亡；或是军阀割据，战祸连年，社会动荡。爱国之士虽有志于开发西部，但良好的愿望难以实现，当时西部的发展十分迟缓，几乎停顿，即使开办了若干企业，也是困难重重，大多以停业、破产而告终。抗战时期，全国军民团结一致，共赴国难，组成了抗日民族统一战线，建设了以重庆、昆明、兰州为中心的抗日工业基地，西部地区一度呈现出勃勃生机，但由于国民党倒行逆施，发动内战，扼杀了西部的发展生机，导致西部的经济萧条不振以至奄奄一息。新中国成立以后，西部地区得到解放，工农业蓬勃发展。第一个五年计划期间，限额以上的工程项目，有53%分布在西部地区。再从西藏地区的交通来看，旧中国这里没有一条正式的公路，没有一辆民用汽车。解放以后到1997年为止的40多年内，修筑了川藏、青藏、新藏、滇藏、中尼等公路干线以及沟通许多城市村镇的公路网络，通车里程达2.3万多公里，民用汽车有3.5万多辆，这是新中国实施西部开发取得的伟大成就。最近，铁道部已经开始修建进入西藏的铁路，作为新世纪西部大开发的重点项目。由此可见，国家的统一、民族的团结、社会的安定是顺利实施西部开发的先决条件。

100多年的历史实践证明：水利、交通、能源是西部开发的先决条件。西部多干旱荒漠地区，年降雨量较少。要顺利开发西部，必先寻找水源，进行水利建设，解决引水灌溉和排水问题。只有这样，才能把荒原改造为农田牧场。即使建设工厂，也要解决工业用水和生活用水问题。如本书中所讲的青海钾肥厂，因缺乏淡水，影响生产，经过苦心钻研，成功使用淡卤水代替了淡水，才得以正常进行生产。

交通也是必须优先考虑的问题。西部地区山高路远、地势偏僻，许多地方人迹罕至。要在这样的地方进行建设，必须修筑铁路、公路，开辟水路、空中运输，这样才能使大量人力、机器设备、原料产品和生活日用品顺利出入、通行无阻。目前西部地区已有许多铁路干线，如包兰路、兰新路、宝成路、成渝路、襄渝路、成昆路、川黔路、湘桂路、南疆路、甘青路等，这些铁路将为新世纪实施西部大开发提供有力的支持。

新世纪的西部开发应把生态环境的保护和治理列为头等大事，这是从过去的盲目开发中所取得的沉痛教训。人们开垦荒地，扩大农业生产，向大自然索取财富，以赡养更多的人口，这种单向的、无补偿的开发会导致森林消耗、水土流失、生态失衡，使大地成为光山秃岭或浩瀚沙漠，使人们难以继续栖息和生存下去。今后的西部开发必须改变过去以牺牲生态环境为代价的开发模式，使经济发展、人口增长与资源、环境相协调。黄河在历史上曾经灾祸频发，近代以来，由于宁夏和河套灌区农田扩大，引水过多，导致水土流失，下游经常断流，不但无水灌溉，一些地区甚至连饮水都很困难。长江以前是一条无灾害的大河，但清朝以来中上游的人口激增，四川的山林尽辟为农田，森林消失、土壤流失；湖北、湖南、江西大规模围湖造田，与水争地，使原有的湖泊面积日益缩小。一旦洪水暴涨，无所消泄，便会使这些地方顿成汪洋泽国。青海柴达木盆地原有固沙植被三千万亩，由于过度樵采，植被受损，已有三分之一的土地被沙化。内蒙古由于超量放牧及滥挖发菜，使两亿亩草原遭到严重破坏，已有六千万亩草原沙漠化。这些触目惊心的历史教训必须铭记在心。今后的西部开发，必须以治理环境为第一要义。大力进行绿化，退田还林还草还湖，使西部地区不仅经济发达、文化繁荣、人民生活富裕，而且青山绿水、草丰林茂，适于人类永远居住。

总之，《西部开发历史回顾》一书是我国人民战天斗地、改造河山的真实记录，从中可以窥见近百年来西部开发的历史轨迹，可以了解开发事业的重要、开发活动的艰难、开发成绩的巨大、开发精神的可贵，以及开发过程中的经验教训。所有这些，都对新世纪更大规模地开发西部具有重要的借鉴和参考价值。

早期革命史上的瑰丽诗篇*

——读张惠芝《"五四"前夕的中国学生运动》

学生运动，在中国近代革命历史上自有其重要的地位。中国的反帝反封建革命时间漫长，道路曲折，斗争艰苦。无论在人民大众觉醒奋起，向着革命的敌人发动猛烈攻击的革命高潮时期，或者在帝国主义入侵中国并和封建阶级相勾结疯狂屠杀人民的革命低潮时期，怀抱爱国救民意志的广大青年学生和工农大众站在一起，并肩战斗，英勇不屈，为革命做出了重大贡献。他们起了先锋和桥梁的作用，是革命队伍中觉悟最早、文化最高而且富有理想、热情和牺牲精神的成员，是革命阵营中不可缺少的重要方面军。

由青年学生发动的最有声色、最具影响的斗争首推 1919 年的五四运动。它既是一场反帝反封建的政治运动，又是一场倡导科学、民主的文化运动。当时，第一次世界大战刚刚结束，巴黎和会屈从日本帝国主义的压力，把中国山东的种种权益让与日本，中国以战胜国的地位可悲地遭到战败国的待遇。巴黎和会的消息传到中国，舆论大哗，群情激愤，北京的学生首先举行游行示威，反对日本帝国主义和亲日派，喊出"外争国权、内惩国贼"的口号。"六三"以后，全国工人、商人、市民加入反帝反封建的行列，运动进入高潮，揭开了新民主主义革命的序幕。从此，革命风潮一日千里，而学生在其中起了冲锋陷阵的先锋队作用。此后的学生运动此起彼伏，长久延续。如 1925 年的五卅运动中，上海学生团结在工人阶级的周围，掀起反对英帝国主义的大罢工；1935 年日本侵略华北，北平学生为拯救危亡，发动了一二・九运动，推动了全民族抗战的到来；

---

* 原载《河北学刊》，1997 年第 5 期。

1945 年蒋介石实行专制独裁，镇压人民，昆明学生发动“一二·一”运动，反对独裁，争取民主；1946 年后全面内战爆发，北京和全国学生反对蒋介石发动内战、倒行逆施。这些学生运动在中国共产党的领导下，配合正面战场的革命大军，发挥了唤起民众，组织力量，冲击帝国主义、封建主义的重大作用。中国学生运动，在革命历史上留下了不可磨灭的伟大功绩。

世界上的任何事物莫不有前因与后果。学生运动的兴起也有一个历史发展过程。学生，作为一个社会群体是在近代诞生的。随着帝国主义入侵中国，西方的科学文化也传入了中国，最初是声光化电等自然科学，以后是社会科学、人文科学，中国传统的教育制度、科举制度遭到了前所未有的冲击。从 19 世纪末叶以后，近代的学堂、报纸、学会纷纷产生，传统的知识分子改变了他们的世界观、价值观，他们或者负笈海外，留学外国，或者进入刚刚开办的新式学堂，如饥似渴地学习西方的科学文化知识，成为新型的知识群体。这些青年知识分子生长在列强环逼、鹰瞵虎视的环境中，饱受民族的历史劫难，怀抱爱国爱民的强烈思想。他们在黑暗中摸索前进，寻找救国救民的真理。青年学生，这一近代的社会群体，在 20 世纪初的民族危机和革命风潮中诞生，并迅速壮大。到五四运动以前，全国学生已有 500 万人，这是一支反帝反封建的重要生力军。

五四以前，规模最大的学生运动是 1918 年因反对《中日共同防敌军事协定》而掀起的巨大浪潮，这是中国学生反对日本帝国主义掠夺中国权益的斗争，也是中国人民声援新生的社会主义国家苏联，反对帝国主义联合干涉的斗争。1918 年 4 月，运动首先由留日学生发起，他们在日本举行集会，发表演说，进行抗议，组织留日学生救国团并罢学归国，广泛地联络、宣传。5 月间，中国国内爆发了群众性的游行集会，北京、上海、南京、福州、广州、昆明、成都纷纷响应，形成全国性的学生抗议浪潮。同时，各种学生团体如雨后春笋，把青年学生进一步组织起来，增强了力量，最著名的有新民学会、少年中国学会、互助社、学生救国会、新潮社等。五四以前的学生运动和学生组织，构成了早期革命史上的瑰丽诗篇，为中国革命的深入发展准备了条件。

早期的学生运动，还没有中国共产党的组织，没有马克思主义的指导，也没有和工农大众相结合，因而都失败了。斗争的目的虽未达到，但却具有很重要的意义。它为不久到来的五四运动提供了经验教训，准备了干部人才。它是五四运动的预演。五四运动爆发，学生很快地集结组织起来，举行声势浩大的游行，迅速地影响全国，这和 1918 年反日学生运动中取得的组织和宣传工作经验是分不开的。五四运动中的骨干如李达、邓中夏、周恩来、李汉俊、黄日葵、陶湘等都是 1918 年学生运动的领袖或参与者，而李大钊、毛泽东、蔡和森、恽代英、赵世炎、马骏等也早在五四以前参加了各种学生组织，显露出他们的革命抱负与才能。早期学生运动为中国革命培养了大批领导人才。

要深入了解中国近代的学生运动，不能不回顾学生群体的形成及其早期活动，但有关这些方面的研究很薄弱。张惠芝同志有鉴于此，致力于五四以前学生运动的研究，阅读了大量当年的报纸、刊物、档案、回忆，抉微钩沉，搜罗丰富，又加以认真的分析研究，勤奋努力，撰写了《“五四”前夕的中国学生运动》一书。从这本书中，可以追溯五四运动的源头。书中对近代学生群体的兴起，辛亥时期学生的革命活动，1918 年反对《中日共同防敌军事协定》的斗争以及五四以前各种学生团体做了详细而生动的描述，使我们看到近代学生运动如何从无到有、从小到大，一步步发展壮大，汇成了巨大的洪流。此书不仅内容充实，而且文笔清新、叙事畅达，是一部值得一读的好书。

翔实·公允·清新*

——评《中华民国史》第一编上册

我们怀着极大的兴趣读完了新近出版的《中华民国史》第一编上册（《中华民国的创立》（上））。这是一部史事翔实、立论公允、格调清新的优秀史学著作，是近年来我国丰富多彩的学术园地中开放的一枝新卉。

《中华民国史》编写的是从中华民国的兴起直到灭亡的整个一代的历史。此书由集体编写，李新同志主编。全书计划写三编：第一编包括中华民国创立时期及南京临时政府时期的历史；第二编是北洋政府时期的历史；第三编是国民党政府时期的历史。此书是一部规模宏大的多卷本著作。编写这样的著作和论文汇编、单本专著不一样，需要更加深湛的研究和更加丰厚的资料积累，需要许多同志长期而有计划地通力合作。它既是很艰苦的研究工作，又是很复杂的组织工作。我们建国已经三十二年了，社会科学领域中还很少有规模宏大的多卷本著作。我们需要有能够和中华民族的灿烂文化与社会主义新中国的历史地位相称的学术巨著，我们需要有博大精深、丰富详赡，能够同“二十四史”相媲美并超过它的优秀的历史学巨著。随着全国四个现代化的发展，可以期待今后会有越来越多的多卷本科学著作的出版。

对我们来说，中华民国还是刚刚过去的昨天，是中国人民得到新生和旧剥削制度逐步走向灭亡的历史时期，是父辈、兄辈以至我们自己生活过、斗争过的火热的年代。它和今天一脉相承，息息相关，我们当然相当了解这段历史，但是为了继续前进，我们需要经

---

* 原载《学习与研究》，1982 年第 3 期。与“文海”合撰。

常回顾它，更加了解它、熟悉它。不充分地懂得昨天，就不可能安排好今天和明天。我们应该有一部大型的、包罗社会生活各个方面的多卷本历史著作，来全面地反映中华民国这一历史时期。这对于总结历史经验、认识中国国情、建设高度的社会主义精神文明都是十分重要的。

要完成这样的学术巨著，必须有专题研究和收集资料的长时期的准备，必须有周密的计划和良好的组织。在编写《中华民国史》以前，已经预先编写了《中华民国大事记》《中华民国人物传》以及各种专题资料数十册。正是在大量的资料工作和研究工作的基础上，才能够着手编写《中华民国史》第一编。因此，它的出版，既是过去多年大量的辛勤劳动的可喜成果，又是今后大规模编写工程的良好开端。

本书第一编上册，共三十三万字，是全书开宗明义的篇章。它分析了中华民国产生的背景，描述了中国资产阶级领导的反清革命运动的发生和发展，说明了资产阶级革命党——中国同盟会的出现以及这个革命组织成立后所从事的一系列革命斗争，充分肯定了孙中山等革命派领导和推动革命的伟大功绩，展现了那个时代无数志士仁人为振兴中华而英勇奋斗的历史面貌。在这一重要的历史时期内，各种政治势力的矛盾错综复杂，形形色色的社会思潮更迭变幻，人民群众的斗争风起云涌，政治形势的发展瞬息万变。本书通过对那些令人眼花缭乱的社会现象和历史事件的细致而深刻的叙述与分析，形成了自己的颇具个性的若干特色。

本书在“序言”中曾经提出：“要实写，不能虚写，虚写容易概念化”。应该说，第一编上册是认真贯彻了这个主张的。对于一些重大的历史现象和历史事件，书中总是力求具体地、详尽地加以论述，讲清它的来龙去脉，前因后果，尽可能地把事情的全貌告诉读者，没有多少脱离历史实际的空议论。作者的观点，或者体现在历史情况的叙述中，或者在讲清历史过程之后画龙点睛地做一些必要的概括。作者不是先验式地向读者去“灌输”什么现成的历史结论，而是通过对历史本身的翔实的描绘，引导读者自己去做出判断。例如，在讲到中国同盟会的成立的时候，一般都要讲到在同盟会之前已经有了哪些革命小团体。以往的论著大抵只介绍兴中会、华兴会、光复会及科学补习所、日知会等几个较著名的组织，详细一点的也不过对其他的革命小团体略举一二。本书则除了上述几个革命团体外，还根据确凿的历史资料，具体介绍了：江苏的励志学会、知耻学社、强国会；四川重庆的公强会，成都的华阳阅书报社、公德社；上海的旅沪福建学生会；福建的益闻社、文明社、汉族独立会、福建学生会支部；江西的易知社、我群社；安徽的岳王会、维新会；广州的群智社；贵州的武备学堂学生自治会；以及留日学生中的革命组织新华会、革命同志会、大湖南北同盟会等。（293－306 页）这样，不仅具体地说明了群众革命情绪的增长；同时，中国同盟会成立的必要性、迫切性、客观条件以及同盟会建立的意义和影响等，也就有了更为生动、更有说服力的根据。又如，在讲到同盟会成立后革命派和改良派的论战时，以往的论著往往只注意在日本的《民报》与《新民丛报》之间的论战。而本书则指出：除了这一对主要论战对手之外，在其他地区也形成了许多对垒的报纸，如南洋有《中兴日报》与《南洋总汇新报》，檀香山有《自由新报》与《新中国报》，曼谷有《华暹新报》与《启南新报》，仰光有《光华报》与《商务报》，温哥华有《大汉日报》与《日新报》，旧金山有《美洲少年报》与《世界报》，“上述地区论战的激烈程度也不亚于东京和南洋”（377 页）。这就把这一场论战的广度和深度，规模和气势，以及它在政治界、思想界的影响，更加清楚地表现了出来。马克思主义史学工作者的任务在于揭示客观历史的发展规律，但是如果把揭示规律局限于空泛地阐述几条结论，那显然是很不够的。客观历史本来是生动具体、丰富多彩的，只有对历史事实和历史过程进行确切详尽的研究和叙述，才能对客观历史进程进行科学的抽象和概括。恩格斯在《反杜林论》中讲到考察自然界或人类历史的时候，曾指出仅仅正确把握“现象的总画面的一般性质”是不够的，还要了解构成这幅总画面的各个细节。因为“要是不知道这些细节，就看不清总画面”（《马克思恩格斯选集》，1 版，第 3 卷，60 页，北京，人民出版社，1972)。本书由于注意了对于历史事件的各个细节做详细而正确的描画，因而使我们对这一时期的历史总画面看得更加清楚了。

我们已经说过，本书编写以前已做了许多专题研究和资料工作的准备，从第一编上册所征引的资料，也可以看出作者为了做到史事翔实而付出了多么艰苦的劳动。这些资料，不仅来源于国内已经公开出版的大量书籍报刊，而且还有许多采自从未发表过的历史档案、手稿、电稿、碑文拓片等，同时，也尽可能地参考和利用了台湾和国外出版的有关论著及材料。对于某些记载歧异的史料，书中做了必要的考订。这些都表明了作者在写作过程中所持的严肃认真的态度。

在书中得到较好体现的另一优点是实事求是，立论公允。本书"前言"说："要用马克思主义的唯物史观来研究和编写历史，就要绝对尊重历史事实，还历史以本来面目，而不容作任何歪曲"，"要求立论公允"。要贯彻这些主张，并不是轻而易举的事。它不仅要求有相当的马克思主义的理论素养和掌握、驾驭大量确切的历史材料，而且还要有足够的理论勇气和科学良心。用句老话来说，就是不但要有史识、史才，还要有史德。譬如说，由于近代社会矛盾的极端复杂性和斗争的空前尖锐性，许多历史人物，前期和后期的政治态度和历史作用，常常有很大的变化。随着岁月的推移，本来在同一营垒中的战友，却有的前进，有的颓唐，有的落伍，有的叛离了。当然，其中不乏始终站在正面指导时代潮流的伟大人物，也有许多历尽艰难险阻而仍然百折不挠地坚持革命、坚持进步的坚强斗士；但确实也有不少人，在一定的条件下参加了伟大的历史运动，做出过相当的、有时甚至是重要的历史贡献，可是在后来却走向了反面，终于成了历史的罪人。对于这些昙花一现的人物曾经有过的历史功绩，究竟采取什么态度？是因为他们后来的罪恶而对他们前期的历史活动一笔抹杀、讳莫如深呢，还是对他的前期活动进行适当的"改铸"，以证明他后来的坏是有"历史根源"的呢，抑或是对他的前期功绩和后来的罪恶如实写出，以看出这个人物的发展轨迹及历史全貌呢？本书坚持了最后一种态度，因而也就真正地做到了实事求是，尊重历史事实。这里可以举汤尔和为例。汤曾经是资产阶级革命派中的一员，在1903年的拒俄运动中是个颇为活跃的人物。在这一年的4月29日召开的以拒俄为内容的留学生全体大会上，汤被推为临时议长，并发表了慷慨激昂的演说。但是，只过了一年多时间，汤就倒向了立宪派一边，到了三十年代末，更公然地当了汉奸。对于这样一个人，本书仍然用整整一页的篇幅介绍和分析了他在4月29日大会上的演说词，鲜明地肯定“这篇演讲代表了当时留学生们沸腾的爱国主义热情”（155页）。同时，也毫不含糊地分别在一些地方指出他后来背弃革命和丧失民族气节的罪责。

不仅对于二等汉奸汤尔和是这样，就是对于后来成了头号大汉奸的汪精卫，以及后来是国民党著名右派的吴稚晖、胡汉民等，也无不如此。如汪精卫是辛亥革命中的活跃人物，曾在《民报》上写过不少宣传革命的文章，其中有一些文章是孙中山授意、由汪精卫执笔写成并署名发表的。可是，由于汪后来成了臭名昭彰的民族罪人，许多论著中常常不愿意或者不敢叙述汪在这一时期的历史活动。本书却并没有简单地把汪写成一个生来就坏、一切皆坏的恶棍，而是实事求是地肯定了他曾经做过的一些好事。甚至，对于汪精卫所受到的某些不符合实际的指责，本书还根据历史事实做了适当的交代。例如，1905年12月留日学生在抗议取缔规则的斗争中，曾经发生过意见分歧，一派主张全体退学回国，一派主张“忍辱负重”，继续留学。有关论著一般把秋瑾、宋教仁等作为前一派的代表，而把汪精卫、胡汉民作为后一派代表，并认为汪、胡的主张和活动起了破坏留学生罢课斗争和革命团结的作用。本书特意在一个附注中说明：“当时，孙中山担心同盟会员大批归国，有可能被清政府一网打尽，打电报给汪精卫，要他出面劝阻。12月24日，汪精卫、胡汉民、朱执信等组织维持留学界同志会，主张忍辱负重，以求学为前提，不轻言返国。”（353页）反对取缔规则的斗争中两种主张的谁是谁非，可以有不同的看法。但是汪精卫既然是执行孙中山的指示，而孙中山的出发点又是怕同盟会员大批归国后被一网打尽，那么，给汪精卫、胡汉民扣上破坏罢课斗争和革命团结的帽子，是并不公允的。这种不公允的评价并不因为汪、胡日后的堕落而成为合理的东西，因为，它毕竟背离了历史的真实。

这样的写法将会造成怎样的社会效果呢？这并不会使反动人物逃脱历史的谴责。当历史学家把历史人物的全部社会活动作为一种历史过程如实加以反映以后，只会使人们更清楚、更深刻地认识各种历史人物的本质，从而吸取有益的经验教训。人们看到了那些风云一时的人物，怎样蜕变，怎样叛卖，怎样投靠，以致从历史功臣变成历史罪人的全部过程，就会更增加对他们朝秦暮楚、翻云覆雨的丑恶品质的鄙夷，同时也就更增加对那些始终坚持革命初衷、不断跟着时代步伐前进的先进人物的景仰和崇敬！

对于历史上的杰出人物和革命英雄，本书在充分肯定他们的历史功绩的同时，也并不回避他们的某些局限和缺点。这是尊重历史事实、公允评价人物的又一个方面。因为任何历史活动家，即令是十分伟大的人物，也不可避免地会有这样那样的缺点，会发生或多或少的失误。历史科学的任务，既不是指责这些缺点和失误以苛求于前人，也不是掩饰这些缺点和失误以神化历史人物，而是从历史条件加以说明，使人们能够正确地取得历史经验和教训。本书对于杰出的资产阶级民主革命宣传家陈天华的论述，就是一个很好的例子。书中详细地介绍了陈天华的革命活动，对他所著的革命宣传品《猛回头》《警世钟》等给予了高度的评价，指出“《猛回头》《警世钟》反帝爱国思想的强烈程度超过了当时的同类作品。这两本书还以通俗易解见长”，“所以很快就深入到农村、军营和工人、平民中去”（199 页）。但是，本书也指出，在 1905 年初，陈天华由于受梁启超的引诱，曾经一度发生动摇。对此，书中分析说：“陈天华有他自己的弱点，他是一位慷慨悲歌之士，激流之中不会吝惜热血和头颅，却容易被崎岖的道路和腻人的琐务消磨掉意志。他的动摇突出地反映了当时革命运动处于停滞、沉闷状态所产生的危机”（306 页）。这样才是令人信服地分析了革命英雄身上存在的弱点，避免了那种好就是绝对地好、一切皆好的形而上学。

上面提到的这些优点，使得本书在内容上具有一种突破了框框的新特点。但还应该指出，本书在表述形式和文字方面，也给人以一种值得称道的清新之感。历史著作不同于文艺作品，它不是以艺术构思和形象塑造去感动人、吸引人；但是它可以而且应该通过生动的历史事实，去激励人、说服人、教育人。历史本身是丰富多彩、生动活泼的，历史科学著作也应该避免写得枯燥、干瘪、呆板。为此本书选择和使用了许多活生生的史实，其中包括一些在通常的习惯看来是“上不了书”的材料，使得全书丰满充实，情趣盎然。在描写历史事实时，不仅有过程，有时还有情节；在分析历史人物时，不仅讲思想和行动，有时还讲性格；在综述社会现象时，不仅有数字统计，有时还有图表。此外，在引用的材料中，有对话、演说、歌诀、诗词，甚至有人物的外号、别号，社会的民俗、民谚。所有这些，都不是游离于基本历史线索之外的搜异猎奇，而恰恰起着更好地渲染和烘托历史主线的作用。

本书的优点当然不仅止于这些，这里我们只是着重指出那些具有特色的方面而已。同时，这本书自然也不是尽善尽美的，它也还存在着一些不足之处，例如：由于这是一本集体编写的著作，有些地方前后文气显得有些不统一；有一些历史事件，分散在几个地方叙述，显得有点零散而不连贯（如关于留日学生反对“取缔规则”的斗争，就是分别在352-353页、373页、429页中陆续交代的）。

马克思在说到科学研究工作的时候，曾经引用过这样一句俗语：“万事开头难，每门科学都是如此。”（《马克思恩格斯选集》，1版，第2卷，205页，北京，人民出版社，1972）对于《中华民国史》这部多卷本的历史科学著作来说，第一编上册的出版，表明已经有了一个良好的开头，我们也就有理由期望，全书将会顺利地编写下去，并将较快地陆续提供到读者的面前。我们相信，只要保持并发扬在第一编上册中所具有的优点和特点，一部有分量的、可以真正称作“信史”的《中华民国史》的诞生是指日可待的。

《海外侨团寻踪》序言*

方雄普同志研究华侨史多年，勤奋著述，作品丰硕。近年来，他把注意力集中在海外华侨华人社团上，研究它们的起源、演变、组织、宗旨、作用、活动事迹、典故等等，撰写了新作《海外侨团寻踪》，这是华侨史研究中十分重要的一个方面。

当今，全世界华侨华人约三千万人，形成庞大的群体。华侨华人在世界各地并非孤立的、单独的存在，他们结成各种团体，分别在自己的社团里活动。据说：现在海外华人团体的总数已有九千个之多，其中世界性的、影响较大的就有几十个。每个社团中都聚集和联系着众多的华侨华人，而很多华侨华人又往往分别参加一个或几个团体。这样，海外华人社团，星罗棋布，形成了无远弗至、遍布全球的网络。可以说：不了解海外侨团的情形，就不可能全面、深入地了解分散在世界各地的数千万华侨华人；不可能了解他们的事业、活动、成就和发展前途。因此方雄普同志此书的研究是有意义的。

古代即有侨居外国的中国人，但为数甚少。大批华人出国定居，是在近代历史时期才变得普遍起来。18 世纪以来，中国的人口大量增加，无计谋生的贫民不断向周边地区和海外迁徙，形成持续的移民浪潮；同时，外国资本主义的侵略触角伸向全球，世界上原来许多空旷荒芜的地区也发生了变化，如美国西部的经济发展，东南亚地区的农业开发，需要大量的劳动人手。于是中国东南沿海，尤其是广东、福建、浙江等省的过剩人口，走向海外，在各地从事耕植、采矿、筑路等苦力和商贩服务行业。

---

* 原载方雄普、许振礼编著：《海外侨团寻踪》，北京，中国华侨出版社，1995。

早期华侨、华工的经历充满着苦难和酸辛，他们在故土，贫苦不堪，衣食无着，不得不离乡背井，远走天涯。有的则是被外国人贩子欺骗或绑架而沦落异国的。他们含辛茹苦、饱受凌辱，许多人饮恨而殁、葬身异域。幸存者经过长期以至几代人的奋斗，在侨居国置产立业，有了栖身之所。一部海外华侨史是诉不尽的血泪史、屈辱史、奋斗史。

在远离祖国、非常恶劣的客观环境中，海外华侨和华人唯一能得到的关怀和援助，是来自华侨自身之间的友谊和亲情。同是天涯沦落人，同是中华儿女，相互伸出友情之手，患难与共，疾病相助。“涸辙之鲋，相濡以沫”，他们在种族上、血缘上、语言上、文化上、习俗上的强烈认同产生了强韧的亲和力、凝聚力。正是这种客观需要和主观情结，遂结成了形形色色的社团，有以血缘相亲的宗亲会，有以地缘相近的同乡会，有以同业、同学相联的同业会、同学会。众多的海外侨团，融入了所在国家的社会，成为所在国社会结构的组成部分，在联系当地华侨华人，扶助弱小，联络感情，开拓事业，调解纠纷等方面发挥巨大作用，又对祖国的革命和建设也提供了重要的支持。

过去，介绍海外侨团的专门著作寥若晨星，方雄普同志的新著，无疑是一种可喜的探索。它对世界各地繁多复杂的各类侨团做了简明的归纳和深入的分析，既是积累多年的研究所得，又出之以生动流畅的文笔，内容充实，情趣盎然，使学术性和可读性结合在一起。所以，我郑重地向广大读者推荐它，阅读此书，认识海外华侨华人中的群体结构，认识他们在历经艰辛、长期奋斗中焕发出来的凝聚力和特殊的组织形式，可以使中国人民增进对海外华人的理解、尊敬、友谊和亲情。

《百年浮沉》序言*

齐大之、任安泰同志所著《百年浮沉——近代中国民族工商业的发展道路》一书，我从前读了几章，这次又重新翻阅了全部稿件。读过之后，掩卷冥想，旧中国民族工商业的经历，一幕又一幕地映现于脑际，其坎坷历程，历历如绘，令人感慨，发人深思。感谢作者在不大的篇幅中清晰地勾画了中国资本主义的发生、发展，帮助我们重温了这一段很有教益的经济和历史课程。

“资本主义道路在中国走不通”，这一结论并不是一句空话，其背后蕴藏着丰富、深刻的内容，它是对近现代历史进程的科学概括。中国并不是没有走过资本主义道路。五四运动以前的爱国者、革命者，向西方学习救国的真理，有人希望仿效法国、美国，建立民主共和政体；有人希望仿效德国、日本，走君主立宪的道路。当年立宪救国、共和救国、实业救国、教育救国、科学救国，无非都是在资本主义框架内的种种构想。而在经济领域，则如本书中所写，时而出现投资热、设厂热、筑路热、开矿热、国货热。中国新生的资产阶级也不乏创业自立、发财致富、报国惠民的勇气、欲望和激情。但事与愿违，中国并未建立正常的资本主义制度，没有成为一个资本主义国家。中国依然贫穷积弱、经济凋敝、政治黑暗。先驱者们从西方国家学习来的救国方案，都不可能在中国实现。正在彷徨失望、进退维谷的时候，十月革命一声炮响，送来了马克思列宁主义，中国人民改弦更张，选择了社会主义，选择了一条真正能够实现独立、民主、繁荣、富强的新道路。

---

* 原载齐大之、任安泰：《百年浮沉——近代中国民族工商业的发展道路》，北京，中国广播电视出版社，1991。

中国近现代史就是这样走过来的。难道这一切都是偶然发生的？难道这仅仅是少数人的一时冲动和随意选择？马克思主义引导我们不要就表面现象去解释历史，而要从经济的深层去探究历史的真实根源。一百多年来的曲折而多变的政治和文化现象，只有通过一百多年来日积月累的深刻的经济变迁，才能科学地加以阐明。齐大之、任安泰的这部著作所写，虽然只是百年多民族工商业的变化，但其中却包含着破译中国政治和文化谜团的重要信息。直到1949年新中国诞生时，中国的资本主义，百年浮沉，历经凄风苦雨，仍未能形成独立的经济体系，在国民经济中也不占主要地位。你看：中国最成功的企业家们，如本书中历数的方举赞、陈启源、张謇、许鼎霖、简照南兄弟、荣宗敬兄弟、孙多森兄弟、范旭东、刘鸿生、卢作孚，他们哪一个不是艰辛创业、挣扎求存而仅能苟延残喘？在帝国主义、封建主义、官僚资本主义掀起的狂潮恶浪中，风雨如磐，历尽险境。中国之大，几无他们可以容身立足之地。据本书的记载：到1949年为止，民族工业资产净值仅8亿元，只相当于抗日战争爆发前的2/3。钢产量只有15.8万吨，煤产量只有3 000多万吨，石油只有12万吨，棉布只有18亿米。1949年，我国人均国民收入只有27美元，同年，美国为1 453美元，西欧为437美元，亚洲国家平均为44美元，其中日本为100美元，印度为57美元。中国在亚洲位列倒数第一。中国经济太落后，民族工商业承受过分沉重的压力而不能正常发展，这是基本的国情。弄清楚这一点，才能摸准旧中国的政治脉搏，理解当时历史舞台上的风云变幻和戊戌变法、辛亥革命失败的必然性，理解为什么无产阶级和中国共产党应时而起，代替了软弱的资产阶级，担当起领导革命的重任。资本主义的经济基础如此脆弱，资本主义的政治、文化上层建筑又怎能矗立在这堆流沙之上？自由是对规律的认识和顺应。资本主义道路在中国走不通这一历史规律是经过几个世代的探索、奋斗，花费了重大代价而得来的结论。革命先辈们总结经验教训，顺应历史规律，开辟了一条从新民主主义走向社会主义的道路，得以推翻了三座大山，改变了中国的被奴役地位，使人民生活达到了温饱的水平。历史证明：这是唯一正确的选择。如果蔑视规律，硬要使资本主义复辟，必然要在铁的规律面前碰得头破血流。

本书的优点是用丰富的史料、翔实的数据、生动的例证，论述了旧中国民族工商业的历史命运，使人领悟到资本主义道路走不通这一无可辩驳的结论。经济史的研究离不开许多史料、数字、理论，有时显得烦琐、枯燥而又艰深，大部头作品不免令人望而生畏。但这部书写得简明扼要、条理清晰、剪裁得当、生动可读。事实和理论，数据和例证，科学性和生动性在书中较好地结合起来。我相信：它对广大读者，特别是对青年读者了解中国国情，了解旧中国的贫弱是很有帮助的。只有了解过去，才能把握未来。如果真正了解旧中国经济发展的缓慢和艰难，就会珍惜团结安定的建设环境，就会对新中国已取得的光辉经济成就感到自豪，就会对社会主义建设的前景充满信心，这是我读此书后的粗浅体会。

《学与思的足迹》序言*

我和周溯源同志相识已有多年了，他是一位坦诚、爽朗、热情而好学、深思的青年。我们之间开始只是工作上的联系。他在《求是》杂志哲史部工作，向我采访，邀我开会和写稿，交往渐深，论学谈心，话逐渐多起来，极为相得，成了忘年之交。他工作的地方离我的住所很近，这几年他便成了我书房中的常客。他谈风甚健，议论风生，每次总是说一些新见解，或者带来一些新消息、新见闻，使我这个很少出户的孤陋寡闻者大开茅塞。

周溯源同志非常勤奋，读书孜孜不倦。由于他做编辑工作，接触各种学科的文章，读各种类型的书籍，故而形成了渊博的学识根基。他闻见既广，又能深思熟虑，积累多年，故学有造诣。他是武汉大学历史系的毕业生，从学于名师唐长孺、吴于廑、肖致治诸教授。因此，他酷爱历史，在史学方面用力最勤，对中国历史和传统文化黾勉追求，常至废寝忘食，其他哲学、政治、时事方面他也都非常关心。这本论文集《学与思的足迹》，就是他十多年来结合工作探求学问的成果。

"学"与"思"是治学的两个关键环节，是必须处理好的一对矛盾。"学"就是学习、吸收。向书本学习，吸收前人的研究成果；向现实学习，吸收群众在实践中的创造。就像人活着必须吃饭，汲取营养。研究学问的前提是学习，以充实知识，加强修养，收集材料，才能进行科学研究，构建学术的辉煌殿堂。"思"就是思索，开动脑筋。依据学习来的东西，探索构思，揭示掩盖在现象背后的本质，发现客观事物的规律，开拓未知的领域。"学"和"思"相并而行，

---

* 原载周溯源：《学与思的足迹》，北京，东方出版社，1998。

不可偏废。孔子说："学而不思则罔，思而不学则殆。"有学而无思就好像白白地吃饭，只有汲取而不做工作；有思而无学则好像没有吃饭，有气无力，也做不了工作。周溯源同志在编审工作之余，完成了这本论文集，做的工作既多且好，这就是"学"和"思"相结合的结果。"学"和"思"实在是做学问必须具备的两个方面，周溯源同志深深懂得做学问的三昧。他把文集取名为《学与思的足迹》，也是十分贴切的。

我大略翻阅了本书的清样，许多文章读来津津有味，有以下几点感想：

一是周溯源同志治学的范围广、路径宽，善于从宏观上把握问题。这本书分为哲学研究、史学研究、政治理论、工作研究与书评、随笔五个部分，上下古今，涵盖宽广。这和他的理想、志趣、性格有关，他爱好广泛，涉猎甚广，思路开阔。同时，也和他工作的性质有关。他长期在《求是》杂志社工作，接触书稿很多，交游亦广，他负责哲学、历史的稿子，必须勤奋钻研，才能处理稿件，做好工作。正因为他投入精力最多，故文集中历史和哲学文章最为精彩，篇幅也最多。

二是周溯源同志治学得益于一个"勤"字，这一点极其重要。他白天在办公室里处理稿件与行政事务，晚上才能挤出时间做学问，读书写作常常到凌晨一二点才得上床休息。他读书多而广，有什么新书问世，不拘是何类书籍，他总想先睹为快，急急忙忙找来阅读。有什么问题，积疑于胸，他善于找人讨论、请教，虚怀若谷，不耻下问。他写文章非常认真，一义未安，再三推敲，一文草就，反复修改。这部文集中的文章都是他刻意运思、呕心沥血之作。

三是周溯源同志的文章富有新意，独抒已见，有理有据。像这本集子里，对"天人合一"的看法，对抗日战争开始于何时，对历史创造者的阐发，对张之洞的军事思想等都自出机杼，有着自己的看法，这是他读书有方、勤于思考的缘故。不管你是否同意他的看法，但是他不拘成说，勇于创新，提出新见，言之成理，给人以深刻的印象。我既敬佩他为学勤奋，也赞赏他的创新精神。

四是周溯源同志爱好文、史、哲，这有一个好处，使得他的文章既有思想性、知识性，又有文采，可读耐看。在哲学文章中饱含丰富的历史知识，在史学文章中推导出启迪人的哲理，而政论文章则不乏理论色彩，各种文章都文笔流畅。如果没有对高境界的追求，没有长年累月的磨砺，是做不到这一点的。

《学与思的足迹》即将付梓，周溯源同志嘱写序言，因濡笔作此文。

《国耻备忘录》序言*

何瑜、华立二位同志奉献给读者的《国耻备忘录——中国近代史上的不平等条约》，是一部以近代不平等条约为线索，阐述中国从封建社会逐步演变为半殖民地半封建社会历程的历史教材，是一部论述严谨、充满爱国主义精神的通俗读物。

当历史步入 19 世纪，古老的中国送走了它最后的一个兴盛期——康雍乾盛世，迎来的却是帝国主义侵略的暴风骤雨。在外国侵略者的胁迫下，中国政府与它们缔结了一系列不平等条约，割地赔款，丧失利权，国家被侵害，民族受欺凌。据统计，自鸦片战争至 1949 年为止，中国政府与外国订立的条约共有一千数百个，这些条约像一副又一副沉重的枷锁，套在中国人民的身上。

在西力东渐的资本主义狂潮中，素有“泱泱大国”之称的中国何以落到如此地步？蛮横无理、侵略成性的西方列强如何一步步进入中国，朘削中国？一系列不平等条约又是怎样强加在中国人民身上的？造成了怎样的严重后果？这些都是本书要回答的问题。

作者把全书分为十章，首先概述了 18 世纪中国与世界的形势，然后分九个方面阐述和分析近代中国不平等条约形成的过程、每一项不平等条约的具体内容及其对中国的危害：一、炮舰打开了天朝大门；二、登堂入室的强盗；三、被夺去的七分之一国土；四、走向深渊的清王朝；五、鹰瞵虎视下的中国边疆；六、豆剖瓜分的华夏；七、灾难，20 世纪初的中国；八、“远东病夫”的最后遗产；九、亡国·灭种·图存。中国近代史上的大大小小的不平等条约都

* 原载何瑜、华立：《国耻备忘录——中国近代史上的不平等条约》，北京，北京教育出版社，1995。

概括为以上九个方面，作者对一些重要条约订立的历史背景做了简明叙述，对重要条款给以必要的分析，以此为线索说明围绕这些不平等条约所形成的复杂的国际关系及帝国主义的侵略活动。

近代中国沦为半封建半殖民地社会，中华民族的苦难是十分深重的，全书十章又可以分为以下四个方面：

第一，帝国主义列强强迫中国政府签订不平等条约，使中国领土的完整遭到了破坏。至19世纪初，中国疆域辽阔，东濒太平洋，西跨葱岭，北接西伯利亚，南到南沙群岛，西北的巴尔喀什湖、东北的库页岛、西南的西藏和东南的台湾及其附属岛屿都属中国版图之内。但是，自1842年第一个不平等条约中英《南京条约》签订后，英国割去香港。以后，随着帝国主义列强的侵华战争不断升级，强迫清政府签订了一系列不平等条约，又从中国割去大片领土。主要有：九龙尖沙咀，黑龙江以北、外兴安岭以南60多万平方公里的土地，乌苏里江以东包括库页岛的40多万平方公里土地，包括斋桑湖、巴尔喀什湖和伊塞克湖在内的西北44万平方公里土地，以及喀什噶尔西部共7万平方公里土地，台湾、澎湖则被日本占领达半个世纪之久。

第二，帝国主义列强通过不平等条约强加给中国人民的巨额赔款，使中国遭到了无情的掠夺。第一次鸦片战争中《南京条约》规定清政府赔款2 100万元，如果加上广州的赎城费，则达2 700万元。第二次鸦片战争中《北京条约》规定赔偿英、法两国各800万两白银，再加上其他赔偿，则达1 670万两。甲午战争中的《马关条约》规定赔款2亿两白银，加上其他赔款，达2.3亿两。八国联军侵华的《辛丑条约》规定赔款白银4.5亿两，如果加上利息则达9.8亿两。巨额赔款使中国人民坠入贫困的深渊。

第三，根据不平等条约，帝国主义控制了从东南沿海到西北内地的一切重要的通商口岸，攫夺了中国的海关主权，把持了中国的铁路交通和内河航行。此外，列强利用中国廉价的劳动力和原料，开办工厂，生产的商品又直接投放到中国市场，中国完全成了外国的商品市场和原料产地。帝国主义列强在中国开设银行，这种银行利用其雄厚的资本，发放信贷，吸收存款，控制了中国的金融和财政。这样，中国的经济命脉也完全被帝国主义所控制。

第四，1840—1900年，帝国主义列强通过签订不平等条约，取得了在中国的领事裁判权、关税协定权、海关管理权、内河航运权以及在各自势力范围内修筑铁路和经营矿务的权利。列强还在中国的16个通商口岸建立了他们直接管理的租界，在租界内完全实行殖民地统治，中国失去了国家独立和主权，处于任人摆布的可悲境地。

帝国主义列强一步步把中国拖入了半殖民地社会，从边疆到腹地，从沿海到堂奥，从政治经济到思想文化，侵略魔爪深入中国的各个方面，逐步形成了一个侵华的系统网络。每一次侵略活动之后，列强都利用不平等条约把掠夺的权利用法律形式固定下来，一部不平等条约的历史反映了帝国主义侵略中国的血迹斑斑的事实。作者在收录、阐述和分析这些不平等条约时注意避免重复叙述，按订立的时间以及各个条约的特点和差异，统筹编次，组合安排，使重点突出，层次分明，尽量使读者能得到全面而清晰的印象。

何瑜、华立是两位基本功很扎实的中青年学者，思路开阔、学风严谨。这部《国耻备忘录》，以史实为依据，通过科学的分析论证，以理服人，避免空洞的说教，语言流畅、生动活泼，是进行爱国主义教育的好教材。

悠悠岁月，千古兴衰，鸦片战争后中国陷入了落后挨打的局面，中华民族的尊严被践踏，中国的疆土遭到了浩劫。这部《国耻备忘录》犹如一部悲壮的“国耻”系列剧，沉痛地向人们诉说了中华民族的不幸、忧伤和耻辱，但同时也是一部中国人民为摆脱奴役地位，争取民族自强所进行的思索、探求、抗争和拼搏的历史。

爱国主义是我们中华民族自强不息的强大精神支柱，是推动我们实现现代化的巨大力量。“知耻近乎勇”，让我们以中国近代不平等条约作为借鉴，团结一致，发愤图强，发扬爱国精神，为建设有中国特色的社会主义而做出贡献。

《清史镜鉴》序*

清朝是我国历史上最后一个封建王朝，统治中国长达 268 年之久，其前期在发展经济文化，巩固国家统一，加强民族团结等方面甚有功绩。中叶以后，内外矛盾尖锐，外敌入侵，国内动荡，政治日益败坏，其失误和教训，实足发人深省。清亡距今不足百年，离我们时间最近，对我们现实生活影响较大。“今天的中国是历史的中国的一个发展”，要根据中国国情，建设中国特色社会主义，就要学习和研究历史，特别是离我们今天很近的清史。

新中国成立后为了弘扬文化、传承国脉，党和国家领导人十分重视清史纂修，曾成立相关机构进行筹备，但由于种种原因，修史之事，几起几落，一直未能启动。2002 年 8 月，中央领导做出纂修《清史》的重大决定，相继成立了清史纂修领导小组、清史编纂委员会，清史纂修工程于焉肇始。

清史纂修不仅具有重大的学术价值，还和现实生活有着密切的关系，它不是网罗奇闻逸事，不是观赏陈迹古董，不是“发思古之幽情”，而是和时代脉搏的跳动息息相关。中国封建社会发展缓慢，延续了两千多年，到了清代，它具有什么特点？它的经济、政治、文化发展到了怎样的高度？清代众多的历史人物应该怎样评价？清代很多扑朔迷离的事件真相如何？为什么古代中国一直处于世界的先进行列，而到了清代却愈来愈落后？在统一多民族国家和整个中华民族发展史上，清朝统治的 268 年究竟处于什么地位？应该对其如何评价？如果没有外国的侵略，中国将会沿着什么方向发展？发

---

* 原载国家清史纂修领导小组、国家清史编纂委员会办公室编：《清史镜鉴——部级领导干部清史读本》，第 1 辑，北京，国家图书馆出版社，2008。末署 2008 年 7 月 28 日。

展的前途可能会是怎么样？这些都是此次清史纂修所要研究和揭示的重大问题。

清史编纂工作自 2002 年启动以来，在党中央、国务院的关心下，经过海内外专家们的鼎力合作和辛勤努力，目前已有大批阶段性研究成果相继产生。在有计划、按步骤推进清史纂修的同时，为了更加全面、广泛、客观地反映纂修中取得的重要成果，及时将其应用于我国新时期新阶段社会主义现代化建设，充分发挥清史纂修在资政、存史、育人等方面的重要作用，经清史纂修领导小组副组长、文化部副部长周和平同志提议，在清史纂修领导小组办公室诸同志的努力下，于 2006 年 7 月开始编发《清史参考》。刊物集学史和资政于一体，兼顾资料性和时政性，择要刊登清史纂修中形成的部分科研成果。内容大致涉及典章制度、名人史事、轶闻掌故、档案文献、学术争鸣、资料考证等，力求如实反映 300 年清朝历史的真实面貌，给读者以较丰富、较切实之清史知识。

历史是已经逝去了的人和事的记录，是各个国家和民族的文化创造。人有反思往事的感情，有寻根问先的愿望，有从自身的经验教训中学习的天赋。人类在不断前进，但每一代人都是在前人的基础上进行创新，不断前进的。这就形成了文化的传承和历史的延续，形成了历史、现实、未来之间相通的无穷无尽的长链。现实深深植根于历史之中并通向遥远的未来。历史研究可以帮助人们在过去的远景中认识自己，并为未来的创新指点方向。历史学虽然不能像应用科学那样快速而直接地取得实用效益，但它的功能是长期的、巨大的。人类如果忘记了自己的历史，将会在现实和未来中迷失方向。历史学是传承文明、陶冶心灵、提高素质，建设社会主义精神文明所必需，也是了解社会、掌握国情、管理和建设国家、进行战略决策所必需。

《清史参考》创刊后赢得了较好的社会反响。办刊两年来，共有 50 余位专家在《清史参考》刊发文章。《清史参考》的作者，大多为清史纂修工作的项目承担者，也有一些是清史编纂委员会的骨干专家，都学有所长，是各自研究领域的佼佼者。所载文章不仅有很强的学术性，还多富深刻的现实意义，具有一定的参考价值，且篇幅短小，风格朴实，文字流畅，可读性强。应该说，对于现阶段社会上流行的种种“戏说”清史的文艺作品，能够起到一定的校正作用，用真实的历史史实来教育青年，教育大众。这本身也是历史学家们理应担负的一种社会责任。

近日，欣闻国家清史纂修领导小组办公室计划将《清史参考》结集出版，以扩大清史纂修的社会影响，使刊物资政、存史、育人之价值，泽及社会，服务学界，繁荣文化。欣喜之余，略缀数语，以为序言。

展示中华文明的瑰丽画卷*

——读十卷本《中华文明史》

我非常高兴地读到了河北教育出版社出版的《中华文明史》十卷本，共一千余万字。这是一部格局宏大、包罗丰富、组织严密、体大思精的百科全书式的巨著，是一幅展示中华历史文明的瑰丽画卷。

中华文明是世世代代中国的先民们在生产劳动和社会实践中创造的成果。它经过长期岁月的累积、凝集、淘洗而形成文明的积淀，以各种形态贮存在今天的生活中。它或者表现为物质载体，或者表现为抽象的思想形式，或者表现为宗教信仰、民族心理、思维方式、行为规范、价值取向、风俗习惯等等。文明成果的内涵非常丰富，包罗万千。它既是历史的，在人类已经过去的生活中产生、形成；又是现实的，即深深渗透在现实中，对今天的生活发生巨大而深刻的影响。每个人都在传统文明的氛围中出生、成长，又在过去形成的历史基地上创造新的生活。人们不能割断历史，不能脱离过去的文明，在一定意义上说：人们的一切创造活动都是对历史形成的既定文明的继承、批判与改造。

《中华文明史》以时间发展为序，分门别类，经纬交织，纲举目张，十分详尽地论述了古往今来的中华文明，蕴涵着各类知识和巨大的信息量。全书按时期、朝代分为十卷，各卷首先叙述政治文化与法制、军事、政治。法制最能反映文化特色，又最能影响文明发展；军事既是文明的破坏者，又在一定条件下是新文明的催生婆。其次论述经济生活，传统的中国是农业国，中华文明深深植根于农

---

* 原载《光明日报》，1994 年 12 月 16 日。

业土壤之中，故全书以较大篇幅概述了农业制度、农耕技术、水利灌溉、作物栽培等等，也涉及不同民族、不同地区的游牧文明和渔猎文明，显示地区的差异性和不平衡性。最后论述手工业、商业、交通，对于能够反映中华文明特色的手工艺，如丝织、制瓷、漆器、玉雕、建筑以及作为中华文明血脉之一的大运河，叙述尤为详明。

本书的又一特色是对中国古代科学技术的成就十分注意，用力甚大，如各个时代的数学、天文、历法、化学、地理、生物、医药等等，记述深入浅出，条理清晰，下及儒学、佛道、史学、图书、教育、散文、诗词、戏曲、小说、绘画、书法、音乐、舞蹈、体育、武术、中外文化交流，以至典章制度、衣食住行、岁时风俗等等，作者们进入非常广阔而精彩纷呈的各个文化领域，论述阐发，努力发掘中华文明的奇珍异宝。此书分别观之，是各部门、各学科的专门史，其中不少篇章具有坚实的功力和精彩的创见。合在一起又全景式地展现了中华文明的产生、发展、成长，起伏跌宕、波澜壮阔。各卷还附有几百幅彩色图片，印制精美，琳琅满目。翻开此书，仿佛展开了中华历史文明的长卷，感到网罗宏富，支脉繁衍，汪洋浩盈，气象万千，显示出中华文明博大精深的内容和宏伟蓬勃的气概。

编写这样一部包含物质文明和精神文明全体在内的鸿篇巨著，其难度可想而知。全书在吸收前人已有成果的基础上，又各有专门研究，各有开拓创新，故能达到较高水平。没有众多学科的几百位专家学者的努力研究与分工合作是不能完成的。河北教育出版社组织和出版此书，他们不惜工本，不怕困难，不计眼前的小利，更不被当前某种不良风气所左右，而着眼于弘扬中华文明，振奋民族精神，投入巨大的人力、财力，其目光远大，志趣高尚，实在难能可贵，值得表扬。

《五千年中外文化交流史》序*

一部世界文化史从某种意义上讲，就是各民族文化相互传播、碰撞、融合和不断创新的历史。学术界比较公认的人类“原生文化”发祥地的埃及、巴比伦、印度、中国，也有人称作尼罗河文明、两河（底格里斯河、幼发拉底河）文明、印度河文明和黄河文明，就是在文化的交流中不断创新和发展，并影响了世界文化的进程。发源于尼罗河下游的埃及文化，由于和两河流域的巴比伦文化相距不远，在一千公里左右，又没有难以逾越的地理屏障，相互交流相对比较频繁。大量的考古成果已经证明，埃及和两河流域在农业、畜牧业、手工业技术乃至天文、历法、语言文字、算术、服饰等方面有许多相同或相近的地方。埃及最早的象形文字，就曾受到两河流域的巴比伦图画文字的影响。美索不达米亚（即两河地区）的苏美尔人所创造的楔形文字，在公元前两千年中期逐步变成了西亚各族人民的通用文字。由于埃及文化和巴比伦文化的大量交流和融合，学术界也有不少学者将其合称为东地中海文明或西亚文明。位于南亚次大陆的印度文化，虽然受伊朗高原的阻隔，和西亚文化交流非常困难，但目前的出土文物和一些文献记载充分说明，两个地区也时常有人员和货物的往来，美索不达米亚的图画文字曾传入印度，西亚地区还出土了印度河流域生产的哈拉巴文化的印章。而作为欧洲文化发源地的希腊文化，很早就和埃及文化、巴比伦文化有着较为广泛的交流。在埃及曾发现了一个很古老的仓库，里面藏有希腊克里特岛生产的各种金银器皿；在克里特岛上出土的许多文物，则明显地可以寻到埃及文化的因子，克里特的文字、壁画、印章、石

---

* 原载《历史教学》，2001年第1期。

器以及各种装饰品都程度不同地受到了埃及文化的影响。在公元前1500年左右产生于美索不达米亚的乌加里特字母，很早就传到了希腊，希腊字母和阿拉伯字母都是在乌加里特字母的基础上发展起来的，后来的拉丁字母、斯拉夫字母，直至今天的英文、法文、俄文、德文、梵文、阿拉伯文等，就字母来讲，都是乌加里特字母的进一步发展。文化的传播已经超越了种族和国界。至于公元前6世纪希腊和波斯之间的战争，特别是公元前4世纪北起希腊，南到埃及，东抵南亚次大陆印度的亚历山大帝国的建立，欧洲文明、阿拉伯文明和印度文明更相互冲突、交融，你中有我，我中有你了。从文化交流的角度讲，阿拉伯文化、印度文化和欧洲文化，从原生期至后来的再生期，并没有绝对严格的疆域限制。

中国文化在原生期由于受地理因素和生产力的限制，无法冲破喜马拉雅山脉的阻隔以与西亚文明和南亚文明交汇。但是，仍然遵循着文化发展的一般规律，努力向外传播，与他民族文化交流，出现了包括朝鲜、日本以及东南亚广大地区的中华文化圈，同时在汉代以后与印度文化、阿拉伯文化乃至欧洲文化有较多的交流和融合，显示了中华文化强大的生命力和受容性。张骞通西域、丝绸之路的出现，中国和阿拉伯及地中海地区的文化交流达到了一定的水平，造纸、火药、指南针、印刷术的西传，改变了西亚、欧洲乃至整个世界的风貌。特别是中国和印度的高僧克服难以想象的重重困难，促成了在汉代以后逐步扩展的中印佛教文化交流，深刻影响了中国文化的发展。而明清以来，尤其是1840年鸦片战争以来，欧洲西方文化的呼啸东来，更迫使中国文化在困境中艰难而有力地向现代化迈进。学术界的一些学者将秦以前称之为中国文化原生时的独立发展时期，将汉至宋概括为中印文化的融合时期，将近五百多年以来归之为中西文化的深刻交汇时期。梁启超在20世纪初年则形象地把中国历史的演进说成是“中国之中国”“亚洲之中国”“世界之中国”三个相互递进的时期。这些概说不能讲百分之百地科学，但道出了文化交流在中国文化发展中的必要性和重要性。毫无疑问，印度文化、阿拉伯文化、欧洲文化等曾对中国文化发生了重要的影响；中国文化也直接或间接推进了欧洲文化、阿拉伯文化和印度文化以及世界文化的进步。文化交流促进了人类文明，这是颠扑不破的真理。

随着对文化交流重要性认识的逐步深化和近代学术体系在我国的逐渐建立，中国学者在 19 世纪末和 20 世纪初即开始了具有近代学术意义的文化和文化交流史的研究，尤其是在 1915 年新文化运动的直接推动下，五四前后出现了研究文化的热潮。从推进中国全面现代化的目的出发，一大批学者以西方文化为重要的参照系，致力于解决传统与现代、中国与西方的文化关系问题，也就是老生常谈的古今中西问题。在处理这个问题上，虽然出现了各种各样的学术流派，也引发了影响深远的东西文化大论战，但问题远没有解决。这说明中国实现传统文化的现代化转换的艰巨性。不过，令人欣慰的是，五四之后特别是二三十年代，产生了一批相当有水平的文化研究成果。就中外文化交流史的研究来讲，已经写出了几部很有价值的学术专著，为这个新兴学术门类的确立奠定了基础。向达的《中西交通史》、张星烺的《欧化东渐史》和《中西交通史料汇编》就是这方面的杰出代表。此后，历史在推进了半个多世纪之后，伴随着改革开放的大潮，80 年代以来学术界和知识界又出现了文化研究的热潮。除了继续讨论古今中西文化关系之外，对世界流行的各式各样的文化理论也进行了深入的探讨，将文化的研究推向了一个前所未有的新阶段。在中外文化交流史的研究上，也取得了骄人的学术成果。比较有水平的专著就有二十多部，周一良先生主编的《中外文化交流史》、季羡林先生所著的《中印文化交流史》是其中的佼佼者。不过，从总体上来考察，这些著作大都是从国别、地区或某方面的问题出发，分专题去研究中外文化交流的历史，这当然是非常必要和有价值的；如果进一步从推进文化交流史的深入研究出发，还应该编写一部大型的，按照整个历史发展顺序，比较全面系统地来论述中外文化交流的历史沿革的专著。为弥补这一缺憾，李喜所同志主编了这部 5 卷本的《五千年中外文化交流史》，按时间先后，深入评述了从古代到 1999 年中外文化交流的历史，并列入了世界知识出版社的“九五”重点项目。这实在是一件值得庆贺的事情。

该书贯彻厚今薄古的原则，依据中外文化交流的客观实际，上古至明中叶 1 卷，明末清初至鸦片战争 1 卷，而鸦片战争以来的一个半世纪有 3 卷，特别是首次将新中国成立以来的中外文化交流单列 1 卷加以详尽的叙述，略古评今，重点突出，将历史和现状有机地结合起来，给人一种历史的整体感。如果详细阅读该书，还可以发现较为明显的三个特点：

第一，比较系统、全面，且重点突出。该书将中国传统史学的编年体和纪事本末体的写作方法较好地结合起来，交叉运用，以编年体为历史发展的基本顺序，把五千年的中外文化交流分阶段加以前后编排，历史顺序十分清晰；具体到每一个阶段，也可以讲每一卷，则在照顾到前后顺序的前提下采取纪事本末体的方法，分专题进行较完整的评述，这就使具体的文化交流事件或人物相对独立和深入，增加了历史的厚重感。每一卷后所附的大事年表，不仅便于查阅，而且补充了纪事本末体写作中年代会打乱的不足。可以讲在整体编排上，该书是独具匠心的。在内容的选择上，该书也颇有特色，做到了面和点的合理而有机地结合。全书在对五千年的中外文化交流进行系统描述的基础上，对影响中国和世界的重要文化交流现象都做了重点考察，尤其是加强了交流的背景和结果的剖析。像中华文化圈的形成、张骞通西域、佛教与中国文化、四大发明与世界、鉴真东渡、郑和下西洋、西学东渐、留学生与中外文化、港澳与中西文化传播、马克思主义文化与中国、改革开放与文化交流、当代西方思潮与中国等几十个中外文化交流史上的重大问题，书中都进行了全面而有一定哲理的探讨。有了这些重点画面，自然会加深读者的印象并有所启迪，由历史联想到现在乃至未来。

第二，较多地进行了中外文化的比较研究。比较是交流的前提，任何文化交流都是在相互比较下进行的，所以只有准确地了解了不同文化的不同特点，才能较好地去论述中外文化的交流。一部好的文化交流史必须突出不同文化的比较研究。应该说，该书在这方面也是下了一番功夫的。对于欧洲文化、阿拉伯文化、印度文化和中国文化的异同，书中都用了一定的篇幅加以论述；即使是同一文化圈内的文化，如日本文化、越南文化、朝鲜半岛文化等，书中也力所能及地做了评论。可喜的是，在一般剖析这些文化的不同特质的基础上，该书还运用文化生态的理论试图从不同文化生成的客观环境上去加以比较研究。由于地理环境、自然环境、社会环境以及人文环境的差异，不同民族、不同地区的文化就必然有不同的特质。所谓“一方水土养一方人”“不是一家人不进一家门”，就是这个道理。该书能够从文化的生成环境和生存状态来进行比较研究，就使文化的研究大大深入了一步。随着文化比较研究的加深，自然就为文化的融合性和变异性，以及文化交流的必然性、可能性等的研究奠定了良好的基础。同样是中外宗教文化的交流，佛教就会在中国生根开花，基督教就较难发展；而同样是印度佛教，传入中国后就出现了不少新的流派，深深地打上了中国文化的印记。这都是文化的差异性使然。对这些不同的文化现象进行比较研究，不仅能够提出一些新的观点，而且会给人以哲理性的思考。总之，以文化的比较为基础，去叙述文化交流的背景、过程、手段和影响，既避免了以往的一些论著平铺直叙的罗列现象的缺陷，又增强了该书的学术深度。

第三，富有较强的理论探索精神。对于文化交流中的许多理论问题，该书不仅有所涉及，而且大胆地提出了作者的看法。尽管个别观点还有可商榷的地方，但这种勇敢的探索精神是难能可贵的。例如，各民族文化的高低优劣问题，很难界定和评判，而这个问题讲不明白，所谓文化交流就不大好叙述。书中提出了一个高势能文化向低势能文化传播的观点，认为一般情况下总是高势能的文化向低势能的文化传播，低势能的文化只有在融合高势能的文化中才可以生存和发展。这种观点虽然有待进一步完善，但解决了研究文化交流史的一些难点，有开拓意义。再如文化的传播机制和接收机制，书中从理论解析和实际史实论述的结合上重点做了评说。提出良好的传播机制与优良的接收机制的完美结合，才会出现高层次的文化交流，二者缺一不可。而且还对文化的传播和接收机制做了理论上的探讨，发人深思。还有，文化交流中的民族性和时代性问题，非常难以把握。往往强调了民族性，就可能关闭开放的大门，拒绝文化的交流；提倡了时代性，又难免会引发不顾民族尊严，崇洋媚外，将文化的交流引入了歧途。该书在总结五千年中外文化交流的历史经验后提出，解决这一问题的关键是提高全民族的文化素质。国人素质的高低决定着文化交流的方向和面貌。一个高素质的民族就会较好地处理保持民族传统和跟上时代潮流的关系，去创造高水平的新文化。就我国目前的实际来讲，现代化是解决一切问题的基石，文化的民族性和时代性应统一到现代化上来。这些理论探索，无疑增加了全书的亮点。

《东瀛义士——川喜多大尉传奇》序言*

我怀着极大的兴趣，读完了北京市文史研究馆张常人老先生撰写的《东瀛义士——川喜多大尉传奇》一书。这位生活在一个世纪之前的日本炮兵大尉的一生，充满了感人的惊险情节，放射出耀眼的正义光辉。在阅读本书时，我的心潮随着故事的展开而起伏奔腾，时而惊奇，时而钦佩，时而感奋，时而忧伤。传主的经历，多么曲折离奇，多么悲壮慷慨。但这故事并非虚构，而是 20 世纪初发生的真实生活的记录，是中日关系历史长河中溅起的一朵绚丽的浪花，虽瞬间即逝，但它的意义深远、重大。川喜多大尉在中日关系风云险恶的年代里，用他宝贵的青春和壮烈的生命，为中日长远的友谊奠筑了一块厚重的基石。

川喜多大治郎是毕业于日本陆军大学的高才生，曾参加日俄战争，作战负伤，因战功卓著而受勋，日本政府派他到中国来，担任保定军官武备学堂的教习。川喜多爱好中国的历史、文化，对中国人民怀有深厚的情谊，志愿帮助中国振兴军事，受到中国官佐、学员的崇敬和爱戴，却遭到日本军部的怀疑，被召回国，受到免职处分。川喜多不以功名利禄为意，矢志与中国友好，并不改易初衷。他再度来华，改名张寿芝，受清政府之聘，秘密主持特别军事讲习班，授课教练，为中国培养高级军事人才。日本军部对川喜多十分嫉恨，必欲置之于死地，竟置国际法于不顾，于 1908 年（光绪三十四年）8 月在北京城内出动宪兵，擅入中国民居，拘捕川喜多。川喜多奋勇抵抗，身受枪伤，被绑架劫持到日本使馆，不久因伤逝世。这是 20 世纪初的一起重大外交案件。日本政府竟在中国首都公然武

---

* 原载张常人：《东瀛义士——川喜多大尉传奇》，沈阳，春风文艺出版社，1990。

装绑架，行凶开枪，伤人致死。其蔑视中国主权，鄙夷国际公法，侵犯人身安全，莫此为甚！当时京津为之震惊，报刊上口诛笔伐，舆情沸腾。清政府再三交涉，但国力衰弱，交涉无成。又因事关军事机密，日本方面制造谣言，诬蔑川喜多大尉是“清国之间谍”“日本之卖国贼”，遂使此事之历史真相湮没不彰，川喜多磊落坦荡之事迹与惨遭毒手之事实，亦鲜为人知。

事隔半个多世纪之后，张常人先生认识了当年在保定军官武备学堂和特别军事讲习班受教于川喜多大尉的学员李炳之先生（李在民国初年曾任旅长、陆军中将、代理督理河南军务。抗战中，隐居办学，1966年在北京逝世）。了解川喜多生平的大概，因发宏愿，为此“东瀛义士”撰写传记，还历史以本来面目。张先生竭26年之努力，遍访川喜多之家属及友人，包括其哲嗣川喜多长政（日本东宝、东和映画株式会社社长）及夫人，凭吊川喜多当年工作和生活的旧居，搜集文物、图片、报刊，并赴日本，在其政府档案中查找到有关川喜多的文件，长期钻研，精心构思，撰成此书。张常人老先生以耄耋高龄，发大毅力，不辞劳瘁，发幽起潜，表彰川喜多大尉高尚而义烈的一生，令人深为敬佩。

川喜多大尉理想高远，性格刚强，娴熟兵法，兼通文史，才华出众。在日本军国主义的滔滔浊浪中，怀有远见卓识，真诚与中国友好，帮助中国自立自强。他在人生道路上每跨出一步都面临艰难的选择。他敝屣荣利，不惧迫害，特立独行，坚持崇高的人生目标。张常人先生用文学的笔法努力挖掘川喜多的思想、性格和行为，将传主的光辉生平抒写得栩栩如生、淋漓尽致。他对事业和目标的执着追求，秘密赴华时与妻子的诀别和预留遗嘱，在中国和同仁、学员们的真挚友谊，与蓬子的纯洁感情，都写得生动、真实，感人肺腑。尤其是他在北京丁公馆被捕，与日本宪兵英勇格斗的场面，更是紧张、惊险，悬念迭生，充分表现了川喜多的刚烈、蓬子的英勇和日本宪兵的凶残。

在中国近代史上，许多帝国主义欺凌、侵略中国。但在这些国家中，也有不少正直仗义的友人，给中国以帮助。其中如太平天国时的英国人呤唎，在江南制造局译书 28 年之久的英国学者傅兰雅，中日甲午战争时的德国人汉纳根，辛亥革命时的日本人宫崎寅藏、山田良政，上海文化“围剿”时的内山完造，抗日战争时的苏联航空队队长库里申科，加拿大医生白求恩。川喜多大尉应该列入这一连串中国友人的光辉名录中。他和山田良政、库里申科、白求恩一样，为中国英勇献身。中国人民永远怀念他们的真诚友情，感激他们为中国做出的牺牲。

一段不能忘记的历史*

——序《台湾同胞抗日五十年纪实》

一部中国近代史，是中国人民饱受帝国主义侵略凌辱的历史，同时也是中华民族自强不息、抵抗外侮的牺牲奋斗史。近百年来，中国人民反抗外国奴役的斗争始终是史不绝书。我们对此似乎早已耳熟能详，可是当我读到《台湾同胞抗日五十年纪实》一书时，却仍为台湾人民曾经拥有这样一段锥心泣血般的经历而深深感到震惊和感动，因为书中所叙述的这段令人心酸而又慷慨悲壮的抗日史，正是一般史书所常常忽略或疏于记述的。

台湾岛虽地处祖国大陆的边缘地带，然而人们可能难以想象，自16世纪直到抗战胜利前的400多年间，据专家研究，台湾岛共遭受外国势力16次之多的侵袭与占领，犯境者包括日、美、英、法、荷、西等国家。台湾岛遭受外国侵略次数之多，规模之大，时间之长，罹祸之惨，在全国各省、市、自治区中是没有先例的。如果把1840年发生的鸦片战争定为中国人民全面遭受外国侵略的开始，那么台湾民众蒙受外邦奴役的时间要比大陆人民整整长两个世纪。与之相应的是，台湾民众为抗击外国势力染指家园所进行的艰苦卓绝的斗争，其持续时间之长，抵抗情景之悲烈，亦足以令人惊叹并为之动容。特别是甲午战败后，清朝政府被迫签订了《马关条约》。使台湾沦为日本殖民地。以此为契机，台湾人民在岛内掀起了一波波拼死抗击强虏的悲壮起义，在割让已成定局、企求外援无望的情况下，丘逢甲率台湾绅民上书唐景崧代奏，决心“愿人人战死而失台，

---

* 原载《高校理论战线》，1998年第8期。

决不愿拱手而让台”，表达了誓死守御、义与存亡的决绝态度，并在台湾已成孤岛的绝境中，被迫“遵奉正朔，遥作屏藩”，临时成立战时行营式的“台湾民主国”。“台湾民主国”的领袖们以民族大义相感召，动员民众由北而南，节节抵抗，旌旗所指，重创日军，虽因实力不济终至覆亡，却正式揭开了台湾义军抗战的帷幕。

台湾义军是在日方宣布所谓“全岛平定”的状态下崛起的，他们既无清廷支持，又无外援策应，且装备极为简陋，却义无反顾地殊死抗击着总兵力达 7 万多人、拥有 40 余艘军舰的侵台日军。在日军层层进逼、日夜搜剿甚至屠村杀戮的恐怖威胁下，台湾民众自 1895 年至 1902 年总共进行了长达 7 年的艰苦卓绝的游击战争，并涌现出北部简大狮、中部柯铁虎、南部林少猫等合称“三猛”的义军首领。他们采用神出鬼没的游击战术，屡屡击破日军的包围搜捕，使带血的义旗猎猎飘扬在台湾上空。在林少猫牺牲以后，台湾人民被迫暂时收卷起了义旗，然而抗日的风潮仅仅沉寂了 5 年左右，从 1907 年至 1915 年，与国内同盟会的反清活动和辛亥革命互相激荡，台湾人民再次揭起了反抗的旗帜，罗福星等人慷慨赴死的英烈气概与噍吧哖起义中台岛人民前仆后继的决死精神，早已成为后人景仰的典范。以后，高山族同胞为反抗日本殖民统治而发起的雾社起义更是震惊了全世界。总而言之，在日帝殖民统治的前 20 年中，台岛起义烽火连绵不息，真可谓是“三年一小战，五年一大战”，由此谱写出了一曲撼天动地的民族正气之歌。

日本侵占台湾采取的不仅是武装镇压的暴力形式，而且交替使用着剿抚并行的殖民策略。在日资大量拥入台湾，经济掠夺日趋严重的同时，各种奴化与歧视政策和所谓“皇民化”的措施也纷纷亮相出台，企图从民族认同的根基上摧毁台岛人民与大陆的血脉联系。为了抗衡这股恶势力，血管里流淌着中华民族血液的台湾同胞抱着与大陆民众同根同种的执着情感，从 20 世纪 20 年代起，开始转换反抗方式，在政治、文化、经济等领域内继续开展与日本殖民当局的非武装抗争，掀起了民族解放运动的又一波澜，出现了诸如林献堂与议会设置请愿运动，以及台湾文化协会、民众党和台湾地方自治联盟这样的政治组织，台湾共产党以及农民组合、工会、反帝同盟等各种团体也纷纷成立，并开展了不同类型的活动，如林献堂曾发起多次议会设置请愿，力争台湾人民的政治合法权益；文化协会组织读报社、讲习会和文化演讲会，向民众宣讲台湾历史和中国文明史，以此借历史之喻，讽现实之弊，重新培植和恢复台岛人民的民族记忆和感情。有时演讲名义上是文化性的，实际上内容多涉及台湾政治、经济、社会诸问题，演讲人借机抒发对日本统治的不满，抨击殖民政策，倡导文化启蒙；台湾民众党还以废除保甲制度为自己的纲领性任务；在共产党的支持与领导下，反抗日本殖民掠夺与剥削的工农运动亦蓬勃开展。这些政党团体尽管政见不同，路线各异，但在反对日本殖民统治、争取民族解放这一基点上却达成了一致，与上层知识分子的爱国运动相呼应，当时各阶层民众均积极投身于保卫中华文化、认同祖国身份的各种运动中，民间继承着民族语言、风俗习惯与信仰，在最困难的条件下，顽强地传递着中华文化在台湾的香火遗脉。

七七事变成为台湾人民抗日斗争的新的转折点，自此之后，台胞抵抗外侮的豪迈行动终于有机会融汇到了祖国大陆全面抗战的连天烽火之中，再次铸就了自己的辉煌。许多像吴思汉、钟浩东这样的热血青年，不仅须忍受身体上的艰辛困苦，而且还要甘受被自己人误解怀疑的心理创痛，经过数不清的颠沛劳顿，冲破日警的封锁，潜归祖国大陆。他们像火种一样播撒散布于各种抗战团体之中，有参加新四军、八路军的，有投身国民党军队的，许多人在大后方重庆参加各种抗日组织和团体，如著名的抗日志士李友邦将军组织的台湾义勇队和台湾少年团就长期转战在祖国的东南地区。无论身处哪条战线，担任何职务，他们的工作都协力指向一个共同的目标，那就是彻底击败日本侵略者，最终光复自己与祖国血脉同源的家园。华南、华东、华北……在祖国的大江南北，到处都留下了台胞默默奋斗的足迹，他们和祖国的同胞一起迎来了抗战胜利的黎明时刻。

从1895年割台到1945年台湾光复，回顾台湾人民长达半个世纪的抗战史，我深切感受到，台湾人民在孤绝的环境中所遭受的苦难和进行的殊死抗争，完全可以用感天动地来加以形容。台湾同胞的抗日斗争事迹实在可歌可泣。据统计，台胞先后有65万人在半个世纪的斗争中捐躯殉国，他们和大陆为八年抗战而流血捐躯的3 000万同胞一样，应同样成为我们民族苦难记忆的焦点而予以充分关注。我们尤其强调的是，台湾人民的抗战并不是孤立的行为，而是波澜壮阔的整个中华民族自救运动的一个组成部分，任何把这场斗争孤立看待的观点都是不符合历史事实的。

台湾人民的抗日运动，在长期发展中逐渐形成了较为系统的民族救亡的理念和意识，尽管这些理念和意识由于历史条件和社会环境的限制，特别是在日本长期的残酷殖民统治下会表现出不同的形态，但是在坚持中国整体的民族立场与抵抗日本殖民统治这个大原则上却是完全一致的。而且抗击日寇与回归祖国是同一理念的两个方面，二者是不可分割的。正如李友邦所阐述的那样："先从日帝对台湾的殖民地统治下争取'民族独立'，然后'返归祖国'"。所以说，台湾人民的抗战精神虽然有自己的特征和界定，但就寻求民族独立，渴望回归祖国的意义而言，仍须看作中国人民反抗外来侵略的整体民族精神的一种表现，而不应仅仅视为与祖国无关的台岛人民自发的行动和意识。

应该说，台湾同胞为了反抗日本殖民统治，争取回归祖国而进行的斗争构成了近代中国人民反抗外来侵略斗争的重要组成部分，台胞抗日斗争史为这段历史增添了极为光辉的一页。

全国台联编辑出版的《台湾同胞抗日五十年纪实》一书，是一部很好的爱国主义教材，可以使人们更好地了解台湾同胞为维护祖国的统一和领土完整曾做出的不可磨灭的贡献，同时也为史学界研究这段历史提供了宝贵的资料，填补了有关台湾抗日史研究方面的空白。从内容来看，既有综述台胞抗战的总体事迹的文章，又有细述重要抗战事实及人物的佳作。尤其珍贵的是"八年抗战中的台胞”这一部分，收录的皆为当事人或其晚辈、亲朋及知情者所撰写的回忆录，许多为首次发表，具有相当的史料价值，很多文章读起来十分生动感人，让我们看到了台湾同胞在伟大的抗日战争中对国家、民族做出的巨大贡献。我相信这本书的出版必将进一步推动对台湾历史的研究，使之达到更高层次的水平。

《日本历史教科书风波的真相》序言*

日本文部省通过了右翼分子编写的2002年版中学历史教科书，这本书对过去侵略战争的认识出现了大倒退。该书在许多关键问题上大肆歪曲历史，内容荒谬，“慰安妇”的内容全部被抽掉，“南京大屠杀”被认为是捏造的，有关“七三一细菌部队”的内容已删去，“三光”政策也不提了，侵略中国改写成“进出”中国。诸如此类的歪曲历史的做法比比皆是，达到登峰造极的地步。我们作为曾被日本侵略过的中国人听到这个消息不能不义愤填膺，拍案而起。

修改历史教科书，尤其是涉及侵略和反侵略的历史并不仅仅是日本的国内问题，而是涉及亚洲国家的历史。日本作为侵略一方，亚洲各国作为被侵略一方，是历史事实。如果不承认侵略，掩盖了侵略罪行，就是对被侵略国家人民的侮辱和伤害，就是表明日本某些人企图卷土重来，重操杀人屠刀。对此，曾饱受日本之害的中国人能漠不关心、无动于衷吗?

我们今天反对日本修改历史教科书，并非斤斤计较，算陈年老账，而是担心日本右翼势力通过歪曲历史把军国主义毒素灌输给日本青少年，实现他们恢复大日本帝国的美梦，因此一定要大声疾呼，反对右翼势力的倒行逆施。不能沉默，不能含糊，要使国际舆论形成压力，以抑制右翼分子的活动。我们虽然不能直接去教育日本青少年，但总可以告诉中国青少年，要他们毋忘国难，毋忘国耻，擦亮眼睛，提高警惕，保卫社会主义建设的成果。

日本右翼势力的活动是多方面的，除了修改中学历史教科书，还准备修改宪法，摆脱宪法的约束以便扩充军事力量，增加军费开

---

* 原载苏智良：《日本历史教科书风波的真相》，北京，人民出版社，2001。

支，从一个经济大国变为军事大国，争夺世界霸权或者和美国分享霸权。最近日本领导人参拜靖国神社的活动，是召唤已经死去多年的侵略分子的亡灵，企图重建军事机器，再现昔日“皇军”的威风，重圆征服中国的迷梦。容忍右翼势力的猖狂活动就是容忍犯罪，中国和亚洲就不会安宁和平。

中国人民是善良、正直、爱好和平的，渴望和各国人民友好相处，渴望生活在一个没有战火没有饥饿的土地上，但我们懂得这不是一厢情愿的。如果日本右翼势力一意孤行，美化侵略历史，企图复活军国主义，那么中国和亚洲人民只能做好准备坚持反击，粉碎他们的侵略妄想。

苏智良教授的近作《日本历史教科书风波的真相》一书对教科书的内容、观点、问题性质以及由此而起的长期斗争，亚洲各国的反应，做了详尽的叙述和深刻的分析，事实俱在，有理有据。侵略者欠下的血债是抵赖不了的，日本右翼分子为侵略战争涂脂抹粉的丑行也是徒劳的。善良的亚洲各国人民应该警惕，要团结一致，协调行动，决不让日本军国主义死灰复燃。

《齐良迟花鸟画集》序*

我和齐良迟先生在北京市文史研究馆共事多年。光阴荏苒，倏忽之间已与他啥别两年。但是他杰出的艺术造诣和宽厚和蔼、温良恭俭的风范，给我极深的印象，使我眷恋于怀，经久不释。最近文史馆编委们集先生历年的精湛遗作，出版专辑，嘱我作序。我对书画艺术是个外行，愧不敢承诺。然而挚友情深，聊写数语以寄托我对他的仰慕之情。

良迟先生是国画大师齐白石的四子，自幼承受家教，10 岁学书画，20 岁就读于北平辅仁大学美术系。随溥雪斋、溥松窗、汪慎生、陈缘督等学习中国画，后又兼学西画。毕业后应聘于国立北平艺专任教。解放后奉周恩来总理之命，辞职居家，专心侍奉白石老人作画。他孜孜以求，深入学习家法。同时又参古法，重变化，进而师造化，得心源。所以他的作品题材广泛，笔墨豪放，气韵生动。举凡所绘花卉、果蔬、虫鱼、虾蟹，无不形神兼备，栩栩如生。这正是遵照白石大师“画所见之物”的教诲。从而得生活之真谛，领造化之奇功，使丘山皆韵，草木成吟。

绘画之外，他还以白石“四绝”为楷模，工诗书、篆刻。画具诗情，书与画配，篆刻抒情，四者兼备，相得益彰。他一生为白石老人在中外出版巨著百多种，工作勤奋，不遗余力；而自己却甘居寂寞，不事矜夸。只应约出版《补读斋诗词选》和《绘画技法丛书》八册而已；但在公益事业上他却锐意挥毫，所得润资扶困济贫，热心奉献。故广为世人称赞，德艺双馨，是后学之楷模。值此画册即将印行之际，谨赘数语，以表贺忱。

---

* 原载齐良迟：《齐良迟花鸟画集》，北京，线装书局，2005。末署 2005 年 8 月。

历史巨人的足迹*

——读《开国总理周恩来》

力平同志撰写、李琦同志指导和审定的《开国总理周恩来》，最近由中共中央党校出版社出版。全书近 40 万字，简明扼要而又形象生动地展示了周恩来总理伟大而辉煌的一生。

本书作者力平系中共中央文献研究室周恩来研究组原组长，现为室务委员、研究员。作者长期从事周恩来著作的编纂工作和对他生平、思想的研究，深深地被周恩来为国为民的忘我献身精神，以及他的高尚品德、睿智才华、隽美情操和作风感动不已，怀着对周恩来的崇敬之情，他撰写了《开国总理周恩来》。

写周总理的书，国内外已出版了很多，而《开国总理周恩来》具有显著的以下三个特点：

第一，材料确凿，真实可信，而又有新的史实。本书所述，言必有据，严格遵循历史学的真实性原则，可信程度极高，而不以奇闻轶事取胜。书中透露了若干重大而鲜为人知的新史实，如：遵义会议以后确立毛泽东在军事上的领导地位，周恩来拥护和支持毛泽东，起了重大的作用，显示了周恩来卓越的见识和推举贤能的博大胸怀。又如：1957 年反冒进，在南宁会议和成都会议上周恩来受到了不公正的批评，几乎要离开总理岗位，但在政治局会议上，老同志们一致认为，中国政府不能没有周总理。邓小平写的会议纪要中说，周总理"应该继续担任现任的工作，没有必要加以改变"。

第二，叙述全面而有重点。周恩来的一生与中国民主革命和社会主义建设相终始。他的丰富智慧和大量工作，需要有大部头的著

---

* 原载《人民日报》（海外版），1994 年 10 月 5 日。

作来记叙论述。本书则旨在以简短的篇幅，扼要介绍周恩来的一生，既要照顾全面，追踪周恩来革命征途上的每一步足迹，历叙其幼年、童年、少年、青年、中年、老年的全部重要经历；又要突出重点，选取重要而有意义的事件，具体展开，精心描绘，工笔重彩，展现当代伟人的睿智、才略及为人民鞠躬尽瘁的高尚精神。本书着重写新中国成立后的周恩来，章数占全书三分之二。尤其写“文化大革命”的十年中，周总理在极度困难、极度繁忙中忍辱负重，折冲周旋，尽量减轻了国家的损失，例如：写“九一三事件”发生时的指挥若定，收拾危局；写与“四人帮”斗争时，抱病工作，苦心维护和支持邓小平的感人事迹；等等。

第三，突出了周恩来作为战略家、思想家的形象。周恩来是毛泽东的亲密战友和主要助手，同时，他又是伟大的、杰出的战略家、思想家，对中国革命和建设提出了一系列重大而富于创造性的思想、方针和政策，充实和丰富了马列主义、毛泽东思想。建国后他为奠定共和国的始基而殚心竭力。他提出“以农业为基础”。他提出四个现代化的口号。他首倡和平共处五项原则，后来成为世界公认的国际关系准则。他在1956年就提出知识分子是工人阶级的一部分。他认为实现现代化，科技是关键。周恩来遗留下来的思想财富，极其丰富而珍贵，是我党制定方针、政策的根据，是建设有中国特色社会主义理论的组成部分。

周恩来的名字是和中华民族、中国革命、中国建设密切联系在一起的，他永远活在人民心中。阅读本书，可以追踪这位历史巨人的生平，更深刻地了解他伟大而光辉的一生；也可以更深刻地认识中国的革命和建设，是如何在第一代中国共产党领导人的领导下，冲破黑暗，历尽崎岖，而走上光明道路的。

《中华美德贤文》读后感*

广西人民出版社最近出版的《中华美德贤文》是一部很好的启蒙读物，全书不到 7 万字，把流传已久的中国传统道德和当前的时代精神结合起来，用通俗生动的文字宣传正确的世界观、人生观、价值观。它的内容是讲人们应该遵守的伦理规范，它的形式简明生动，讲究对偶，韵律优美，抑扬顿挫，朗朗上口，容易引起读者的兴趣，打开读者的心扉。所谓“贤文”原是民间流行的训蒙读物，即是利用“贤人”的名言佳句进行教育。广西的数十名专家，收集古今“贤文”，进行筛选、加工、整理，撰写了“导读”，编成此书。出版以后，不胫而走，印数达一百万册，受到广大读者的欢迎。这样来进行道德教育，可以做到家喻户晓，深入人心。

社会主义建设的实践证明：物质文明的建设要和精神文明的建设一起抓。所谓精神文明建设就是要提高人民的文化素质和思想道德素质。我们所要建设的是富裕的、民主的、文明的社会主义社会，要求全体人民有文化、有知识、有礼貌、有道德、有理想、有纪律。很难设想：在一个文盲充斥、理想失落、道德败坏、不讲文明的国度里能够建设起社会主义。社会主义一方面要求生产力的高度发展、物质生产极大丰富，人们普遍富裕；另一方面社会主义又要求人们有崇高的道德修养，有正确的人生追求，有礼貌、讲公德、爱科学、重知识。

应该把思想道德建设提到更迫切的日程上，它是社会主义建设的不可缺少的重要组成部分。思想道德包括多方面的内容，有个人立志砥砺品格，提高内心世界的修养，也有处理家庭关系，对待父

---

* 原载戴逸：《繁露集》，北京，中国社会科学出版社，1997。

母、夫妇、兄弟姊妹的，还有对国家、对社会、对集体的公共道德，以及在各个不同工作岗位上的职业道德。不建立和完善各种道德规范，社会就不能有序地运作，人们就不能正常地生活。而道德规范的建立和完善不是通过行政命令，也不是通过经济、法律手段，而必须进行长期、耐心的教育，循循善诱，耳濡目染，潜移默化，习与性成，使全社会自觉地遵守道德。

《中华美德贤文》成功地开发、利用我国丰富的传统道德的遗产，结合社会主义时代的要求，以人们喜闻乐见的形式，加以宣传、推广。这本书对当前的思想道德建设、对社会主义精神文明建设做出了有意义的贡献。

以碑说史*

——《中国百年历史名碑》读后

全国政协文史资料委员会委托辽宁省政协牵头，在各地政协和文物部门的支持下，把散见于各地的镌刻着鸦片战争以来150多年重要历史人物和历史事件的名碑搜集到一起编辑而成的《中国百年历史名碑》一书，最近由辽宁教育出版社出版，这填补了国内以碑记史之空白，是值得称道的益世之举。

历史悠久的中国也是碑的王国，数不胜数的碑碣已成为中华传统文化的组成部分。自古以来，从国家、某个单位到一个家族、家庭，都以树碑这种方式来“述德”“铭功”“记事”，以垂永久。因此，树碑立传，是人们心目中一件庄严而神圣的事情。为人为事树碑，已成为中华民族的传统之一。这种方式，直至现代仍为人们所运用。

《中国百年历史名碑》是从成千上万座碑刻（含部分崖刻）中精选出432块，经编者刻意搜寻和摄影工作者精心拍照，用较先进的制版印刷手段印制而成的。尽管成碑的年代不同，叙事的内容有别，碑文的观点、风格、体裁各异，但我们从中可以寻绎出历史事件的脉络和历史人物的事迹。这些碑刻，有些在史书中没有记载，有些在档案文献中也难以寻找，因此可以说弥补了档案文献之不足，填补了史书记载之空白，拓宽了历史研究之史料来源。

《中国百年历史名碑》坚持“以碑说史”的编写原则，开创了编写形象历史的新途径。该书从“虎门销烟纪念碑”、“林公则徐纪念碑”到“永远盛开的紫荆花”、“香港回归祖国纪念碑”，其中包括鸦

---

* 原载《人民日报》，2000年6月22日。

片战争、太平天国运动、戊戌维新、义和团运动、甲午战争、辛亥革命、五四运动、北伐战争、抗日战争、解放战争、新中国成立和社会主义建设、抗震救灾、改革开放、香港回归等历史事件，对重要事件和人物（包括董存瑞、邱少云、雷锋、焦裕禄、王进喜等英雄模范人物和国际友人白求恩、安娜·路易斯·斯特朗等）的碑刻都进行了精心设计和编排，其中蕴涵着大量有价值的史料，也有不少书法精品。尽管每块碑刻反映的是历史上的某一人物或某一事件的片段，但对史学研究工作者来说尤其对研究近现代史和地方史志仍是不可多得的参考资料，对一般读者乃至广大青少年来说，又是图文并茂的爱国主义教材。

《常熟市志》序言*

眷恋乡土，怀念亲人，这是人类自然而真挚的情感。我从20岁离开常熟以后，长期生活在北方，40多年来常常想起我的故乡。青少年时代的所见、所闻、所感、所知，不时浮现于脑际，印象格外真切、明晰。我是在常熟城里诞生、成长的。这里的土地哺育了我，这里的文化氛围塑造了我，这里的亲朋师友教育了我，自己的性情、志趣、爱好以及思维和行为模式、生活习惯都在离开故乡以前就定型了。我对故乡怀有深切的感情。我每次回乡探亲，当汽车驶近常熟城，首先要看到虞山和方塔，儿时熟识的塔影岚光，渐渐逼近眼帘，从心底涌起对故乡和母亲的仰慕和渴恋。平时我在报刊上看到或从人们口头上听到常熟的信息，总是聚精会神地注视和倾听，为故乡和亲人的成就而欢乐，也为其困难而忧虑。我体会到人类心灵深处那种“寻根”“认同”的强烈感情。

自然，我对常熟的一切非常关心。《常熟文史资料辑存》我每册都抱着很大兴趣阅读过，从中知道许多我以前略有所知或毫无所知的事件、人物、掌故。这次《常熟市志》全部完成，我穷数日之力，通读一过。仿佛时光倒流，把我带回童年时代的环境中，我所熟悉、我所热爱的故乡似乎在我耳边喁喁细语，诉说自己的生平遭遇，使我更全面、更准确、更深刻地了解故乡，使我在情感上、知识上得到了极大的充实和满足。

《常熟市志》是一部篇幅宏大、卷帙浩瀚的大著作，包括概述、大事记、专志、志余，而以专志为主干，专志共27编、144

---

* 原载瞿鸿烈主编：《常熟市志》，上海，上海人民出版社，1990。

章，内容涉及自然环境、建置沿革、工农生产、商业交通、财政税收、政法军事、革命斗争、党派团体、文化教育、文物园林、民风习俗、人物传说等等，洋洋一百数十万字，可谓大观。其详备程度，超过了常熟历史上任何一部志书。此书叙述的断限，起于辛亥革命、民国肇建，迄于1985年。编纂工作已八历寒暑，四易其稿，经过许多人员和部门的通力合作，才完成了这一规模巨大的文化工程。

我的故乡是个经济发达的地区，被称为“鱼米之乡”。“常熟”这一千几百年沿用的名称，就意味着常年丰收。我曾经去过全国的许多城市，也曾去各地农村蹲点、调查、劳动，还很少见到过像我故乡那样富庶的地方。但常熟是个传统的农业区，过去虽有一些纺织工业、加工工业，并不占重要地位。在十年改革中，常熟市的乡镇企业，蓬勃兴起，快速腾飞，创造了经济奇迹，这是阅读《常熟市志》后所得到的最深刻的印象。1985年，全市工业产值突破36亿元，工业产值占总产值将近90%。常熟从传统的农业区变成了工业区，其经济发展水平，在全国县市中名列前茅。

我为故乡创造的优异成绩感到高兴、感到自豪。在阅读《常熟市志》时，也沉浸在思索和探求之中：为什么在改革开放中，常熟的经济能够高速发展？

当然，第一是由于党中央的正确指引，常熟市的领导和人民，在这十年之中，同心协力，上下一致，贯彻党中央改革开放的方针、政策，摆脱了经济迟缓的状态，创出了一条迅速发展经济的新路。十年来，常熟市取得的优异成绩，说明了改革开放政策的正确，也显示了常熟父老同胞勤奋拼搏、改造河山、朝气蓬勃的精神面貌。

第二，这里的自然条件，得天独厚。气候适宜，河港交叉，土壤肥沃，物产丰富。农业的丰足为整个经济发展确立了坚实的基础。这里的商品经济发展也较早较快，商业交通发达，城乡交流畅通，人们商品经济的意识也较浓厚。这里又离上海不远，靠近工业发达、设备先进、科技力量密集的中国第一大城市，常熟经济的发展大概受到了上海地区的影响和支援。

第三，最为引起我关心和注意的是文化因素。常熟市是全国的历史文化名城之一，素称人文荟萃之区。历史上，学者、文士、诗人、画家很多，才俊辈出，人杰地灵。当我读了《常熟市志》的教育编、科技编、文化编、藏书著述编，我更深地理解到常熟市在文化教育方面的良好基础，以及多年来投入之多、用力之勤、成绩之大。我想，这应该是保证经济快速增长的一个很重要的原因。文化教育的发展，意味着人民有较好的文化素质，意味着科技知识、管理水平、经营能力、道德观念、思想境界的提高，而这一切，正是发展经济所不可缺少的主体条件。我国一穷二白，经济上贫穷、文化上落后，这是我国基本的国情，两者又是互为因果的共存体，经济贫穷制约了文化的发展，而文化落后又影响了经济建设，因此，治“白”必须治“穷”，而治“穷”又必须治“白”，两者必须同时进行。积 40 年建设的经验，我们逐渐地懂得了文化教育的重要性。一个教育严重滞后、文盲充斥、理想失落、精神滑坡、人民素质低下的国家是不可能实现社会主义现代化的。

我读了《常熟市志》，强烈地加深了这一信念。常熟市经济快速增长的重要原因之一，得益于它文化积累的深厚、教育的普及和文明程度的提高。建设者主体的健全和完善应是生产力发展的决定性因素。常熟市是祖国大家庭中的一隅之地，面积仅占全国的万分之一二，人口不到全国的千分之一。它在工农业和文化建设方面同步建设，相互促进，取得了突出的成就，它摆脱了贫穷落后，达到了小康并正在走向全面的繁荣富裕，这是一条可供全国参考借鉴的社会主义现代化的成功之路。

一本好的地方志，应有严格的质量要求：体例允当、观点正确，内容丰富、材料准确，条理清楚、文字明快。《常熟市志》基本上达到了这些要求。但我认为最重要的是：它在提供地区知识的同时，对人们的思想深有启发，它勾画出了常熟 70 年来的历史发展轨迹，特别是详细反映了 40 年来常熟人民在社会主义建设中的努力以及取得的经验教训，这些经验教训并非教条式地堆砌罗列，而是渗透在丰富的史实、详尽的数据、清晰的叙事中。这部书是故乡父老兄弟姐妹们辛勤努力，建设家园，振兴桑梓的生动记录，也从一个地区反映了我国伟大社会主义建设的沸腾生活。读完这部书，掩卷长思，我不仅更加思念和眷恋着正在建设故里的常熟人民，而且沉浸在对全国社会主义现代化前途的深深的思考之中。

名城佳志　历史见证*

——《重修常昭合志》评介

常熟是国家历史文化名城，又是吴地文化的发祥地之一。经考古论证，常熟已有五千五百年的悠久历史，世世代代的常熟人在这块美丽富饶的土地上繁衍生息，在创造物质文明的同时，也创造了灿烂的吴地文化。古往今来，夸耀常熟之词不胜枚举，诸如虞山福地、岁岁常熟、言子故里、鱼米之乡……这声声赞誉无不倾注了赞美者对常熟的真挚情感。每一个常熟人都为此感到骄傲与自豪，我作为一个旅居京城56年的常熟游子，也深感欣慰和鼓舞。

言及常熟文化的发达，人们自然会想到作为言子故里文化氛围之浓郁，文化根基之深厚，文化传统之悠远。其中，编修地方志书可说是常熟极富地域特色的优秀文化传统之一。自1196年（南宋庆元二年）至1949年的七百五十多年间，常熟编修的地方志书已达四十余种。这些志书无论官修私纂，虽精粗有别，均为史材之宝库，文化之瑰宝，历史长河之见证，乡邦文献之珍要，堪称卷帙浩繁，蔚为大观。

《重修常昭合志》是推翻了延续两千多年封建君主专制后编修的首部志书，也是中华人民共和国成立前编纂的最后一部志书。编修工作启动于1917年，由县署成立“常熟县修志征访处”，许多耆宿俊彦为之溯源穷流，广征博采，露纂雪钞，晨书暝写，无间寒暑。其间，首任总纂丁祖荫、继任总纂徐兆玮更是呕心沥血，亲自校雠，相继厘为初稿，并付印过半，惜乎厥功未竟，先后赍志而殁。抗战胜利后，庞树森被公推继任总纂，辑补缮校，完成全志。奈何时局

---

* 原载《江苏地方志》，2002年第6期。

动荡，烽火连天，加之物价飞腾，米珠薪桂，一部耗时三十年囊括宋元明清、星罗万象的皇皇巨著始终未尝悉数付梓，功亏一篑。已经付印的，有的不及装订而散佚，有的则毁于兵燹，存世者凤毛麟角。至今想来，依然令人扼腕痛惜。然而全志手稿一直得以妥为珍藏，实是不幸中之万幸。

中华人民共和国成立后，尤其是中共十一届三中全会以来，政通人和，百业兴旺，常熟的修志工作开始大规模展开。先是八历寒暑，四易其稿，首部《常熟市志》于 1990 年正式出版。继之，各乡镇、各专业的志书编修工作相继启动，至今已有乡镇志、专业志数十部先后问世，可喜可贺。由于编史修志事业不断发展，也为了满足各界人士了解常熟历史、研究常熟历史的需求，常熟市地方志办公室于 1998 年春组织专家对民国年间难以全书付梓的《重修常昭合志》进行标校。这是一件十分有意义的工作，既体现了常熟市人民政府对地方志工作、对历史传统文化的重视，也是对前辈修志者勤勉耕耘所创业绩的敬重，同时也可看出具体从事这项工作的同志对地方志事业认真负责的精神。

《重修常昭合志》计 22 卷及卷首、附录，240 万言，总结前志，结束清代，承前启后，独树一帜，在历代旧志中后来居上。全志史料翔实，内容丰富，体例完备，考证周密，为常熟历年修志之集大成者，具有较高的学术与史料价值。《重修常昭合志》可与新中国成立后编修的首部《常熟市志》贯通古今，融为一体。此次正式出版，堪称方志界的一件实事、幸事、盛事。《重修常昭合志》从编修工作肇端至今已经八十多年了，新中国成立至今也已跨越了半个多世纪。这部凝聚了数代修志者无数心血的精善之作历尽劫难，今天终于能够以其完整的、全新的面貌与读者见面了。虽然，民国年间参与该志编修的前辈都已故去，但是，他们的遗愿终究得到了实现，如若欣闻佳音，也当含笑九泉。

我衷心祝愿《重修常昭合志》能发挥其“存史、资治、教化”的重要作用，服务于人民，服务于社会，更希望广大读者能从中汲取营养，创造辉煌业绩，为故乡方志不断谱写崭新篇章。

《常熟历史文化研究》序*

党的十七大会议，号召我们要大力推动社会主义文化大发展、大繁荣，弘扬中华文明，建设中华民族共同的精神家园。文化是民族的元脉和灵魂，是国家发展和民族复兴的重要支柱。当今提高文化素质，丰富精神生活，越来越成为我国人民的强烈愿望。随着经济的发展，全国各地掀起了文化建设的热潮。撰写地方志，保护和修复各地的名胜古迹，出版众多的科学读物和乡土教材，建立博物馆、图书馆、文化馆，修缮革命遗址、名人故居，开展各种形式的文化娱乐活动，蔚然成风，推陈出新，竞放异彩。而我的家乡常熟市地方志办公室创办了《常熟历史文化研究》期刊，拟分门别类，有计划地长期积累，潜心研究，进行写作，将常熟悠久而光辉的历史文化推介于读者，传之于久远，这是富有创意的好事，是常熟市父老乡亲建设自己“精神家园”的重要步骤。

常熟的历史文化悠久而丰富，从仲雍开辟，言偃南归，萧统读书，常建题诗以来，英杰联袂，胜迹无数，沧桑屡变，代有才人。忠烈事迹，史不绝书。诗文书画，琳琅满目。这些都是珍贵的历史文化遗产，也是提高当地人民文化素质，发扬爱乡爱国的精神动力。中华民族历经磨难而绵延久远，生生不息，其重要原因就是因为我们具有悠久的历史传承和亲切的文化认同。

我的故乡常熟素以富庶著称，改革开放以来，经济发展迅速，GDP 居于全国前茅，这就带动了文化的繁荣，而文化繁荣又将给经济开辟更加宽广的发展空间。经济和文化相辅相成，互为促进，这一良性循环定将使故乡的建设再上层楼，更快地实现小康和富裕社会，在中华民族的复兴史上留下光彩的笔墨。

欣喜之余，执笔涂鸦，鄙俚无文，聊作序言。

---

* 原载《常熟历史文化研究》，2011 年第 1 期。末署 2008 年 7 月。

《江阴历史名人漫记》序言*

地处长江下游南岸的滨江古城江阴，是一座历史悠久、人文荟萃的文化名城。两千多年前，延陵吴公子季札、楚相春申君黄歇，是开发、建设江阴的最早两位先贤，所以这里有“延陵古邑”“春申旧封”之称。又由于江阴所处“江海门户，锁航要塞”的险要地理位置，千百年来这里演绎了一幕幕军民奋力抗金、抗倭、抗清、抗英的雄壮活剧；尤其是1645年满洲贵族重兵围攻江阴，典史阎应元率领十万军民死守孤城八十一天的可歌可泣故事，更是驰誉遐迩。因而，江阴历来有“忠义之邦”的称誉。

如此锦绣、英烈的名壤沃土，自然会滋润、孕育出一批批崇尚节义、才能卓著的英雄豪杰、贤人奇士。每个地区如能将本地的种种人文历史忠实而生动地反映出来，成为具有鲜明地方特色的乡邦文献，将能激发读者爱国爱乡的思想情操。田柳同志撰著的《江阴历史名人漫记》，就是这样一部富有教育意义的读物。

我们从《江阴历史名人漫记》中，就看到了江阴自宋以来至清末民（国）初一千年间一个个异彩纷呈的民族精英和乡贤先哲。他们中，有南宋抗金重臣丘崇；元末诗人王逢、许恕；明代抗倭官吏薛甲，东林党人李应升、缪昌期，地理学家徐霞客；清代抗清老贡生黄毓祺、大学者杨名时、著名词人蒋春霖、藏书家缪荃孙，还有作家、画师、名医、高僧……他们一个个无不展现了江阴人爱国爱乡、刚正不阿、仗义执言、聪敏豪爽的浩然品格和英姿风采。这一代代江阴先辈的立德、立功、立言资料，形成了江阴地区浓重厚实的历史文化积淀的重要组成部分。这一历史文化积淀，到了社会主

---

* 原载田柳：《江阴历史名人漫记》，南京，江苏人民出版社，1999。末署1996年11月。

义建设新时期，又很自然地融入了今天以“人心齐，民性刚，敢攀登，创一流”为特征的“江阴精神”之中，并以此推动江阴经济和社会的发展。

我国是个文明古国，江南更是一个具有悠久文化传统的富庶之区。在数千年中华文明史上，江南各地城镇均像江阴那样，人才辈出，英杰迭现，诞生过一大批卓有成就的历史文化名人，为中华文明史写下了极其灿烂的篇章。在今天以经济建设为中心的新形势下，我们应当进一步发扬这一辉煌的文化传统，充分认识和重视精神文明建设的重要作用，担负起“以高尚精神塑造人，以优秀作品鼓舞人”的光荣任务。现在各条战线都在研讨如何提高人的素质的问题。大家知道，现代化首先是人的现代化，人是生产力中最活跃的因素。我们事业的成败得失，归根到底，取决于人的素质的高低。具有厚重历史感和现实感相交融、互渗透的《江阴历史名人漫记》，正可以成为我们进行热爱祖国、热爱家乡、热爱党、热爱社会主义的生动教材，特别可以发挥它的“鉴古知今，以史育人”作用。因为，田柳同志笔下江阴历史上的近百位名人，无论是抗敌重臣名将视死如归的献身精神，抑或东林党人、复社成员忧国忧民的崇高形象，还是学者名流、硕儒高士心系事业的执着追求，都真实、鲜明，而且生动地反映了中华民族的英雄品德和聪明才智。读者从书中一个个栩栩如生的名人身上，分明见到了当代一些人的思想和影子。从这个意义上说，《江阴历史名人漫记》是一部不可多得的好书。

目前，我们正处于迈向新世纪的“四化”建设新高潮的关键时期，继承和发扬民族优秀文化传统，弘扬爱国主义精神，建设具有地域特色的社会主义文化，更好地为物质文明建设和精神文明建设服务，是时代赋予我们的重任。我们希望各地重视发现、发掘各自有鲜明地方特色、蕴藏丰富的名人资源和文化资源，加以开发研究，形成当地的宝贵财富。为此，我期望能读到更多的像《江阴历史名人漫记》这样的读物！

《北京安徽会馆志稿》序*

有清一代，北京前门外宣武区、崇文区，会馆林立。会馆分为两类，一类是行业会馆，由工商业者集资建造，作为聚会、议事、祀神、酬酢的场所；另一类是同乡会馆，由同省或同县人建立，作为同乡人联络情谊、借宿、集会、观剧、娱乐的地方。北京是国家的首都，政治、经济、文化的中心，各地的官宦、知识分子、工商业者络绎往来，车水马龙，上自达官名流，下至寒士、工商业者，大多来会馆驻足。据说在全盛时期，北京的会馆多达四百多个。安徽会馆位于今琉璃厂以西，是其中建成较晚、规模最大的一个，且极具代表性，是北京市的重点文物保护单位。从民国以来，安徽会馆被各个单位和居民长期占用，年久失修，已破烂不堪。现在正鸠工兴作，不日将首先恢复其中路的戏楼，再现当年巍峨崇闳的外观。

清咸丰朝以前，北京只有安徽各县的会馆，规模较狭小，而无安徽全省的大型会馆。自从李鸿章率领淮军镇压太平天国和捻军以后，安徽籍人以军功得富贵者甚众，冠盖塞途，簪缨满朝。在京的安徽籍达官贵人们倡议兴修安徽会馆，推举新任直隶总督兼北洋大臣李鸿章和湖广总督李瀚章弟兄主持其事。于是集资醵金，大兴土木，1871 年（清同治十年）安徽会馆落成，耗银二万八千两，李鸿章撰写了碑记。安徽会馆的建立标志着晚清淮系政治势力的崛起，它成为淮系文武官僚在北京的活动大本营。以李鸿章为首的淮系集团，势力极大，盘踞在晚清政治、经济、军事、外交的重要岗位上，举足轻重。梁启超曾为李鸿章作传，书名题为《中国四十年来大事

---

* 原载北京市宣武区档案馆编，王灿炽纂：《北京安徽会馆志稿》，北京，北京燕山出版社，2001。

记》，梁甚至以晚清40年历史与李的个人传记等量齐观，可见李鸿章在当时人心目中的地位，梁启超还说“李鸿章必为数千年中国历史上一人物，无可疑也”。出入安徽会馆的都是李鸿章的亲信部曲，当时政、军、实业界之头面人物。故此会馆之建筑富丽堂皇，气象轩昂，为京师之冠。以后，安徽会馆又与戊戌变法中的维新派结下不解之缘。1895年（清光绪二十一年）康有为、梁启超为鼓吹变法，在北京创设《万国公报》（后改名《中外纪闻》），选登“阁抄”，译录新闻，介绍西方国家情况并及自然科学知识，报社即设在安徽会馆内，此报对宣传改革，开通风气有重要作用。故康有为说：“报开两月，舆论渐明，初则骇之，继亦渐知新法之益。”（《康南海自编年谱》）不久，康有为创立强学会，这是中国近代史上第一个改革派的政治团体，其宗旨是：联络人才，鼓吹和推动改革。北京强学会的会址亦在安徽会馆内。民国初年，在段祺瑞执政时期，鉴于当时呼吁实行地方自治的民意“如潮流之不可逆”（《北洋政府内务部档》），由国会酝酿恢复地方自治。安徽会馆又成为旅京同乡讨论自治制度的地点。因此，安徽会馆既象征近代政治舞台上地方势力淮系集团的兴起，又是戊戌变法前维新志士办报纸、设学会、发动改革的活动场所，而且亦是北洋皖系势力的大本营。清末民初，安徽籍的达官贵人、文人雅士如李鸿章、孙家鼐、张树声、吴长庆、刘瑞芬、周馥、胡燏芬、蒯光典、吴汝纶、江朝宗、姜桂题、段祺瑞、徐树铮、倪嗣冲、孙毓筠、柏文蔚、胡适等都在会馆留下了活动的记录。故安徽会馆在历史上具有重要的政治和文化意义。

又安徽会馆的前身是著名的后孙公园，系清初官吏孙承泽的别业。孙颇著文名，交游甚广，他所著《天府广记》与《春明梦余录》均著称于世。他在别业中款待、宴接过清初许多名人，如顾炎武、谈迁、吴梅村、龚鼎孳、陈其年、朱彝尊、徐乾学、顾贞观、王士禛，或有题诗，或曾记事。后来，著名剧作家洪昇作《长生殿》传奇，誉满京都。此剧曾在后孙公园上演，演出适逢皇后之丧，触犯忌讳，遭弹劾，洪昇与诗人赵执信等五十余人被除名，此为戏曲史上之重要掌故。后孙公园中经常有清代学者、文士的踪迹，姜宸英、查慎行、彭维新、沈云椒、翁方纲、孙星衍、李慈铭等或曾在此居住，或曾雅聚吟诗。总之，有清一代，后孙公园及安徽会馆中，政治家、学者、诗人，此往彼来，涛起云移，堪称文士荟萃，人杰地灵，极一代之盛。

北京原来的众多会馆，今星移物换，大多湮没无闻，难以寻觅其踪影。而面积最大、名声最高、极有文物价值的安徽会馆，巍然尚存，鲁殿灵光，劫余硕果，弥足珍贵。北京作为全国历史文化名城之首，自应将此文物古迹保护下来。今北京市和宣武区已在修复安徽会馆中之戏楼。为配合会馆的修复工程，北京著名的历史文物专家王灿炽先生编纂成《北京安徽会馆志稿》八卷，具陈建馆始末，备列房舍、经费、规章、人物及馆中之古物、石刻，条分缕析，源源本本，俾后人知安徽会馆兴衰之历史与当年园林、馆舍之盛况。灿炽先生学问渊博，极有识力，所辑《志稿》，丰赡翔实，后人游此会馆，读此《志稿》，既能了解会馆之沧桑变迁，亦可窥知清代政治文化史的某些侧面。

中国是具有悠久历史和灿烂文明的国家，但历史上战乱频仍，屡遭兵燹，地面上的宫殿建筑、名胜古迹破坏损失极大，对于劫后幸存的地面文物自更应注意保护。现在全国正掀起社会主义建设的高潮，各地都在破土动工，大拆大建，不可避免地会对历史古迹、文物建筑发生破坏损毁，热爱历史文化遗产的有心人，为保护文物尽心竭力，千方百计，奔走呼号，其人其事，可感可佩，而筹划修复安徽会馆的北京市政府文化顾问黄宗汉先生就是很突出的一位。

宗汉先生本为工业界人士，但他热心文化事业。80 年代初，在他的倡议下，结合电视连续剧《红楼梦》的拍摄，利用制景经费，选定京城西南一片苗圃，按《红楼梦》书中的描述，建成美轮美奂的大观园，从而更为有效地发挥了投资效益，不但提供了拍摄电视剧的外景，并且铸造了全国著名的旅游景点。80 年代中，他又向北京市和宣武区政府主动请缨，承担修复湖广会馆之责。北京的湖广会馆始建于 1807 年（清嘉庆十二年），是北京会馆中建筑格局现今保存最为完整的，1984 年定为北京市重点文物保护单位。清代湖南、湖北籍京官喜庆宴集常在此举行，两省来京会试的举人很多借住在这里。民国元年，孙中山先生至北京与袁世凯会晤，曾五次莅临湖广会馆，还在这里改组同盟会，建立了国民党。这座建筑自然具有重大的历史价值，但年久失修，墙坍栋折。尤其是进行修复需要迁移3个机关企业、33户居民以及周围十余家商店，难度很大。宗汉先生毅然担任修复筹备处主任，耗尽心力，多方求助、终能集资三千余万元，于1997年修复工程告竣。今湖广会馆岿然立于宣南虎坊桥，成京华一大胜处。90年代初宗汉先生又挑起了修复安徽会馆的重担，遇到的困难更大。湖广会馆的占地面积原为4 000平方米，而安徽会馆的占地面积则达9 000平方米，目前修复的不过原面积的四分之一。安徽会馆全面修成，尚须时日。鉴于安徽会馆在北京的历史文物建筑中十分重要，我完全赞同各界学者的意见，应千方百计，加大资金投入，进一步扩大安徽会馆的修缮规模，使其更臻完善。

近二十年来，宗汉先生每每被难事、烦事、苦事缠身，但从不畏难退缩。他在自己的名片上赫然印上“京都文丐”四个大字，以当代武训自许、自励。他年近古稀，抱着乐观坦荡的胸怀，戏称自己是个“梦想家”，以老骥伏枥的精神，甘当文丐，终日奔走呼号，多方求助，殚心竭力，为保护北京的历史文化遗产而奋力拼搏，不达目的绝不休止，实在是一个扎扎实实的理想主义者。值得庆幸的是北京市和宣武区的领导对他极为信任，备加支持，帮助他渡过一个又一个难关。北京市委原副书记李志坚同志说过：“希望北京多出几个黄宗汉。”这是领导同志对他的高度赞扬。宗汉先生目前尚在从事国家社会科学基金项目“北京宣南文化”的课题研究，参与筹划修复戊戌变法有关的历史遗址及保护大栅栏历史风貌区等诸多事项，任务极为繁重。故就此作序之机，我愿为宗汉先生助“一呼之力”，诚望各级领导和各界人士，继续给予鼎力支持，助其实现各项富有创意的理想。

《北京宣南历史地图集》序言*

北京市宣武区档案局张秀敏局长持《北京宣南历史地图集》求序，我对历史地理并无研究，何况是侯先生主持的大作，本不敢妄加涂鸦。但当时我毫不犹豫，愉快地接受了，其原因，一在于“人缘”，二在于“书缘”。

说起“人缘”，此书作者侯仁之先生与岳升阳先生都是我的熟人。侯先生应是我的师辈。1946 年我考入北京大学史学系学习，侯先生已是誉满京华的名教授。他专攻历史地理学，造诣精深，我当年缘悭，没有听过他的课，但读过他的文章，深受教益。新中国成立以后，20 世纪 50 年代末，吴晗先生主编《中国历史小丛书》，这套书是普及读物，但影响很大，行销全国，作者中有很多知名学者，而侯仁之先生是该书编委会的成员，我也接受了吴晗先生的邀请，忝列编委会之末座。编委会经常开会，主编吴晗极为认真，每次编委会都亲自主持。侯仁之先生工作十分负责，经常参加会议，审定稿件，发表意见。编委会会议每年举行两三次，因此我经常得见侯先生，亲聆教言，逐渐熟悉交谈。我还记得侯先生给我介绍了喜仁龙（忘记是何国人）所著《北京的城墙》一书。喜仁龙研究得精细、深入，给我印象极深。侯先生待人和蔼，很健谈，学问渊博，识见卓越，语言精警，使我极为倾服。

“文革”期间，吴晗先生惨遭打击，每位编委可能不同程度上遭到株连，接受批判。编委会风流云散，多数编委已物故，我所知存

---

* 原载侯仁之、岳升阳主编：《北京宣南历史地图集》，北京，学苑出版社，2009。末署 2008 年 10 月。

世者可能只有任继愈、马少波、侯仁之等先生和我。“文革”以后，也很少见面，但当年编委会开会的情景却并投有淡褪，谈笑风生，各抒己见，热烈而又亲密友好。“文革”以后，我只记得在两次会议上见到了侯先生，他一见到我就认出来了，和我亲切握手，说话叙旧。多年以来，听说侯仁之先生年高体弱，深居简出，想不到他勤奋依然，伏枥奋蹄，精心主持编绘了这册《北京宣南历史地图集》，精密而厚重，在学术上做出了重大贡献。

再一个“人缘”，就是侯先生的学生、助手和合作者岳升阳先生。我多年前第一次和他见面，是在讨论“宣南文化”的座谈会上。当时听他发言，觉得这位青年学者不同凡响，具有深厚的知识内蕴，学养俱优，只知道他是侯先生的高徒，感到毕竟是名师出高徒。以后开会接触较多，进一步感到他为人厚重，研究深入，必能做出优异成果。最后才知道原来他是我在北京大学同窗学友岳麟章的哲嗣。讶异之余，为麟章学兄有此宁馨儿而感到高兴。麟章在北大学习时，勤奋攻读，成绩优秀，常名列前茅。且当年参加学生运动极为积极，一度曾在北京郊区搞秘密活动，后来又长期离开历史专业，在其他革命岗位上工作。我曾读过他辗转北京郊区进行革命活动的一篇回忆文章，印象很深，细节已记不清楚。该文叙事清晰，文笔生动，如行云流水，深有史家法度。岳升阳先生既得师传，又承家教，加上自己的刻苦努力，故有能力协助我国历史地理学界泰斗侯先生完成他晚年的巨著。

除了上述“人缘”，还要谈谈“书缘”，即侯仁之、岳升阳合作完成的《北京宣南历史地图集》。此书经过长期研究，广泛调查，缜密考证，精心绘制，历时 8 年之久，详细著录了宣南地区从周代迄至民国各个历史时期的山川地望、宫苑官署、会馆寺庙、名人故居、园林学校、街市酒肆、人口分布，共图 60 余幅。在中国历史地图的制作中，还从来没有对一个城市的一个地区如此大力投入，做如此长时段的精密研究，复原了这个重要地区的原貌，发挥了“观图识城”“观图知史”的作用，这是历史地理学研究的一大创新。宣武区方圆不过十余里，与全国面积比较，不过是“弹丸之地”，侯老和岳先生何以情有独钟，投入如许大力，为它绘制详细精密的地图，这就不能不说到宣南在中国文化史上的独特地位。“山不在高，有仙则名。”北京是中国的古都，是中国的政治与文化中心，尤其是辽朝在此建立都城以后，历经金元明清与民国，近千年以来，中国文化之元脉与精华均荟萃于宣南。北京的文化在此孕育，在此生成，在此酝酿，在此成熟，放射出灿烂的光辉，又从宣武地区传播到全国，泽及各地。文化的成长、发展需要众多哲人才士的努力，需要汲取各地和各民族的文化因素。只有在宣南地区最具备这样的条件。因为北京作为中国首都的年代最长，五方杂处，八面来风，会聚全国的精英。封建时代的科举，都在北京会试，全国举人都要进京应试，他们从卢沟桥经广安门，走进宣南地区。这里会馆林立，商业繁盛，为举子们适宜的栖身之所。清朝曾规定：满人居内城，汉人居外城，故汉族的京官文士、平民商人，麇集于南城，成为文化的荟萃之所。文化的生成、发展，最忌闭塞，必须开放交流才能促使文化的繁荣。各个地区和各民族的文化在这里会聚、交流、融合、提高，成长为优秀文化，辐射和影响全国。以清朝的戴震为例，他早年在皖南受教于江永，学力甚深，但僻处一隅，孤陋寡闻，尚不能当“大师”之称。后只身来北京，居住在宣南的歙县会馆，穷困潦倒，馆粥不继，往访钱大昕。两人晤谈后，英雄相惜，互相推重。钱大昕把他介绍给新科进士王鸣盛、朱筠、纪晓岚、王昶、卢文弨等人，朝夕讲论，学业更进，又进入秦蕙田、纪晓岚、王安国家中，教读修书，得见更多书籍，收有段玉裁、王念孙等学生，以上诸人均为乾嘉知名学者。戴震在其中脱颖而出，以后又在四库馆编书，创立皖派学术，风靡全国，成为有清一代最杰出的学术大师，这和他长期在宣南的活动很有关系。在宣南地区的长期活动和交游，使戴震眼界宽广，胸怀旷达，学力大进，方才能有此后辉煌的成就。历数《清史稿》中《儒林》、《文苑》、《艺术》和《畴人》四传中约七八百人，有清一代的文化精英，悉在其中。估计多数人物曾在宣南地区居住或活动过。人杰则地灵，宣南之所以被全国瞩目，即在于此。其文脉悠久，底蕴深厚，亦出于此。研究近千年来中国文化之孕育和生成，应该对宣南的自然条件、山川形势、社会背景、屋宇街市、人文氛围、民风习惯有所了解。观此而识彼，鉴往以知来。我们可以从《北京宣南历史地图集》中了解近千年中国文化孕育生成的大环境，获得很多重要的历史和地理信息。侯仁之和岳升阳先生这册皇皇巨著的重大贡献，即在于此。

执笔构思，浮想联翩，信笔书写，聊作序言。

《近代京华史迹》序言*

北京，是我们伟大祖国的首都，是驰名世界的历史文化名城。它的历史十分悠久，向上追溯，它是人类祖先的发祥地之一。几十万年以前著名的“北京人”在这里生息、劳动，开辟草莱，揭开了中国远古历史的第一章。就是往近处说，从历史有了明确的记录算起，周武王分封召公奭于燕，也有三千年的历史了。此后，这里有过众多的名称，纷繁的建置，蓟城、广阳、燕郡、幽州……物换星移，屡经变迁，而北京，随着中华民族的发展而日益繁荣，所谓“人物殷阜，百姓富饶”。它是古代中国北方的重镇，是汉族和北方各民族交流往来的枢纽。

辽、金、元、明、清各朝，均建都于北京，在漫长的岁月中，它一直是全国政治、经济、文化的中心。在这座古老、繁华的城市中，有多少帝王将相、英雄豪杰在这里叱咤风云、建功创业，又有多少文人学士、俊才骚客在这里裁制鸿篇、吟诗作文。但是，特别值得提出的，是那历代的亿万劳苦大众，他们克勤克俭，默默无闻，以自己的聪明才智、心血汗水浇灌着北京这块土地，创造了光辉灿烂的物质文明和精神财富，他们是北京城真正的主人。

进入近代，北京城的历史更加曲折。它仍是全国的首都、社会的心脏，北京城发生的事态牵动着全国各地的神经。清朝的太后、皇帝，民国的北洋军阀都在这里发号施令，王公贵族、文官武将、洋人汉奸也在这里横行跋扈、花天酒地。近代期间，北京城曾经三次被外国侵略军占领，第一次是英法联军，第二次是八国联军，第

* 原载林克光、王道成、孔祥吉主编：《近代京华史迹》，北京，中国人民大学出版社，1985。

三次是日本侵略军，古老的都城蒙受了深重的灾难和不幸，被打上了封建的和半殖民地的印记。“青柳年年傍御河，何人醉眼看铜驼”，回首往事，不胜痛心和感愤。但是，国家和民族毕竟在前进，社会总是新旧递嬗的，旧的在流逝、新的在生长，历史的长河滚滚向前。回顾一百几十年北京的历史，既有凄惨辛酸、催人泪下的哀曲，也有高亢激昂、振奋人心的强音。五四运动在北京点燃了新民主主义革命的火炬，近代先进的中国人和最早的共产主义者进行了英勇不屈的斗争，康有为、谭嗣同、孙中山、章太炎、李大钊、陈独秀、鲁迅、毛泽东、周恩来、刘少奇，这一系列光辉的名字和北京城相联系着。五四以后，“二七”的工运风暴、“三一八”的紧密枪声、一二·九的爱国游行、七七的抗日烽火以及反饥饿反内战运动，一个接一个的革命浪潮在北京卷起。直到 1949 年 10 月 1 日，第一面五星红旗在天安门前升起，在万众欢腾中，中华人民共和国诞生，向全世界宣告：中国人民站起来了。古老的北京充满了革命的活力，焕发出青春的光辉。

前辈们千辛万苦，披荆斩棘，使中国发生了翻天覆地的变化，使北京城改换了容颜。我们在继续前进的时候，将会遵循他们的方向，辨识他们的足迹，去努力完成更加宏伟的事业。倘若能够把一百几十年间发生在北京的革命活动、历史事件、人物行踪以至地理沿革、文物掌故、风俗人情收集、记录下来，这无疑是一件十分有意义的工作。哪怕是一鳞半爪、零星的絮语、不完整的片段，也将引发我们对过去的深沉反思和对未来的热烈追求。

1982 年至 1983 年，中国人民大学清史研究所受教育部的委托，举办了一期全国高等院校中国近代史教师的进修班，为期一年。在他们临近毕业之际，根据李文海同志的建议，我们组织了这些年轻的史学工作者，对近代北京史迹进行了实地的考察调查。他们不辞辛劳，朝出暮归，足迹踏遍了古城的每个角落，对革命史迹、文物遗存、宫殿苑囿、王公府第、名人旧居、梵寺古刹、会馆商号、茶楼酒肆、陵墓坛庙进行了大量的调查研究，掌握了丰富的第一手资料。他们或者披阅清宫档案、图书册笈，或者访问皇室后裔、耆年宿学，在调查和研究的基础上，写出了这些文章，由林克光、王道成、孔祥吉等同志修改润色。此后，又组织了清史研究所的研究人员对一些历史遗迹再做调查，进行补充，汇编成这样一本集子。

令人高兴的是：本书所辑文章，有的运用了新出的资料，有的进行了深入的调查，有的做了多方面的考证，颇有值得称道的新见解。如《颐和园修建年代考》纠正了从前史学界关于颐和园始建于光绪十四年的错误说法；《汪精卫谋炸摄政王地点考实》指出了长期以来所谓谋炸地点在银锭桥是以讹传讹；《李莲英墓之谜》的作者对墓地及发掘经过进行了考察，并访问了知情人，揭出了这个晚清宫廷炙手可热的太监头子出宫后遭人谋杀、身首异处的历史真相等等。所有这些篇章力求在尊重历史事实的基础上，写得更通俗、更生动，熔知识性和趣味性于一炉，既可供闲暇时阅读浏览，雅俗共赏，又为近代史的研究提供某些资料和线索。当然，由于时间仓促，作者的水平参差不齐，书中一定会有缺陷和不足之处，我们诚恳希望读者的批评指正。

“花月秣陵王气销，暮鸦啼处草萧萧。”旧日北京那衰微破败的景象已经成为历史的云烟，矗立在我们面前的是一座欣欣向荣、充满无限生机的新型都会。让我们以这份微薄的礼物奉献给为建设北京、实现首都四个现代化而辛勤劳动的人们。

《北京市文史研究馆馆员传略》序*

中国有敬老尊贤的传统，历朝政府礼聘罗致社会耆宿，山林积学之士，史不绝书。汉初，刘邦欲废太子而立心爱的幼子，太子从张良之策，礼聘“商山四皓”陪同在身边，“年皆八十有余，须眉皓白，衣冠甚伟”（《史记·留侯世家》），使得一向瞧不起知识分子的刘邦大惊而敬服，不再进行废立，太子终于保住了位子。唐太宗未当皇帝以前，即在秦王府中开文学馆，招纳文学家虞世南，史学家姚思廉，经学家颜师古、陆德明等18位学士。即帝位后，扩大聘请范围，设立弘文学馆。朱元璋起自寒微，也知道敬礼知识界，“所至征召耆儒，讲论道德，修明治术，兴起教化，焕乎成一代之宏规”（《明史·儒林传》）。清康熙和乾隆两朝为了网罗知识分子，包括不肯和清朝合作的知识分子，特开博学鸿儒科和博学鸿词科。史称：“自康乾两朝，再举词科，与其选者，山林隐逸之数，多于缙绅”（《清史稿·选举志》）。

为什么历朝历代的政府都重视礼聘草野知识分子，特别是老年知识分子？因为天下虽然是靠枪杆子打出来的，而治理天下，非有知识不可。刘邦说：自己以马上得天下，“安事《诗》《书》”？陆贾答道：“马上得之，宁可以马上治乎？”（《汉书·陆贾列传》）不重视文化知识的政权不可能长治久安，这是颠扑不破的真理。

治理天下需要制订各种制度法规，需要顺应民心国情，需要懂得工农业生产，需要拥有政治、经济、军事、文化知识，需要借鉴历史和往事。总而言之，需要人文科学、社会科学、自然科学知识。在今天，科学技术是第一生产力，要治理今天的中国，把中国建成高速度发展的现代化强国，更非掌握高深尖端的科学知识不可。有

---

* 原载北京市文史研究馆编：《北京市文史研究馆馆员传略》，北京，北京市文史研究馆，2002。末署2002年4月。

了丰富、新鲜、实用的知识，人类才能进步，社会才能安定，国家才能富强，民族才能振兴。敬礼知识分子就是相信知识、尊重知识、依靠知识。知识世代传承，需要长时期的积累。老年知识分子经验更丰富，知识更渊博，理应得到社会的优礼尊重。

中华人民共和国成立之初，继承了我国古代敬老尊贤的传统，毛泽东建议成立中央和各地文史研究馆，礼聘和安排一些学有专长的耆年宿学之士，利用他们的专长，发挥他们的余热，为正在开始的社会主义建设事业增添力量。这是一个高瞻远瞩的重大战略举措，是统一战线工作中的一个重要环节。中国共产党重视知识分子问题，即使在极左思想统治时期，在反右斗争和十年动乱时期，知识分子遭到严重的迫害，而老一代的无产阶级革命家如周恩来等，还在千方百计地保护知识分子。

北京市文史研究馆诞生于1952年，它是一个统战性、荣誉性的机构，馆内无固定的工作任务，无规定的工作时间，亦无离休制度。馆员们颐养天年，修身怡情之余，心有爱好，业有专攻，或著书立说，或吟诗填词，或从事书画，或进行翻译，或登坛献艺，或精研医理，或办班办学，或赈灾义卖，百花竞放，各擅胜场。近半个世纪文史馆的丰富多彩的活动，证明了这批老年知识分子不仅老有所养，也老有所为，能够在建设社会主义精神文明大厦中添砖加瓦。

北京市文史研究馆的馆员们生活的20世纪，既是中国最灾难深重的年代，也是全民族奋起抗争，赢得独立，建设祖国，再创辉煌的年代。每个馆员都会庆幸自己历尽了艰难，进入老年而盛世降临。他们经历了这样一个伟大的时代，都有自己不平凡的人生历程。有的含辛茹苦，历尽政治磨难；有的屡遭风波，饱尝人生忧患；有的夙夜勤劳，钻研学问艺术；有的英勇战斗，反对帝国主义侵略……每个人从旧社会过来，努力做事，认真做人，走进了新社会。在时代的熔炉中经过锻炼和考验，凤凰涅槃，获得新生。每个馆员的命运都和20世纪的历史紧密相连，都和祖国的安危荣辱息息相关。这里简要地把馆员们的一生经历记录下来，以供大家了解。

编务既竣，即将付印，爰缀数语，以为序言。

东北地域文化论*
——《东北历史与文化论丛》序

中国疆域辽阔，民族众多。在漫长的历史发展中，不断演化、积淀，已形成各不相同又相互联系的区域历史与文化。以文化论，诸如燕文化（河北）、齐鲁文化（山东）、晋文化（山西）、蜀文化（四川）、楚文化（湖北）、闽文化（福建）、徽文化（安徽）、岭南文化（广东）、藏文化（西藏）、滇文化（云南）等等，各展地域文化的风采，齐驱争先。

东北所处地理位置独特，土地辽阔而肥沃，资源兼备而富饶，山河壮美而令人神往。在这里，有纵横南北的千里沃野，有绵延的兴安岭、长白山的莽莽林海；有江河湖海遍布，亦有西部草原，是游牧民族蕃息的摇篮。在东北大地上，可耕可牧，可渔可猎，被中原人誉为“乐土”！东北全区浑然一体，从北到南，东西之间，无门庭之限，亦无山河之隔，进出便捷，四通八达。考古发掘证明，东北地区的文明史同黄河流域一样悠久。

时间推移到五千年前，在今辽宁西部的凌源与建平交界的牛河梁岗岭上，冉冉升起中华大地上第一道文明曙光。这就是震惊中外的红山文化牛河梁遗址。这一发现，“将中华文明史提前了一千多年，夏以前将不是只有传说”，“我国的文明史将与古代的巴比伦、埃及、印度一样久远”（《光明日报》，1986 年 7 月 25 日）。从查海文化的石龙和玉器，到牛河梁红山文化的女神庙、祭坛与积石冢，可以证明东北地区辽河流域的文明走在了中国历史发展的前列。

从有文字记录开始，东北地域的历史与文化就成为中国史——

---

* 原载《社会科学战线》，2007 年第 2 期。

中华民族史的重要组成部分。《尚书·禹贡》载：禹划分天下为“九州”，其中冀州、青州都涵盖了今辽东半岛与辽宁西部地区。舜又析九州为十二州，其中，幽州、营州，都在今辽宁辖境。最早进入中国典籍的东北少数民族，就是古老的肃慎族，居住在白山黑水之间，舜时，即来朝贡。《史记·五帝本纪》就把肃慎列入舜的臣属的名单，至周，称：“肃慎、燕、亳，吾北土也。”肃慎的贡品楛矢、石砮，第一次向中原展示东北地域的文化创造。

秦汉以降，迄至清亡，两千余年间，中国变化之大，自不待言。而东北地区同在不断变化的进程中，不断改写历史旧内容，增添文化的新篇章。

东北地区最大的变化，就是从尧舜时代的肃慎及散居在辽宁西部与南部的汉族，发展成为一个多民族的聚居区。总括东北诸民族，为数甚多，支脉繁盛，世代传承。在经时历久的变化中，包括族名改易、居地变迁、归属变革等，基本形成了三大族系：一是从肃慎，到挹娄、勿吉、靺鞨、女真，直到满洲（族），此即史家所称的“肃慎族系”；二是“秽貊族系”，包括夫余、高句丽、沃沮等族；三是“东胡族系”，诸如东胡、乌桓、鲜卑、契丹、室韦与蒙古等族，都属于此一族系。当然，汉族自成一族系，集中于辽东地区（相当今之辽宁省境）。由此，构成了东北历史上民族人文大格局。

东北地区汇聚了诸多游牧民族与渔猎民族，它们充分利用优越的自然条件，迅速发展起来，表现出巨大的民族活力。它们共同的民族特性，善骑射，勇于征战，耐艰苦；品性粗犷、豪放；流动的生活方式，又铸成勇于进取的民族精神；不断吸收汉文化，迅速提升民族的文化素养，总是不断参与中国历史进程，在政治变革中，经常发挥历史的主导作用。如果说，在魏晋以前，西北地区以匈奴为代表的游牧民族曾给予中原王朝以重大的影响，西北亦成为中原王朝的战略防御地区；那么，自魏晋以后，战略中心开始转移到东北地区。这里，强族接踵而起，奔驰中原，角逐国家统治权。以鲜卑开其端，走出兴安岭，进入黄河流域，建北魏政权；契丹崛起于辽河流域，建辽朝，占据北方，与北宋对峙百多年；女真族从今黑龙江阿城地区进兵，先灭辽，再灭北宋，得黄河以北半壁江山；蒙古族发源于黑龙江，横扫天下，建元朝，统治全国近百年；最后是满族，勃兴于今辽宁东部山区，一统天下，统治长达268年！这些民族对中国历史的影响，是其他民族无法替代的。即使一些民族没有到中原立足，如夫余、高句丽、靺鞨等，却都在东北建立过强大的地方性政权，给予中国历史的进程注入了不同程度的影响。

如果按民族的生产与生活方式，即按东北古代的四大族系加以区分，基本可以分为四种文化类型，这就是农耕文化、游牧（草原）文化、渔猎文化，以及耕牧或耕猎的混合型文化。如以民族文化来划分，在东北差不多每个民族都有本民族的特色文化。如，夫余文化、高句丽文化、渤海文化、契丹文化、女真文化、蒙古文化、满族文化等等。其中，高句丽文化为东北地域著名的文化系列之一。现今吉林省集安地区留有大量高句丽文化遗存。渤海文化是由聚居在今黑龙江省境的靺鞨人创造的。在渤海国存在的二百余年间，其诗歌、绘画、音乐、舞蹈、建筑等，都达到了相当高的水平，尤其诗歌创造，直追盛唐！渤海国以经济繁荣、文化昌盛，被誉为“海东盛国”。其他民族，如契丹、女真、蒙古、满族等，都创造了本民族的文字，突出地标示出它们各自的独立存在。这使它们能够在更高层次进行高级的文化创造，如，创制的典章制度，独树一帜。女真人创建的猛安谋克制、满族创立的八旗制，都使这两个民族长久立于不败之地。东北地域文化多元多样，在漫长的历史发展中，逐渐融合成一个统一的文化共同体：一方面，各民族文化独立存在；一方面，又为各民族相互认同。它们生活在共同的地理环境中，形成相同或相近的品格，直接受到对方的相互影响，进而相互包容，因而也形成了共同的文化心理。这正是东北地域文化的一个显著特征。

从东北地域的民族与文化的演变中，我们看到了东北地域与中原的互动关系。一是民族间的互动，即东北的少数民族不断进入中原，向关内移民。前面所举的鲜卑、女真、契丹、满族、蒙古等族，当它们入主中原，其民族大迁移。如满族大批人口于1644年“从龙入关”，在其后的二三年内，原住东北的满族数十万几乎倾国而迁。少数民族进入中原，在不长的时间内，便逐渐融入汉民族，为汉民族注入了新的成员。同样，东北也是中原汉人选择迁移的理想之地。如东汉末、魏晋、南北朝时期，是中国历史上中原汉人向东北迁移的重要时期。还有一种情况：当东北的游牧民族屡次进入中原，总是掳掠大批汉人，把他们带回东北，如女真人建的大金国、满族建的大清国，在迁都中原前，屡次发动大规模战争，掠回成千累万乃至更多的汉族人口。自清中叶特别是到了近代，中原地区人满为患，耕地严重不足，又有天灾不断，于是，东北地区便成为山东、河北等地汉人争相迁移的“乐土”。这场中原向东北的“移民运动”，持续了上百年，直到解放后，还在继续。迟至改革开放后，才告停止。其结果，千百年来少数民族主宰的东北地区，已变成汉人为主体的移民社会。二是文化的互动。中原汉人在向东北地区移民的过程中，同时也把文化带到这里，而东北游牧民族在同中原中央王朝发生冲突时，时常进入中原，也会把那里的文化带回到本民族之中。我们已看到，在东北民族崛起中尤其是建立政权后，其典章制度及新行政策，无不打上了汉文化的鲜明印记。以渤海国为例：中央政权设六部，与唐设吏、户、礼、兵、刑、工相对应，其名称为忠、仁、义、智、礼、信，正是采用儒家所主的六种德行而命其名。辽朝崇尚孔子之学，在其上京（今内蒙古巴林左旗）皇城西南角，建一座规模宏大的孔子庙，太祖率诸臣“谒孔子庙”（《辽史·太祖纪下》）。辽诸帝和他们的子弟都带头学儒学。从中央到地方设置儒学的教育机构，如国子监、太学，是辽的最高学府；其教学内容，就是五经即《易》、《诗》、《尚书》、《礼记》和《左氏春秋》等儒家经典。可见，辽朝接受汉文化影响之深！又如满族，亦善于学习汉文化。自入关前，皇太极仿明制设六部与内三院；命用满文翻译汉文典籍，传播汉文化。重儒礼佛，都受汉文化的影响。入关后，更直接受到汉文化的熏陶，进步很快。他们都是学习汉文化并接受汉文化、躬身实践汉文化的成功典型。

过去，总是强调汉文化对少数民族的影响，而对于少数民族如何影响汉文化则有所忽略，未予重视。事实上，东北少数民族对汉文化的影响同样巨大。事例俯拾皆是，这里举一二例：五代十国时期，契丹人制鞍辔，其装饰艺术及工艺达到了国内一流水平，时称："天下鞍辔、器械，并取契丹样装饰以为美好。"(《唐文拾遗》卷10)至宋时，仍以"契丹鞍……为天下第一，他处虽效之，终不及"(《辽史拾遗》卷22)。北宋亡后，女真族乐曲迅速传入中原，据南宋时《范石湖诗集》载：南宋官员出使至已占据黄河流域的金朝，听到女真人音乐，不禁惊呼："虏乐悉变中华!"从金代开始，中原地区"胡乐盛行"(徐渭：《南词叙录》)。入宋之后，宋词不再独秀，而金代的"俗谣俚曲"为百姓所喜闻乐见，以散曲取代了宋词的艺术地位。满族在多方面确已改变了中国传统的习俗与典制。直到今天，我们仍然感受到满族文化的深刻影响。

文化的双向互动，乃是文化发展的普遍规律。中原文化影响了东北区域文化，而东北区域文化集中表现为民族文化，也给中原文化注入了新的文化因子，增添新内容，带来巨大的历史活力。

《东北历史与文化论丛》以400多篇、400万字的容量，全面反映了东北地区历史与文化的整体面貌，勾勒出东北地区各个时代的历史发展的基本线索。就东北地域文化而言，如同齐鲁文化、蜀文化、楚文化等名称一样，东北应当有自己的文化名称。现在的名称就很不一致，有"东北文化""长白山文化""东北地域文化"等。辽宁省学术界则提出"辽河文化"的名称。黑龙江学者又提出"龙江文化"的概念。东北地域的文化名称不统一，可以看出学者们的认识有差异，实则是存在分歧。首先应看到东北三省文化的同一性，具有共同的文化特质，如清代著名史学家赵翼评论金元之际的诗人元好问诗歌所说："豪健英杰之气"，此风格"固地为之"，即北方生活所造就。清人也做出相似的评议："知北地之坚强，绝胜江南之柔弱。"(徐渭：《南词叙录》)概括地说，东北文化质实贞刚，雄健磊落、慷慨激昂而悲壮，洋溢着积极向上、开拓进取的乐观精神！不仅如此，三省饮食民俗同风，甚至连语言语声无别。这固然是同处一自然环境所陶冶，又经千百年砥砺，才铸成了东北地域的文化品格。因此，东北地域文化不宜分省命名，还是用一个统一的名称好。而“东北地域文化”正可涵盖整个东北文化。

《社会科学战线》杂志社将创刊以来所发表的东北历史与文化研究成果全部汇集起来，重新印制，是做了一件大好事。它有利于保存已有的研究成果，利于传世；从当前及长远来说，为后续学者继续研究东北历史与文化提供重要参考和借鉴。《论丛》好就好在文章“全”，不挑选，不选编，而是“全编”，学者们可以作为宝贵的研究资料，从多方面来获取研究信息，便于比较其研究的深度，为使用者提供新的研究思路。

这部《论丛》绝大部分为专业学者与著名学者所作，其研究水平及治学方法是毋庸置疑的。这就决定了《论丛》的学术价值无可挑剔。它的使用价值，必将为推动东北地域史与文化史的研究发挥持久的作用！

受《社会科学战线》之委托，又感于《论丛》的重大学术价值，是为序。

中国经济的千年态势与复兴之路*

——读安格斯·麦迪森的《中国经济的长期表现》

英国经济学家安格斯·麦迪森的《中国经济的长期表现》，由上海人民出版社于2008年3月出版。这是一部论述自古至今的中国经济史的力作。麦迪森是英国经济学家、英国国家人文与社会科学院院士、剑桥大学赛尔温学院荣誉院士，长期担任经济合作与发展组织（OECD）发展中心的研究员，擅长于研究宏观经济，进行计量分析和比较研究，已出版20余种著作，是西方经济研究领域的权威。

中国近30年来的经济增长创造了全球奇迹，举世瞩目，赞誉者有之，惊叹者有之，质疑者有之，甚至心怀忌妒诽谤者亦有之。而辛勤收集大量资料，潜心研究，进行客观分析，得出科学而令人信服的论断，应推麦迪森的这部新作。麦迪森搜集并运用了浩瀚的资料、数据，制录成各式图式表格，经过冷静缜密的思考，全面、系统而深入地剖析了自唐宋至今天的中国长期的经济进程，把它与世界经济联系起来并进行比较，预测了今后20多年中国的经济发展前景，视野宽广，材料充实，论证严谨，分析深入。中国经济学家、历史学家以及工作在经济建设第一线的同志值得一读此书。中国经济学家林毅夫说："任何一个希望理解中国经济的过去和未来的人不应错失此书。"经济史学家李伯重称赞它是"经济领域的一本大师级杰作，它将成为全世界未来几代学者们所赖以站立的伟人的肩膀"。诺贝尔经济学奖获得者劳伦斯·克莱茵说："对于所有希望了解中国过去、现在以及未来在世界经济中的作用的读者，这是一本必

---

* 原载《中华读书报》，2009年1月9日。

读书。”

中国是一个具有五千年文明史的国家，在唐朝以前的经济情况由于史料和数据缺少，语多不详。许多经济史专家承认宋朝是中国经济发展的一个高峰。宋朝以前中国有三次人口的大规模南徙：第一次是公元4世纪初永嘉之乱，晋室南渡，中原地区被所谓“五胡十六国”占领，大批汉族人渡长江避难；第二次是8世纪中唐朝安史之乱，中原望族大批南徙；第三次是12世纪金人攻陷北宋首都开封，高宗南渡，汉族人又一次大规模南渡。汉族人的三次南徙充实了南方的人口，提高了生产力，使长江以南沮洳不毛之地得到大规模开发，推广种植水稻作物，长江以南的经济迅速发展。唐以前，中国人口的3/4，居住在黄河流域的中原地区，宋元之后，中国人口的3/4居住在长江流域和广东、福建，经济随之南移。当时，中国在世界经济发展中位列前茅。

据麦迪森估测，公元960年北宋赵匡胤登基称帝，中国当时总人口为6 000万，人均GDP为450美元（1990年美元，本段下同）。这时，欧洲各国的总人口仅3 200万，人均GDP仅422美元。至13世纪末南宋灭亡，中国人口达1亿，人均GDP为600美元，而欧洲此时人口为5 200万，人均GDP为576美元。中国人口数字长期以来高于欧洲几达1倍，人均GDP亦略高于欧洲。当然要精确确定一千年前的悠远岁月的经济数据几乎是不可能的。但我相信麦迪森尽其毕生之力研究世界各国的宏观经济，他提出的基本数据是有某种根据的，相对接近于实际，他所勾画的中世纪中外经济对比的轮廓大体上是可信的。

唐宋以后直到清朝中叶，历经千年，中国的经济并没有落在欧洲国家的后面。唐代，中国开始种植茶叶，宋代引进了占城稻，元代引进了棉花和高粱，明代引进了玉米、甘薯、花生、土豆、烟草，至清代所有这些新的农业作物得到了大范围的推广种植，大大提高了以农立国的中国的农业生产能力。中国农业的基本制约是地少人多，可耕地只占国土面积的10%，而欧洲则占27%，这是中国农业的劣势。但中国的农具和耕作技术精良，胜于其他国家。政府重视农业，以农业为本，积谷备荒，减轻赋税，高度重视水利灌溉。18世纪以前，中国的灌溉面积约占全部耕地的30％，印度只占5％，欧洲也远低于中国。中国农民勤奋劳动，精耕细作，在较少的土地上投入大量的劳动，虽然所得报酬与投入的劳动量逐渐递减，但是勤奋仍是中国农业高产的重要原因。英国马戛尔尼使团访华，一路见到丰茂的农作物，盛赞“在整个路途上，我没有见到一块土地不是用无限的辛劳来加以耕作，生产它能够生产的每一种粮食和蔬菜”，“中国人一定是世界上最好的农民”（《中英通使二百周年学术讨论会论文集》，25页）。使团中随行的农学家巴罗估计中国的农业收获率高过欧洲，他写道：“麦子的收获率是15比1，而在欧洲居首位的英国为10比1。”（《中英通使二百周年学术讨论会论文集》，186页）后来，法国汉学家谢和耐也称道：“中国农业于18世纪达到了其发展的最高水平，由于该国的农业技术，农作物品种的多样化和单位面积的产量，其农业看来是近代农业科学发展出现以前历史上最科学和最发达的。”（谢和耐：《中国社会史》，461页）

18世纪是中国的康雍乾盛世，是中国传统经济发展的最高峰，乾隆末年中国人口已达3亿，耕地面积约10.5亿亩，年产粮食2 040亿斤（皮粮），平均每人每年可有粮食680斤（去粮壳后约有540斤）。这一数字已可保证人民温饱、安定的生活，达到了中国有史以来最富足的繁荣盛世。手工业、商业也甚为发达。棉纺织业、丝织业、矿冶业、制造业达到了很大规模。航运发展，市场活跃，城镇增多，对外贸易繁盛，常年出超，白银不断从全世界滚滚流入中国。据贝罗克统计，1750年（清乾隆十五年）中国GDP是最高的，占世界GDP份额32％，印度占24％，欧洲五国（英、法、德、俄、意）占17％。由此可见，唐宋以后到18世纪约900年之久，中国经济体的实力一直稳居全世界的榜首。

18世纪是世界历史的分水岭，英国发生了产业革命，法国发生了资产阶级革命，美国发生了独立战争，这些伟大事件震撼和改变了全世界。历史改变了迂缓的步伐而急剧前进。欧洲经济迅速增长，人们像取得了神奇的钥匙那样一下子打开了珍贵的宝库，束缚着的生产力突然释放出来，工业产量几百倍成千倍地增长，在不到100年的时间，人类创造的生产力比过去一切世代创造的全部生产力还要多，还要大。资本主义展翅高翔。尽管全世界出现了更多的不平等、更多的贪婪榨取和更多的凶残剥削，留下了无产阶级和殖民地人民的斑斑血迹和泪痕，但人类总体的生产能力和物质财富大大提高了。西欧国家创造了奇迹，首先打开了可以持续发展、不断前进的历史通道。

而18世纪康雍乾时代所取得的一切成果，却仍然是在传统封建社会框架内的量的变化，未能突破传统封建社会的外壳。经济繁荣，财富积累，消费增加，人口扩大，然后是经济发展的势头消退，耕地不足，人口膨胀，贫富分化，矛盾尖锐，引起了农民反抗，社会动荡，战火频起，杀伐连年，历史跌进了马尔萨斯的陷阱中，一治一乱，循环往复，而并没有走上近代化的轨道。

18世纪中国的经济实力，位居世界前列，何以未能跨越近代化的门槛？学者们就这一问题进行了长期的探索和激烈的争辩。看来可以指出以下一点：近代化是一项复杂的社会系统工程。经济、政治、思想文化、科技、法制等各个方面相互联系、相互制约，同步前进。经济是最为重要的，没有经济的增长，就没有其他领域的真正进步；而没有其他领域的进步，经济也不可能一枝独秀，制造出近代化的奇迹。社会发展到一定程度，某些领域会出现一些近代化因素，甚至呈现繁荣局面，但如果没有其他领域的同步前进，相互支持，合力推动，经济和其他个别领域的进步与繁荣也难以持久。只有多个领域、多个因素协同前进，才能激发整个社会的持续进步，才能一往直前，冲破传统的阻力。中国在康雍乾时代虽然已有相当的近代因素的积聚，但要看到政治、文化、思想、科技、法制多个领域中存在许多陈规陋习，榛莽密布，严重阻碍着近代化的步伐。直到19世纪初，中国的GDP尚属领先，但麦迪森的表格中已经显示就人均GDP而言，宋末中国的人均GDP为600美元（国际美元，本段下同），欧洲为576美元，中国尚略高于欧洲。至1700年（清康熙三十九年）中国的人均GDP仍为600美元，处于停滞状态，而欧洲的人均 GDP 已攀升到 927 美元，近于经济将要起飞的阶段。历史经常被迷雾所笼罩着，康雍乾盛世表面上灿烂辉煌，人们睡在天朝上国的沉沉大梦之中，但其社会结构已陈旧僵化，难于逾越近代化的门槛，必然面临着下滑跌落，变成衰世凄凉。随着岁月推移，迷雾消散，矛盾激化，人们从大梦中醒来，才认识到社会千疮百孔的真容。历史的悲剧只有在悲剧造成以后很久，人们才会感受到切肤之痛。

1840 年鸦片战争以后，中国外受列强的侵略，内受封建政府的压迫，战火频起，兵戈不息，经济残破，民不聊生，国家力量迅速下跌。战前，中国 GDP 尚占世界 30%多，为各国之首，过了 60 年，到 1900 年八国联军侵华时，中国的 GDP 只占世界总额的 6%，跌到了深谷之底。该年欧洲 5 国占 54.5%（英国 18.5%，法国 6.8%，德国 17.9%，俄国 8.8%，意大利 2.5%），美国则后来居上，占 23.6%，日本也已攀升到 2.4%。7 个国家占世界生产总额的 80.5%。这一系列数字正衬托出列强横行全球而世界和中国人民受苦受难的历史。

20 世纪，经历了两次世界大战，各个角色的力量对比有所变化，到 1952 年美国在第二次世界大战后称霸世界，其 GDP 占世界份额的 27.5%。苏联、英国、法国虽是战胜国，但因战争破坏，疮痍满目，苏联的 GDP 占世界份额的 9.2%，英、法、德加上其他欧洲国家占 29%。日本为战败国，占 3.4%。当时中国拥有 5.6 亿人口，略高于美国和欧洲（除苏联外）人口的总和，但是 GDP 仅占世界份额的 5.2%。经过苦难的半殖民地社会的一百多年，经过战火不断的摧残与损毁，刚刚站立起来的新中国，贫困落后，经济萧条，力量十分虚弱。

中华人民共和国的诞生带来了民族复兴的新契机。新中国初期经济呈现蓬勃上升的新气象，但由于当时国际环境险恶，发生了抗美援朝战争，新中国遭受列强的封锁与孤立，之初又盲目搬用了计划经济的模式，国内受“以阶级斗争为纲”的影响，政治运动频繁，尤其是“文化大革命”，自我戕害达 10 年之久。即使有这样多的不利因素，但中国经济仍取得可观的成绩。1952 年 GDP 总值 3 050 亿元，至 1978 年为 9 350 亿元，26 年间增长 3 倍多。经济结构出现了可喜的转变，1952 年工业产值只相当于农业产值的 1/7，而 1978 年工业产值与农业产值已相等，中国在工业化道路上起步前进。

1978 年的十一届三中全会吹响了民族振兴的号角，这次会议破除了“两个凡是”的迷信，肯定了“实践是检验真理的唯一标准”，拨乱反正，改革开放，端正了中国前进的正确方向。30 年来，在党中央的领导下，全国人民团结一心，解放思想，排除各种干扰，千方百计调动一切积极因素，进行经济建设，取得了举世瞩目的伟大成就。2007 年全国 GDP 总量达到 24.95 万亿人民币，按当时汇率折合 3.6 万亿美元，排到世界第四位。

麦迪森在书中还论述了今后中国经济发展的远景与问题，他列举了今后 20 余年中国经济会面临的困难：资源问题（主要是能源）、环境污染、地区发展不平衡、农业与农村建设、国有企业的发展与监管、金融体系脆弱、外贸数量减退、技术创新和制度创新等等。所有这些正是我国政府十分关注和全力以赴努力解决的重大问题。麦迪森对中国的经济前景十分乐观，他认为中国经济至 2030 年的增长虽然会逐渐缓慢下来，但支持中国发展的各种条件如不发生重大变化，“中国占世界 GDP 的比重由 1928 年的 5%增加到 2013 年的 15%，到 2030 年时可能会增加到 23%。中国经济将超过美国成为世界的第一大经济体，恢复中国在长期历史上的经济领先优势”（本书前言）。

阅读麦迪森的著作，结合中国的历史现实、前景进行思考，启迪甚多，不仅复习了悠久的历史，也更清醒地认识到前进道路上将面临的挑战，加强了对中华民族经济复兴的责任感与信心，感到十分欣慰和鼓舞。我们需要的是：继续解放思想，推进各项工作，实现制度创新，逐个地克服困难，脚踏实地，迈步前进。

义和团廊坊大捷*

1991年6月，在河北省廊坊市召开了一次纪念义和团廊坊大捷的学术讨论会，会议上，专家学者们提供了一批论文和史料。这是一次很具特色、富有成果的学术讨论会，开得生动而朴实，主题明确，富有地方特色。我应邀参加会议，感到很有收获。现在，这些文章、资料汇编成了《义和团廊坊大捷》一书。

91年前的义和团运动，是中国人民反对帝国主义侵略的革命斗争。尽管由于农民阶级的局限性和地主官僚的破坏，运动有种种缺点和偏差，但其正义的、爱国的性质必须充分肯定。廊坊大捷突出反映了义和团英勇顽强的战斗作风和爱国主义的崇高精神。当时，英国将领西摩尔率领的侵略联军全副武装，从天津强行西进，企图侵入北京，在廊坊地区遭到义和团的迎头痛击，侵略军节节败退，不得不撤回天津。直到8个国家的侵略联军大批增援，方能再次向西进攻。仅有刀、矛等原始武器而又散漫的义和团阻挡不了拥有先进装备而组织严密的八国联军，这是不足为奇的。因此，要争取反侵略斗争的胜利，中国人民必须进一步组织起来，积蓄力量，并用先进的思想和武器装备自己。但义和团群众在侵略联军的枪林弹雨之下并没有畏惧、屈服，而是以血肉之躯与侵略军相抗衡，发扬了革命英雄主义。廊坊大捷显示了中国农民中蕴藏的反侵略的伟大潜力，农民是中国革命和建设的主力军，任何政党与组织要反对侵略、振兴国家，都必须联合和依靠广大的农民，离开了占人口绝大多数的农民，中国的革命和建设将无从着手。

廊坊大捷是中国农民反侵略战斗史上光辉的一页，但以往资料

---

* 原载《义和团廊坊大捷》，北京，中国文史出版社，1992。

不足，研究成果较少，对这一战役一般均语焉不详。《义和团廊坊大捷》一书加强了这一薄弱环节，集中反映了这场有声有色的战斗，书中涉及廊坊战斗发生的社会背景，战斗发生的具体地点和起讫时间，战斗的组织者、指挥者，廊坊义和团队伍中的宗教，以及这次胜利的意义和作用，等等，还探讨了义和团在廊坊附近地区，如北京、天津、霸州、固安、永清、冀中的活动情况。书中较多利用了地方文献和口碑资料，使得91年前雄伟壮烈的战斗场面生动而清晰地展现在我们眼前。这部书集专家学者们多年研究探索所得，拓宽和深化了对义和团运动的认识；它讴歌、赞颂义和团不畏强暴的英勇战斗精神，是对群众进行爱国主义教育的好教材。

百年奋斗的历程*

中国的旧式资产阶级民主主义革命，从1840年鸦片战争开始到1919年五四运动，共80年。

在这段历史时期，许多帝国主义国家对中国进行侵略，强迫中国政府签订了一系列不平等条约，夺取中国的领土，勒索大量赔款，设立租界，进入通商口岸，划分势力范围，攫取种种特权，逐步地控制了中国的财政经济命脉，操纵了中国的政治、军事，严重地破坏了中国自给自足的封建经济的基础，使中国在政治上处于半独立和不统一状态。中国从一个封建社会逐渐变成半殖民地半封建社会。中国人民备受帝国主义和封建主义的欺凌、践踏，长期处于水深火热的苦难深渊中。

毛泽东指出："我国从十九世纪四十年代起，到二十世纪四十年代中期，共计一百零五年时间，全世界几乎一切大中小帝国主义国家都侵略过我国，都打过我们，除了最后一次，即抗日战争，由于国内外各种原因以日本帝国主义投降告终以外，没有一次战争不是以我国失败、签订丧权辱国条约而告终。其原因：一是社会制度腐败，二是经济技术落后。"

中国人民为了改变国家和民族的被压迫地位，为了消除贫困、落后的根源，进行了英勇的斗争和艰苦的探索。许多革命家和爱国志士提出了种种政治方案，用武装的或和平的手段力图改变腐败的政治制度，促进经济和科学文化的发展。由于帝国主义和封建主义的镇压与阻挠，他们拯救中国的愿望全都变成了泡影，帝国主义和封建主义不允许中国独立、繁荣、富强。只有在1919年五四运动以

---

* 原载《步入近代的历程》，沈阳，辽宁大学出版社，1992。

后，在中国共产党的领导下，中国人民经过艰苦复杂的斗争，才能推翻帝国主义和封建主义、官僚资本主义的统治，清除阻碍中国进步的腐败政治制度。社会主义的新中国如旭日东升，蒸蒸日上。但是，要改变长期以来中国在经济上、科学技术上的落后地位，全国人民必须团结一致，艰苦努力。回顾1840年以来的中国近代史，落后就必定要挨打，这是中国人民永远忘不了的惨痛教训。我们必须鼓足干劲，发愤图强，把社会主义祖国建设得更加先进、更加强大、更加繁荣。

生动而丰富的历史实际上从来都是人类汲取力量和智慧的源泉。中国近代史距离我们的时间很近，跟现实斗争的关系很密切。在这段历史时期内，中国经历了迅速而巨大的变化，政治、经济、军事、文化各个方面都处在剧烈的斗争和动荡之中。旧事物在斗争中没落、死亡，新事物在斗争中产生、发展。这段历史给我们提供了无数坚强不屈、英勇斗争的光辉范例，鼓舞着我们继续革命、不断前进；这段历史告诉我们各个阶段、各种人物在特定环境中采取过的行动方针和计划、策略，留下了许多成功的经验、失败的教训；这段历史展现的种种复杂的形势、错综的关系、众多的矛盾，都和今天前后相承，息息相关。学习中国近代史可以帮助我们更加深入地理解现实、提高觉悟、增进知识、增强干劲和决心，为社会主义革命和社会主义建设服务。毛泽东教导我们：要认真地研究历史，“今天的中国是历史的中国的一个发展”（《毛泽东选集》，1版，第3卷，499页），“不但要懂得中国的今天，还要懂得中国的昨天和前天”（《毛泽东选集》，1版，第3卷，759页），“特别重要的是中国共产党的历史和鸦片战争以来的中国近百年史”（《毛泽东选集》，1版，第3卷，756页）。

一部中国近代史是各个阶级和各种政治力量分化组合、相互斗争及其兴衰荣辱更替的历史，要分析哪些阶级、哪些力量代表着前进的方向，是推进历史的动力，哪些阶级、哪些力量貌似强大，实则衰朽，阻碍历史的发展，最后会被历史车轮辗得粉碎。“阶级斗争，一些阶级胜利了，一些阶级消灭了。这就是历史，这就是几千年的文明史。拿这个观点解释历史的就叫做历史的唯物主义，站在这个观点的反面的是历史的唯心主义。”(《毛泽东选集》，1版，第4卷，1424页）历史发展的规律不可抗拒，反动力量必然灭亡，革命力量必然胜利，要满腔热情地歌颂、赞扬历史上的革命力量。近代的无数革命先烈为了反对帝国主义、封建主义的压迫，出生入死，血洒大地，写下了光辉灿烂的历史篇章。近代史上的许多次革命运动都失败了，“历来中国革命的失败，都是被帝国主义绞杀的，无数革命的先烈，为此而抱终天之恨”(《毛泽东选集》，1版，第2卷，640页)。革命先烈们的奋斗精神是万古长青的，永远推动和激励着后代人民继续战斗，他们的革命事业后继有人。

80年的中国近代史，以太平天国革命、义和团运动、辛亥革命三次革命高潮为中心，可以划分为三个革命时期。三个革命时期都属于旧式资产阶级民主主义革命的范畴，但各个革命时期革命的动力、领导力量不同，革命的主要打击对象不同，斗争的形式、策略、口号不同，革命的结局也不尽相同。

第一个革命时期从1840年至1864年，包括两次鸦片战争和太平天国革命。

19世纪前期世界资本主义迅速发展，殖民主义侵略浪潮席卷全世界，封建的中国处在前所未有的动荡和危机之中。英国资产阶级对中国率先发动鸦片战争，用武力打开了中国的门户，胁迫清政府签订了丧权辱国的《南京条约》，中国人民在外国强盗的侵略下，陷于水深火热之中。第二次鸦片战争中，英、法、俄、美4个国家勾结起来，它们掠夺的赃物远远超过第一次鸦片战争，特别是沙皇俄国，乘机强占了中国东北100多万平方公里的领土。当时，恩格斯愤怒地谴责沙俄的侵略行径，指出它“从中国夺取了一块大小等于法德两国面积的领土和一条同多瑙河一样长的河流”(《马克思恩格斯选集》，1版，第2卷，37页，北京，人民出版社，1972)。

富有革命传统的中国人民对外国侵略和本国封建压迫进行了顽强的反抗。1851年爆发了伟大的农民革命家洪秀全领导的太平天国革命，这是中国历史上规模最大、参加人数最多、时间最持久的农民革命，是旧式农民战争发展的最高峰。在太平天国革命影响下，各地区各民族发动了广泛的抗清斗争，革命的烽火燃遍全中国。但是，由于这次革命没有无产阶级的领导，没有科学的革命理论和坚强的领导核心，农民群众不可能克服自己的散漫性、保守性，革命仍被强大的中外反革命势力所绞杀。

第二个革命时期从 1864 年到 1901 年，包括各地的反洋教斗争、中法战争、中日甲午战争、戊戌变法、义和团运动。

太平天国革命失败以后，引起革命的基本矛盾不但没有解决，反而更加尖锐。世界资本主义向帝国主义过渡，对殖民地半殖民地的侵略更为加紧，中国面临着被瓜分和亡国的危险。同时，帝国主义的经济侵略破坏了中国封建自然经济的基础，刺激了城乡商品经济的发展，给中国资本主义的产生、发展造成了某些客观的条件和可能，一部分商人、地主、官僚开始投资新式工业，中国的资产阶级和无产阶级诞生了。

中国人民为反对帝国主义日益深入的侵略进行了持续的斗争。斗争表现为三种形式：第一种是以农民为主力并有部分地主阶级参加的反洋教斗争，这种斗争从 19 世纪 60 年代开始日趋高涨，直到轰轰烈烈的义和团运动为止，农民群众充分地表现了革命爱国主义的意志和力量；第二种是如中法战争、中日甲午战争、反八国联军侵华战争那样由清政府领导或参加的民族革命战争，清政府在对外反侵略战争中愈来愈软弱无能，最后完全走上投降的道路；第三种是资产阶级的政治运动，其中包括资产阶级改良派发动的戊戌变法以及孙中山领导的武装起义。把这个时期作为整体来看，民族矛盾占着主导地位，中外关系一直呈现剑拔弩张的紧张形势。特别是中日甲午战争以后，许多帝国主义国家扑向中国，争夺势力范围，中国灭亡的危机迫在眉睫。中国人民为挽救危亡而奋不顾身地和帝国主义进行了殊死的搏斗。无数仁人志士虽然牺牲了，但人民的斗争沉重地打击了帝国主义，粉碎了它们瓜分和灭亡中国的侵略迷梦。

第三个革命时期从 1901 年到 1919 年。

这是中国资产阶级领导的辛亥革命时期，毛泽东称它是比较更完全的意义上的旧式资产阶级民主主义的革命。中国的资产阶级已经成长起来，做好准备，披挂上阵，担负起领导革命的责任了。从此，旧式农民战争退出了历史舞台。当时，中国资产阶级是一支新兴力量，它既和帝国主义、封建主义有联系，又受它们的压迫，和它们有矛盾，因此，在一定时期内还能够提出反帝反封建的纲领，把人民聚集在自己的周围，向着帝国主义、封建主义进行冲击。伟大的民主主义者孙中山是中国新兴资产阶级的代表，在孙中山的领导下，中国人民包括资产阶级革命派做了艰苦卓绝的革命工作，多次举行武装起义，终于推翻了清政府，结束了 2 000 多年的封建帝制，创立了民主共和国。但是，中国资产阶级力量软弱，对帝国主义抱有幻想，又害怕群众，因此不可能把革命进行到底。辛亥革命后，革命果实很快地被袁世凯和各派军阀窃取。资产阶级领导的旧民主主义革命没有也不可能使中国走向独立、繁荣和富强，中国仍然是处在帝国主义和军阀统治下的半殖民地半封建社会。

但是，历史并没有停顿，革命志士的鲜血并没有白流，人民在长期斗争的风暴中成长、觉醒。当资产阶级革命派屡遭失败，彷徨无计的时候，中国无产阶级正在发展、壮大。“十月革命一声炮响，给我们送来了马克思列宁主义。”从此，中国出现了工人阶级的先锋队组织——中国共产党，出现了伟大的、战无不胜的毛泽东思想，中国革命的面貌焕然一新，旧民主主义革命让位于新民主主义革命。中国无产阶级高举马列主义毛泽东思想的旗帜，团结广大农民和民族资产阶级、小资产阶级，昂首阔步，战斗前进，把农民和资产阶级革命派未能单独完成的反帝反封建革命引向胜利。

近代史上许多次斗争都已成为历史陈迹。这些已过去的斗争是后来人民革命胜利的伟大基石，是人们继续前进的鼓舞力量。我们应当认真地学习和了解中国近代史，用近代阶级斗争的规律性知识和生动事迹武装自己。伟大的革命导师列宁指出：“我们必须力求赶上事件的发展，作出总结、作出结论，从今天的历史经验中吸取教训以便应用于明天”（《列宁全集》，中文 1 版，第 8 卷，82 页，北京，人民出版社，1959）。我们学习中国近代史的目的，应该像列宁所指示的那样，总结历史经验，以利于“明天”的战斗。让我们记住列宁的另一句话：“不要满足于我们从以往的经验中获得的本领，**一定要前进，一定要争取更多的东西**”（《列宁全集》，中文1版，第3卷，613页，北京，人民出版社，1972）。

图书在版编目（CIP）数据

书评书序/戴逸著. —北京：中国人民大学出版社，2018.11
（戴逸文集）
ISBN 978-7-300-26410-3

Ⅰ.①书… Ⅱ.①戴… Ⅲ.①书评-中国-现代-选集 ②序言-作品集-中国-当代 Ⅳ.①G236 ②I267

中国版本图书馆 CIP 数据核字（2018）第 258291 号

北京市社会科学理论著作出版基金重点资助项目

戴逸文集
书评书序
Shuping Shuxu

出版发行	中国人民大学出版社		
社　　址	北京中关村大街 31 号	**邮政编码**	100080
电　　话	010－62511242（总编室）		010－62511770（质管部）
	010－82501766（邮购部）		010－62514148（门市部）
	010－62515195（发行公司）		010－62515275（盗版举报）
网　　址	http://www.crup.com.cn		
	http://www.ttrnet.com（人大教研网）		
经　　销	新华书店		
印　　刷	涿州市星河印刷有限公司		
规　　格	160mm×230mm 16 开本	**版　　次**	2018 年 11 月第 1 版
印　　张	19 插页 2	**印　　次**	2018 年 11 月第 1 次印刷
字　　数	264 000	**定　　价**	59.00 元